ISBN 978-0-365-09515-6
PIBN 11340776

TABLEAU GÉNÉRAL

DE

L'EMPIRE OTHOMAN.

TOME SECOND.

TABLEAU GÉNÉRAL

DE

L'EMPIRE OTHOMAN,

DIVISÉ EN DEUX PARTIES,

Dont l'une comprend la Législation Mahométane;
l'autre, l'Histoire de l'Empire Othoman.

DÉDIÉ AU ROI DE SUÈDE,

PAR M. DE M*** D'OHSSON,

Chevalier de l'Ordre Royal de Wasa, Secrétaire de S. M.
le Roi de Suède, ci-devant son Interprète, et chargé
d'affaires à la Cour de Constantinople.

OUVRAGE ENRICHI DE FIGURES.

TOME SECOND.

A PARIS,

DE L'IMPRIMERIE DE MONSIEUR.

M. DCC. LXXXVIII.

v

Pl. 7

Le Barbier P.ne del.   J. J. Aubert Sc.t

MEHHDY.

TABLEAU GÉNÉRAL

DE

L'EMPIRE OTHOMAN.

SECTION II.
PARTIE RITUELLE.

LE rit, le culte extérieur du Musulmanisme,
consiste en cinq points généraux, qui sont la
profession de foi, la prière, la dîme aumônière, le jeûne et le pélerinage de la *Mecque*.
Nous ne parlerons point ici de la profession
de foi, pour ne pas revenir sur cet objet déja
traité dans la partie dogmatique. *Ibrahim
Haléby*, le rédacteur de cette législation
universelle, l'a également passée sous silence,
en y substituant les purifications, qu'il traite
séparément de la prière, quoiqu'elles ne fassent qu'un seul et même article, attendu que
la loi n'envisage les lustrations que comme un

acte préparatoire pour s'acquitter dignement de la prière et des autres devoirs religieux.

Nous commencerons donc par l'article des purifications, qui est partagé, comme tout le reste de l'ouvrage, en texte, en commentaires, et en variantes. Pour en rendre la lecture plus intelligible et plus utile, nous rappellerons ici, ce que nous avons déja expliqué dans l'Introduction, 1°. que généralement toutes les lois Mahométanes ont été rédigées d'après les décisions de l'Imam *Azam Ebu-Hanifé*, de l'Imam *Schafiy*, de l'Imam *Malik* et de l'Imam *Hannbel* (1), fondateurs des quatre rits orthodoxes, et dont les sectateurs portent indistinctement la dénomination commune de *Sunny*; 2°. que sur tous les points où ces quatre *Imams* ne sont pas du même avis, les docteurs postérieurs s'en sont tenus de préférence à l'opinion de l'Imam *Azam Ebu-Hanifé*, dont le rit a toujours été dominant sous les anciens Khaliphes, comme il l'est encore

(1) Voyez les portraits de ces quatre *Imams*, nᵒˢ 8, 9, 10 et 11, tels qu'ils ont été copiés dans les livres Persans.

aujourd'hui sous les Sultans Othomans; 3°. que plusieurs des docteurs du même rit, presque tous disciples de l'Imam *Azam Ebu-Hanifé*, ont aussi sur différens points exposé des opinions particulières, dont quelques - unes ont prévalu sur celles même de leur maître, dans l'esprit des légistes rédacteurs; 4°. que les plus distingués de ces docteurs, appelés tous *Hanéfys* du nom de leur maître, sont l'Imam *Ebu Youssouph*, l'Imam *Mohammed*, et l'Imam *Zufer*; 5°. que les deux premiers sont toujours désignés sous le nom d'*Imaméinn*, duel Arabe qui signifie les deux Imams; 6°. que le texte et les commentaires de toute la législation en général ont été rédigés d'après les opinions prédominantes de ces Imams *Hanéfys*; 7°. que les points sur lesquels l'Imam *Azam Ebu - Hanifé* n'est pas d'accord, soit avec les trois *Imams* fondateurs des trois autres rits, soit avec les docteurs *Hanéfys*, ses disciples et ses adhérens, forment les variantes qui sont respectées également comme des décisions canoniques, et se trouvent même insérées dans le code, où elles n'ont cependant

d'autre objet que celui de l'instruction ; et
8º. que de toutes les matières sur lesquelles
il existe des variantes entre les *Hanéfys* et les
Imams des trois autres rits , il n'est permis
aux adhérens respectifs de ceux-ci de suivre
leurs opinions particulières que sur les pratiques privées de la religion, et jamais sur aucun des points relatifs au culte public ou à la
jurisprudence.

Nous séparons ici et nous distinguons toutes ces variantes par la lettre initiale *V ,* et
les commentaires par la lettre *C :* nonobstant
les transpositions , divisions et subdivisions
que nous nous sommes permises dans tout le
corps de l'ouvrage , pour lui donner plus d'ordre , de clarté et de précision , on doit cependant lire le texte , les commentaires , les variantes comme si on lisoit le code universel
des Mahométans dans l'original Arabe, puisque nous en donnons une traduction parfai-
tement exacte. Nous ne pouvons cependant
nous dissimuler que dans les pratiques du
culte extérieur , mais sur-tout dans les purifications , la prière *Namaz* et le pélerinage de

la *Mecque*, il n'y ait beaucoup d'observances
qui paroîtront peut-être minutieuses et pué-
riles. Quelques-unes appartiennent à l'ancienne
religion des Arabes. Le fondateur de l'Islamisme crut devoir les conserver malgré toutes
celles qu'il établissoit encore. En politique
habile, il sentit la nécessité de captiver les
hommes par les sens, et de frapper la multitude ignorante par ce religieux appareil. Dans
le dessein où nous sommes de faire connoître
sous tous ses rapports la nation Othomane,
et par elle tous les peuples qui depuis douze
siècles sont soumis aux lois du *Cour'ann* dans
la plus grande partie du globe, nous n'en
avons omis aucune. Si, par leur multitude,
leurs retours perpétuels, leur diversité, leur
bizarrerie même, ces pratiques ont été capa-
bles d'en imposer aux esprits vulgaires, et
d'ajouter en quelque sorte à la grandeur et à
la majesté du culte, elles seront sans doute
pour le philosophe attentif la matière et la
source d'une foule d'observations, qui lui dé-
voileront tout-à-la-fois et le génie du Législa-
lateur Arabe, et le caractère des peuples qui

suivent sa doctrine, et l'esprit général de ces lois religieuses qui influent si puissamment sur leur état moral, civil et politique.

Ces lois claires et précises dans tous les objets sur lesquels elles prononcent, parlent des purifications sur-tout, dans les termes les moins équivoques, les plus libres et les plus naturels. Jamais les *Imams* rédacteurs n'ont recours à ces expressions réservées, vagues et indécises que le goût et la délicatesse ont introduites chez les nations Européennes : sans nous écarter du but, de l'intention et des principes de ces lois, nous avons tâché, autant qu'il nous a été possible, de concilier les bienséances avec la clarté et l'intelligence des choses.

LIVRE PREMIER.

DES PURIFICATIONS, *Tahharéth.*

ON divise ce livre en cinq Chapitres ; le premier traite des purifications en général ; le second, des eaux pures ou impures, et par-là même propres ou non propres aux purifications ; le troisième, de l'état d'impureté légale des femmes dans leurs infirmités périodiques ainsi que dans leurs couches ; le quatrième, de l'impureté continuelle de l'homme et de la femme, par l'effet de différentes incommodités naturelles ; et le cinquième, des purifications pulvérales.

CHAPITRE PREMIER.

Des Purifications en général.

LES purifications sont instituées pour nettoyer le corps, en faire disparoître les souillures, *Nedjess*, et mettre ainsi l'homme en état de faire dignement ses prières, en se présentant devant son

A iv

Créateur avec toute la pureté qu'il exige. Elles consistent, 1°. en lavage, 2°. en ablution, et 3°. en lotion, toutes relatives aux différentes espèces de souillures, dont les unes sont substantielles, *Nedjeasséth-hakikiyé*, et les autres non substantielles, *Nedjeasséth-hukmiyé*. Les premières se partagent en graves, *Nedjeasséth-moughallàza*, et en légères, *Nedjeasséth-moukhaffefé*. Les secondes se divisent en mineures, *Hadess-assghar*; et en majeures, *Hadess-ekber*.

ARTICLE PREMIER. *Du Lavage*, Ghassl.

Le lavage est requis pour les souillures substantielles, soit graves, soit légères.

Les unes sont les sécrétions naturelles de l'homme, de la femme et de l'enfant même à la mamelle; celles des animaux mangeables : le vin, le sperme, le sang, enfin tout ce qui sort du corps humain, excepté les larmes, la sueur, la salive et les mucosités du nez. Ces souillures font déchoir le fidèle de sa pureté légale, et invalident la prière, si leur volume est de plus d'une dragme, ou sur son corps, ou sur son habit, ou sur son oratoire, c'est-à-dire, au lieu même où il pose les pieds et la tête dans les prosternations du *Namaz*.

Les autres sont les déjections de tout animal non mangeable : elles rendent également la prière invalide, si elles embrassent au-delà de la quatrième partie, ou du corps, ou de l'habit, ou de l'oratoire du fidèle.

C. Il est donc de la prudence et d'une précaution louable de porter des habits plutôt courts que longs, pour ne pas les exposer aux souillures.

Généralement toute chose souillée

doit être lavée et purifiée avec de l'eau simple et naturelle, ou du vinaigre, ou de l'eau rose, ou de la terre.

V. L'Imam *Mohammed* n'admet que l'eau pure et simple.

Tout objet lisse et poli, comme un sabre, un couteau, un miroir, etc. perd sa souillure par un simple frottement fait avec la main ou avec un linge.

C. Cette loi est fondée sur l'exemple des disciples du Prophète qui, à la suite de leurs actions militaires contre les infidèles, enlevoient les sabres des ennemis tués dans le combat, les frottoient de leurs mains, s'en ceignoient, et faisoient la prière *Namaz*.

La terre recouvre aussi sa pureté par le desséchement et la disparition totale de l'objet qui l'auroit souillée.

C. Elle seroit pure, sans doute, pour le fidèle qui s'y placeroit, et y feroit sa prière; mais elle ne seroit pas purifiante, ne pouvant pas servir elle-même aux ablutions pulvérales.

Un lieu pavé de marbre ou de briques, un toit couvert de roseaux, les herbes, les plantes et les arbres recouvrent aussi leur pureté primitive par le desséchement de l'objet qui les auroit souillés. Mais si l'herbe, la plante ou l'arbre sont coupés, ce n'est alors qu'en les lavant qu'on peut les rendre purs.

Tout ce qui est souillé d'une manière visible, doit être lavé jusqu'à l'entière disparition de la matière immonde : cela suffit pour rappeler sa pureté, quand même la tache en seroit ineffaçable. Si au contraire la souillure n'est pas visible, il faut laver à plusieurs reprises, jamais moins de trois, ni plus de sept, en pressant fortement l'objet à chaque fois, sur-tout à la dernière ; et s'il n'étoit pas susceptible de compression, tel que là natte, la brique, le cuir, la viande, les grains, etc., il faudroit attendre à chaque lavage le dessèchement entier de l'objet.

V. L'Imam *Mohammed* exige dans tous les cas la compression de l'objet souillé.

Mais si ce sont des étoffes, des ha·bits, du linge, etc., il faut les laisser dans l'eau pendant un jour et une nuit. Si une chose immonde est brûlée et réduite en cendres, ou que jetée dans une saline, elle se convertisse en sel, elle perd alors son impureté légale. Le sang du poisson et de tout animal aqua-tique, les excrémens de tout volatile (excepté les poules et les oies, qui se nourrissent d'immondices), l'écume des mulets et des ânes, le lait de la femme et même celui de la bête mor-tes, ne sont pas des objets impurs.

V. Les *Imaméïnns* donnent pour immonde le lait de l'une et de l'autre.

Si un linge sec et net est étendu sur un linge humide et souillé, il devient également impur, si en le pressant il donne quelques gouttes d'eau, mais pas autrement. La loi est la même si le linge sec et net qui seroit étendu sur un mur humide et souillé, donne aussi quelques gouttes d'eau en le pressant; mais si le linge est mouillé et le mur sec, alors le linge ne sauroit participer à la souillure du mur, vu l'action de son humidite. Si un linge, un habit, etc. souillé dans un bout, est, par méprise ou par négligence, lavé dans un autre, l'action et l'intention suffisent pour opérer le retour de la pureté légale. Enfin cette pureté requise dans le corps, dans l'habit et dans l'oratoire du fidèle, exige aussi qu'il se lave toutes les fois qu'il a satisfait ses besoins.

C. Cette loi est d'une obligation imitative,

étant fondée sur l'exemple même et la conduite du Prophète.

V. Selon l'Imam *Schafy* , elle est d'obligation
divine.

ARTICLE 2. *De l'Ablution,* Abdesth.

L'ablution est requise pour les souillures non substantielles mineures. Cette
pratique est de précepte divin, d'après
cet *Ayeth* ou oracle céleste : *O vous
croyans !* (1) *lorsque vous vous disposez à
la prière, lavez-vous le visage et les mains
jusqu'aux coudes ; baignez-vous la tête et
les pieds jusqu'à la cheville.* Elle consiste
donc, 1°. à se laver tout le visage, depuis le haut du front jusqu'au gosier
et derrière les oreilles ; 2°. à tremper
dans l'eau les trois doigts de la main ou

_____

(1) *Ya eyyuhh el-leziné amenou iza coumtoum il'es salath
fe aghselou woudjeouhh'ik'um we eyedik'um il'el-merafik
we emssakhou bi roussek'um we erdjelk' um il'el-keabéynn.*

la main toute entière, et à les porter
sur la tête pour en baigner au moins
la quatrième partie ; 3°. à porter la
main à la barbe, pour la baigner aussi,
si ce n'est en entier, du moins la quatrième partie ; 4°. à se laver les mains
et les bras jusqu'aux coudes ; et 5°. à
se laver les pieds jusqu'à la cheville.

V. Les Imams *Malik* et *Hannbel* exigent qu'on bai-
gne la tête en entier ; et l'Imam *Schafiy* est d'avis
qu'il suffit de mouiller quelques cheveux seulement.

Cette lustration doit aussi être accompagnée de différentes pratiques
imitatives, qui ayant été observées par
le Prophète, sont en conséquence pour
le Musulman qui s'en acquitte avec fidélité , autant d'actes louables et méritoires. Elles consistent, 1°. à renouveler trois fois de suite cette même ablution, sur-tout celle des mains et des
bras , 2°. à se rincer la bouche trois

fois, *Mazmaza* ; 3°. à se frotter les dents avec un *Missvak*.

C. Espèce d'olivier amer, qui a la vertu, non-seulement de les nettoyer et de les fortifier, mais encore de dissiper la mauvaise odeur de la bouche.

4°. A se laver les narines en respirant trois fois de l'eau dans le creux de la main, *Isstinschak* ; 5°. à appliquer les doigts en forme de peigne sur la barbe, *Takhlil-Lihhyé* ; 6°. à entrelacer l'un dans l'autre les deux pieds et les deux mains, *Takhil-Essaby* ; 7°. à observer toujours dans cette ablution l'ordre suivant, les mains, le visage, les bras, la tête et les pieds ; 8°. à passer la main baignée sur toute la tête, sur les deux oreilles et sur la nuque du cou.

V. L'Imam *Schafiy* exige une nouvelle eau pour baigner les oreilles après avoir baigné la tête.

9°. A faire de suite toutes ces pratiques

ques sans jamais attendre que la partie lavée se sèche pour baigner l'autre ; 10°. à ne pas les interrompre pour s'occuper d'objets étrangers et mondains ; 11°. à commencer l'ablution toujours du côté droit.

C. Ce que l'on doit également observer dans toutes les pratiques, soit religieuses, soit civiles : en conséquence il est louable de ne se servir que de la main droite dans toutes les œuvres manuelles, et de n'entrer jamais dans la mosquée que du pied droit.

12°. A se laver soi-même, et jamais par la main d'autrui, hors les cas d'indisposition ; 13°. à être assis, et toujours en face de la *Mecque ;* et 14°. à accompagner toutes ces pratiques de l'intention, et des prières suivantes, en commençant par le *Bessmelé.*

C. C'est une invocation à l'Éternel, conçue en ces termes : *Au nom de Dieu clément et*

TOME II. B

miséricordieux : graces à Dieu qui nous a fa-
vorisés de la religion Musulmane (1)! C'est
par-là que le fidèle doit commencer toutes ses
actions : il doit réciter ce *Bessmelé* dans toutes les circonstances de sa vie , lorsqu'il est
question , par exemple , de prier , de manger ,
de boire , de monter à cheval , de se coucher ,
et même de cohabiter avec sa femme , etc.

En se lavant les mains le fidèle dira :
O mon Dieu ! mets - moi du nombre des
pénitens , des purifiés , et de tes serviteurs
justes et vertueux. En se lavant la bouche
et les narines : *O mon Dieu ! parfume-*
moi avec le parfum , avec la bonne odeur
du paradis ; enrichis-moi de ses richesses ,
et comble-moi de ses délices. En se lavant
le visage : *O mon Dieu ! blanchis mon*
visage de ta splendeur au jour où les visages
seront blanchis ; et ne le noircis pas au jour
où ils seront noircis (jour du jugement).
En se lavant le bras droit : *O mon Dieu !*

---

(1) *B'issm'illah'ir-rahhmann-ir-rahhim , v'el'hamd' ul-*
illah ala dinn Isslam.

donne mon (1) *livre à ma main droite , et procède à l'examen de mon compte avec indulgence et faveur.* En se lavant le bras gauche : *O mon Dieu ! ne me donne pas mon livre à ma main gauche, ni par derrière mes épaules , et ne procède pas à l'examen de mon compte avec difficulté et rigueur.* En se baignant la tête : *O mon Dieu ! couvre-moi de ta miséricorde.* En se baignant les oreilles : *O mon Dieu ! mets-moi au nombre de ceux qui écoutent ta parole , la suivent et l'observent fidèlement.* En se baignant le cou : *O mon Dieu ! affranchis mon cou du feu, des fers et des chaînes.* En se baignant les pieds : *O mon Dieu ! affermis mon pied sur le pont* Sirath (2) *en ce jour où les pieds chancelleront et tremble-*

---

(1) C'est le livre où les anges gardiens écrivent les bonnes et les mauvaises actions des hommes. Voyez le onzième article de foi.

(2) Ce pont est dressé au dessus de l'enfer. Voyez le quatorzième article de foi.

B ij

ront dans ce passage terrible. On doit finir par cette prière : *J'exalte ton nom, ô mon Dieu ! je te sanctifie ; je te loue ; je confesse qu'il n'y a point de Dieu sinon toi ; c'est à toi que je demande pardon et miséricorde ; je confesse qu'il n'y a point de Dieu sinon Dieu,* et que Mohammed *est son serviteur et son Prophète.*

Au lieu de se laver les pieds nus, le fidèle a la liberté de se baigner simplement la chaussure ; mais cet acte, *Messhh,* ne doit avoir lieu que pour un jour à l'égard de l'homme en demeure fixe, et trois pour l'homme en voyage.

C. C'est-à-dire, que le premier ne doit pas user de cette concession de la loi, dans les cinq ablutions du jour. Il faut qu'il se lave les pieds au moins une fois dans les vingt-quatre heures ; à quoi le voyageur est également tenu une fois dans les trois jours.

Le *Messhh* consiste à porter ensemble les trois doigts du milieu de l'une et de l'autre main, ouvertes et baignées, sur les deux pieds, depuis l'extrémité jusqu'à la cheville.

C. Toute chaussure qui couvre et enveloppe le pied, permet ce bain extérieur, vu l'incommodité de se déchausser cinq fois par jour.

On peut en user aussi pour les parties du corps qui seroient couvertes ou enveloppées pour cause d'indisposition, comme saignée, blessure, fluxion, etc.; il suffit alors de porter la main trempée dans l'eau sur l'extérieur de la ligature, de quelque genre qu'elle soit, pour faire participer la partie affligée ou malade à l'acte d'ablution.

C. Il est louable d'user d'économie dans la disposition de l'eau destinée à ces ablutions, même d'en boire, soit assis, soit debout, ce qui pourroit en rester. Il n'y a proprement que cette eau et celle du puits sacré de *Zemzem* à la *Mecque,* que le fidèle doit boire dans cette dernière attitude.

Les souillures qui exigent l'ablution, sont, 1°. les évacuations ordinaires du corps ; 2°. les évacuations accidentelles, telles que les vers, les sables, les pierres, etc., effets d'indispositions naturelles ; 3°. les vents ; 4°. le sang, et tout ce qui sortiroit d'une plaie dans les parties consacrées à cette ablution, telles que le visage, les mains, les bras, les pieds ; ou qui, sortant de toute autre partie du corps, découleroient sur elles ; 5°. tout vomissement de nourriture, de sang, d'eau ou de bile ; 6°. la démence ; 7°. l'ivresse ; 8°. la foiblesse ou l'absence d'esprit accidentelle ; 9°. l'éclat de rire dans une personne majeure, au milieu de la prière *Namaz*, ce qui oblige à renouveler non-seulement l'ablution, mais encore la prière.

C. Cette loi a été établie par le Prophète,

qui priant un jour à la tête de ses disciples,
et voyant quelques-uns d'eux faire un grand
éclat de rire à l'occasion d'un aveugle qui alloit
se précipiter dans un fossé, les réprimanda
vivement à la fin de la prière, et leur ordonna
de renouveler et leur ablution et leur *Nâmaz*.
Le rire même avant ou pendant la prière,
exige aussi le renouvellement de l'ablution.
Le simple sourire n'exige rien.

10°. Les embrassemens voluptueux.

C. Même entre mari et femme. Un simple
embrassement n'altère cependant pas la pureté légale. Cette opinion est appuyée sur
l'exemple du Prophète, à qui il arriva souvent, d'après le témoignage d'*Aïsché*, l'une
de ses femmes, de faire des caresses à plusieurs
d'entre elles à la suite de ses ablutions, sans
cependant les renouveler pour s'acquitter de
la prière.

Et 11°. le sommeil.

C. C'est-à-dire, si l'on s'endort dans une
attitude propre à laisser échapper des vents.

Dans tous ces différens cas, le fidèle est obligé de recourir aux ablutions pour rentrer en pureté, et faire dignement la prière *Namaz*.

C. Différentes autres circonstances, et même plusieurs des pratiques religieuses exigent aussi ces ablutions qui, par cette raison, deviennent pour le fidèle tantôt d'obligation divine, tantôt d'obligation canonique, et tantôt de convenance religieuse, c'est-à-dire, des actes purement louables. Elles sont d'obligation divine lorsqu'il s'agit des cinq prières du jour, et de la prière funèbre qui précède la sépulture d'un mort. Elles sont d'obligation canonique lorsqu'il est question du pélerinage de la *Mecque*, et des *Tawaf-Ziyareth* autour du *Keabé*, le premier jour de la fête des sacrifices, *Id-Ad'hha*. Elles sont de convenance religieuse, lorsqu'on les emploie aussitôt après son réveil, à la suite d'un mensonge, d'un trait de médisance, d'un éclat de rire indécent dans la société, ou avant la lotion funéraire d'un mort. On doit encore ranger dans cette dernière classe l'ablution que fait par pur sentiment de piété, un Musulman qui n'est pas déchu de son état de pureté. Ces ablutions surérogatoires, *Vouzou al' el-vou-zou*, sont celles que des ames pieuses ne manquent pas de faire pour s'assurer davantage de leur entière purification, et s'acquitter plus dignement encore de la prière *Namaz*, comme des autres pratiques religieuses.

ARTICLE 3. *De la Lotion*, Ghoussl.

La lotion qui regarde les souillures non substantielles majeures, consiste à se laver d'abord la bouche et les narines, ensuite tout le corps, depuis la tête jusqu'aux pieds. Si l'on porte une bague, il faut la toucher et la remuer pour que cette partie du doigt soit aussi baignée.

A cette lotion, qui est de précepte divin, on doit encore joindre différentes pratiques imitatives, comme autant d'actes louables et méritoires. Il faut donc, 1°. commencer par une ablution, 2°. se bien frotter le corps, à mesure qu'on se lave, 3°. se bien laver dans toute la partie inférieure.

C. Cette pratique est encore plus obligatoire pour le Musulman incirconcis; il en est de même des femmes, *quæ ulteriùs progredi non debent.*

4°. Laver jusqu'au dedans de ses oreilles; 5°. dénouer les cheveux et les tresses.

C. Pour ceux qui en ont, comme les *Alé-wys*, les *Scheykhs*, les *Derwyschs*, et quelques peuples de la Turcomanie. Les femmes n'y sont pas tenues ; il suffit qu'elles se baignent les cheveux dans la racine, en se versant de l'eau sur la tête; c'est ainsi que le Prophète l'a statué lui-même, d'après la demande qui lui en a été faite par *Ummy-Sélemé* sa femme.

Et 6°. renouveler ces pratiques jusqu'à trois fois.

Les souillures qui soumettent le fidèle à cette lotion générale sont, 1°. *Effusio seminis etiam in somno ;* 2°. l'acte de cohabitation , quand même il ne seroit pas suivi de ses effets naturels.

C. L'homme et la femme sont également obligés à cette lotion entière , même dans les actes de conjonction légitime.

3°. Les infirmités périodiques du sexe ; et 4°. les couches.

Indépendamment de ces cas , d'autres circonstances exigent aussi la même pratique , et cela par obligation imitative : tels sont les vendredis , avant la prière publique de midi , les deux fêtes de *Beyram* avant l'oraison paschale consacrée à ces grands jours , et l'acte de pélerinage , avant de prendre le manteau *Ihhram*, et de faire la station prescrite aux pieds du mont *Arafath*. C'est encore un acte louable pour

l'infidèle qui embrasse la foi Musulmane , de faire cette lotion générale
l'instant d'après sa conversion.

C. L'homme ou la femme atteints d'une
souillure , soit mineure soit majeure , ne doivent pas toucher le *Cour'ann ,* pas même avec
la manche de leur habit , à moins qu'il n'y ait
entre la main et le livre quelque chose d'absolument séparé et étranger à l'un et à l'autre.
Ils ne doivent pas non plus toucher l'argent
monnoyé sur lequel seroit gravé le chapitre
Suré-y-Akhlass (1) , ou tout autre passage de
ce saint livre. Il ne leur est permis de toucher
que la bourse ou le sac qui renfermeroit ces
espèces : ils ne doivent pas même entrer dans
la mosquée , à moins qu'ils n'y soient obligés
par quelque cas pressant. Ils ne doivent enfin
réciter aucune prière du *Cour'ann ,* ni même
aucun passage , soit de la Bible , soit de l'Evan-
gile , parce que ces livres contiennent également la parole de Dieu. Cependant s'il
s'agit d'enseigner à quelqu'un la doctrine du

─────────────────

(1) C'est le cent-douzième Chapitre.

Cour'ann , on peut alors en réciter des versets, mais en articulant lettre par lettre ou syllabe par syllabe.

CHAPITRE II.

Des Eaux pures ou impures , et par-là même propres ou non propres aux Purifications.

L'EAU nette et limpide est réputée pure , et par conséquent propre aux purifications. Ainsi toute eau de pluie, de source , de fontaine , de puits , de ruisseau, de fleuve , de neige , de glace , jusqu'aux eaux même de la mer, peuvent être employées à cet usage , parce que toutes les eaux de la terre sont censées être les eaux du ciel; mais ces eaux, soit courantes, soit mortes , doivent toujours être claires, pures , et jamais corrompues; elles doivent avoir les trois qualités qui forment leur substance , le goût , la couleur et l'odeur. Le défaut de l'une de ces qua-

lités ne sauroit cependant les rendre
impures; mais s'il en manque deux à-
la-fois, alors l'eau est réputée impure,
et ne doit jamais servir à l'usage des
purifications.

Nulle boisson composée, comme le
Seherbeth; nulle eau de senteur, comme
l'eau rose; nulle eau chargée d'aromates, de feuilles d'arbres, ou de fruits;
le vinaigre, ni le bouillon, ne peuvent servir à ces purifications, soit pour
les vivans, soit pour les morts.

La plus légère immondice qui tombe
dans une eau morte, la rend impure,
à moins que cette immondice ne soit
imperceptible, et que le bassin qui
contiendroit l'eau, n'eût dix pics de
longueur sur dix de largeur, avec trois
doigts d'eau, de sorte qu'en en prenant
avec le creux de la main, il ne fût
pas possible d'en voir le fond. L'eau

même qui auroit déja servi à une purification, quoique réputée pure encore, ne pourroit cependant pas être employée pour une autre (1). Il en seroit de même de l'eau d'un puits ou d'un bassin dans lequel un homme impur entreroit, même sans aucune intention de s'y purifier.

· L'eau dans laquelle se trouveroit une bête morte, est également réputée impure ; mais tout poisson, tout animal aquatique qui naît et qui vit dans l'eau, ne sauroit la rendre impure par sa mort.

C. Tout poisson, tout animal qui vit dans l'eau, n'a point de sang ; le fluide rougeâtre que l'on voit en eux s'évanouit toujours au soleil.

Les insectes en qui le sang ne circule pas, comme sont les mouches, les cousins, les abeilles, les scorpions, etc.,

(1) *V'el-ma'el-musstamel tahhir ghayr'i mutahhir.*

ne rendent pas non plus l'eau impure.

La peau tannée d'un animal quelconque n'a en elle rien d'impur, excepté
celle du porc, immonde de sa nature,
Nedjess 'ul-aïnn.

La peau humaine lavée et tannée,
est réputée pure ; mais elle ne doit
jamais servir à des objets d'utilité, vu
la noblesse et l'excellence de l'espèce
humaine.

La chair de toute bête égorgée, mangeable ou non mangeable, est réputée
pure, quel qu'en soit le genre ou l'espèce.

Le poil, les os, les cornes et les
ongles de toute bête morte sont également
des objets purs.

V. L'Imam *Schafiy* les donne pour impurs.

Les cheveux et les ossemens humains
sont également réputés purs.

C. Toutes les fois que le Prophète se faisoit
raser,

raser, ses disciples se partageoient entre eux les cheveux de sa tête.

V. L'Imam *Schafy* donne pour impurs les ossemens et les cheveux, soit de l'homme vivant, soit de l'homme mort : ils sont, selon lui, aussi impurs que le vin et le porc, qui n'ont aucun prix aux yeux de l'Islamisme.

Mais l'urine de tout animal quelconque, même de ceux qui servent de nourriture à l'homme, est un objet impur, et l'homme ne doit dans aucun cas en faire usage, pas même pour remède.

V. Dans les cas de besoin, l'Imam *Ebu-Youssouph* l'admet pour remède.

Un puits souillé par le mélange ou par la chute d'un objet impur, exige d'être vidé, à moins que cet objet ne soit quelque petite partie d'excrémens de chameau, de cheval, d'âne, de bœuf, de pigeon ou de moineau. Ainsi l'eau est réputée souillée du moment

que l'objet impur y est jeté; et si l'on
ignore ce moment, l'impureté de l'eau
doit alors compter du jour précédent,
c'est-à-dire, de vingt-quatre heures,
de sorte que les purifications faites avec
cette eau, dans les vingt-quatre heures, et les prières qui les suivent doivent être renouvelées. Si l'objet jeté
dans l'eau se trouve ou gonflé ou dis-
sous, l'impureté de l'eau compte alors
depuis trois jours, jamais au-delà.

C. Cette loi est dans l'esprit de celle qui
permet de faire sur le tombeau d'un mort la
prière funèbre qu'on auroit omise avant sa
sépulture : prière qui ne peut avoir lieu que
durant les trois premiers jours de ses obsèques.

Si c'est une bête morte qui a souillé
l'eau d'un puits, il suffit alors d'en
tirer une certaine quantité de seaux
pour en purifier le reste.

C. Cette mesure se règle selon le genre et

l'espèce de la bête morte. Si c'est un rat, un moineau, un reptile, il ne faut que trente seaux; si c'est un pigeon, une poule, un chat, il en faut soixante : mais si c'est un chien, un mouton, etc., ou si la bête, quelle qu'en soit l'espèce, se trouve dans le puits déja toute gonflée, ou bien si c'est un homme noyé, alors le puits censé entièrement impur, exige d'être entièrement vidé; et si l'opération est difficile, à cause des veines qui entretiendroient continuellement l'eau du puits, il ne faudroit dans ce cas en tirer que la quantité qui s'y trouvoit au moment de sa souillure, ce qui ne doit jamais être au dessous de trois cents seaux.

Les restes d'une eau reçoivent toujours le caractère de pureté ou d'impureté de ceux qui en ont bu.

C. Elles se divisent en pures, *Tahhir,* en impures, *Nedjess,* en blâmables, *Mekrouhh,* et en douteuses, *Meschkeouk.* 1°. Les pures sont les restes de l'eau bue par un homme ou par tout animal quelconque dont la chair est

C ij

mangeable, comme l'est le mouton, le bœuf,
le chameau , etc. Dans l'article des hommes,
on comprend les femmes , les majeurs et les
mineurs , les Musulmans et. les non-Musulmans, l'homme pur et l'homme impur , la
femme pure et la femme impure. En effet il
arriva souvent à *Aisché ,* d'après son témoignage même , de boire pendant ses jours d'impureté , et de présenter ensuite le même vase
au Prophète son époux, qui en buvoit les restes. Quant aux non-Musulmans, il est cons-
tant que le Prophète ayant permis à un corps
de troupes de la tribu de *Sakif* de camper
dans l'enceinte même d'une mosquée, ce trait
seul prouve que l'Apôtre céleste n'envisageoit
pas l'état d'impureté des infidèles comme ré-
sultant de leur personne, mais seulement de
leur croyance. Cependant si l'homme boit de
l'eau après avoir bu du vin, ou toute autre
chose impure, les restes de son eau sont censés alors avoir perdu leur pureté. 2°. Les impures sont les restes de l'eau bue par un chien,
par un porc, par un loup, enfin par toute bête
vorace dont la chair n'est pas mangeable.

3°. Les blâmables sont les restes de l'eau bue par les chats, les poules sauvages, les serpens, les rats, en un mot par tout reptile et tout oiseau de proie. Et 4°. les douteuses sont les restes de l'eau bue par les ânes et par les mulets, quoique le lait et la sueur de ces animaux soient décidément réputés des objets purs. C'est qu'il arriva souvent au Prophète de monter, par esprit d'humilité, sur des ânes nus, sans selle, sans housse, et de faire des courses dans le *Hidjeaz*, au milieu même des plus grandes chaleurs de l'été, en recevant ainsi sur son corps et sur ses habits toute la sueur de ces animaux. Cette distinction admise à l'égard des restes de l'eau bue, doit s'observer encore pour le lait et la sueur de ces mêmes animaux.

V. L'Imam *Schafiy* admet la pureté des restes de l'eau bue par tout animal quelconque, excepté seulement le porc.

CHAPITRE III.

De l'état d'impureté légale des femmes dans leurs infirmités périodiques ainsi que dans leurs couches.

TOUTE femme est réputée impure, et pendant ses infirmités périodiques, et pendant les quarante jours de ses couches. Le temps de son impureté lunaire est déterminé par ces paroles du Prophète : *Le terme le plus court pour les menstrues des femmes est de trois jours, et le plus long de dix jours* (1).

V. L'Imam *Ebu-Youssouph* le réduit à deux jours et demi, et l'Imam *Schafy* le restreint d'un côté à vingt-quatre heures, et l'étend de l'autre jusqu'à quinze jours : il appuie son opinion sur la parole même du Prophète, qui un jour, après avoir déclamé contre les femmes par ces mots : » Certes (2), elles sont

---

(1) *Akal'ul-haïz selasseth eyamm ve ekserhha aschreth eyyam.*

(2) *Ennchinné nakissathï'ul-akl v'ed-dinn.*

» imparfaites et du côté de l'esprit et du côté de la
» religion, « répondit à l'un de ses disciples qui lui

» dans un coin de la maison, passant une partie de
» leur vie sans jeûne et sans prière (1). « Mais ce
passage n'est pas de la même précision que le premier, qui d'ailleurs est généralement adopté par les
autres Imams.

La femme, pendant ces dix jours,
est réputée impure, sans égard à l'état
de ses pertes : si elles ne durent pas
trois jours, alors ce sang, ainsi que
celui qui continueroit après le dixième
jour, n'étant plus qu'un sang ordinaire, ne sauroit emporter le caractère
d'impureté comme le sang menstruel.

L'état d'impureté de la femme dans
ces dix jours lui interdit quelques-unes
des pratiques religieuses, et lui en
prescrit quelques autres : les choses

_____

(1) *Ennehinné yak'adené fi caar beytehha schatr œum-*
rehha la tesawemé ve la tessallé.

C iv

prohibées sont, 1°. les cinq prières du jour, 2°. le jeûne canonique du *Ramazann*, 3°. la fréquentation des temples.

C. Défense qui est fondée sur cette parole du Prophète : *Je ne permets pas* (1) *l'entrée des* Mesdjids *à la femme impure, ni à aucune personne atteinte d'une souillure majeure.*

4°. Les tournées, *Tawaf*, autour du *Keabé* de la *Mecque* ; 5°. la lecture du *Cour'ann* ; 6°. l'attouchément même de ce saint livre ; et 7°. la cohabitation.

C. Cette loi est fondée sur ces paroles divines adressées au Prophète : *Si. l'on vous interroge* (2) *sur les menstrues de la femme, répondez que c'est une affliction physique ; séparez-vous de la femme lorsqu'elle a ses menstrues.*

---

(1) *Feeˀıny la uhhaˀl el-messdjid li hayiẓ ve la djunub.*

(2) *We yesslounek an'el-muhiẓ coul huwé eẓy ſ'ateẓelun-nissa ſ'ıl-muhiẓ.*

Les choses prescrites sont de faire une lotion générale au moment de la cessation de l'infirmité.

C. L'époque de ces accidens périodiques désigne et règle aussi le terme après lequel on peut se livrer à différens actes civils et naturels, comme de convoler à de secondes noces, dans le cas de viduité ou de répudiation; de cohabiter avec son esclave, vu qu'il n'est jamais permis à un patron d'user avec elle de son droit qu'elle n'ait éprouvé les infirmités de son sexe, depuis l'instant qu'elle a passé sous sa puissance. C'est elle qui détermine encore l'état de majorité dans les filles, et règle le temps que le mari doit, à l'exemple du Prophète, choisir de préférence, lorsqu'il est dans l'intention de s'en séparer.

La femme, à qui la prière *Namaz* est défendue dans ses jours d'impureté, n'est plus obligée d'y satisfaire : mais il n'en est pas de même du jeûne canonique; elle est tenue d'y suppléer par

un nouveau jeûne dans un autre temps
de l'année.

C. Cette loi a été donnée à *Eve* par l'Eternel lui-même. Troublée et interdite à la première époque de ses accidens, cette mère des
hommes consulta *Adam* sur ce qu'elle devoit
faire au sujet de la prière dominicale. Dans
son ignorance, *Adam* s'adressa au Créateur,
qui, par la bouche de l'ange *Gabriel*, accorda
à *Eve* la dispense des prières *Namazs* pendant
ses jours d'impureté. *Eve* éprouvant les mêmes révolutions dans les jours du *Ramazann*,
eut encore recours à son époux, qui, dirigé
par l'esprit de la première grace, la dégagea
de l'obligation du jeûne, sans consulter la
volonté du ciel. Dieu irrité, prescrivit à *Eve*
cette pénitence dans un autre temps de l'année.

Dans les cas de dérangement, la
femme doit observer avec attention les
effets de la nature en elle, pour déter-
miner les jours de sa pureté ou de
son impureté légale, et s'acquitter

ainsi avec exactitude des devoirs religieux. Il n'est pas permis au mari d'approcher de sa femme ni de prendre
aucune liberté avec elle dans ces
jours - là.

C. C'est le Prophète lui-même qui s'en est
ainsi expliqué, pour résoudre les doutes et les
scrupules d'*Ibn-Omer.* Cela est constaté d'ailleurs par l'aveu d'*Aïsché*, qui déclara que
l'Apôtre céleste en avoit toujours usé de cette
manière envers elle.

Le mari peut sans scrupule cohabiter avec sa femme après le dixième
jour de ses infirmités, quand même elle
n'auroit pas encore fait ses purifications ; mais il pèche s'il cohabite avec
elle avant l'expiration des dix jours,
sans attendre que la femme, qui seroit
déja débarrassée de ses accidens, eût
rempli le précepte de la loi.

La femme en couches est également

soumise à ces dispositions ; mais alors le temps de son impureté n'est jamais moins de vingt-cinq jours, ni plus de quarante.

C. Ces quarante jours partagés en dixaines, sont relatifs aux époques des quatre premiers mois de la grossesse, parce que le fœtus n'est censé respirer qu'après ce terme, et que dès-lors il attire à lui le sang périodique qui lui sert de nourriture jusqu'au moment de sa naissance. Cependant la femme qui seroit quitte de ses pertes avant les quarante jours, peut faire ses purifications et la prière *Namaz.*

V. L'Imam *Schafiy* étend jusqu'à soixante jours les interdictions de la loi.

Lorsque la femme accouche de deux enfans, c'est à la naissance du premier qu'elle devient impure ; mais s'il s'agit de convoler à de secondes noces, le terme prescrit, *Iddeth*, aux femmes veuves ou répudiées, ne compte jamais que depuis la naissance du second enfant. Dans les fausses - couches la femme n'est soumise aux interdictions religieuses qu'àutant que l'avorton a tous ses membres bien formés, mains, pieds , doigts , ongles , etc., parce qu'alors la fausse-couche rentre dans la classe des accouchemens ordinaires.

C. D'après ce principe, si la femme est dans le cas d'une répudiation conditionnelle dont l'époque ait été fixée par le mari à ses couches, elle ne peut plus s'y soustraire.

CHAPITRE IV.

De l'impureté continuelle de l'homme et de la femme par l'effet de différentes incommodités naturelles.

L'HOMME et la femme sont réputés dans un état permanent d'impureté, lorsqu'ils ont des incommodités naturelles : telles sont , entre autres, le relâchement du ventre, une indisposition dans les reins qui occasionneroit des mixtions fréquentes, les flattuosités continuelles, les hémorrhagies, les pertes de sang dans les femmes, les suppurations des plaies, etc. Dans cet état, le fidèle incommodé, *Sahhib œuzr*, est tenu de renouveler son ablution dans chacune des cinq prières du jour, comme dans tous les autres actes relatifs au culte religieux.

CHAPITRE V.

Des Purifications pulvérales, Teyemmum.

LES purifications pulvérales ne peuvent jamais avoir lieu qu'au défaut d'eaux pures et claires. Les matières qui y servent sont le sable, la terre, la poussière, la chaux, le collirium, la pierre, la cendre, l'émeraude, le corail, l'étain et le cuivre, pourvu qu'elles soient nettes et dépouillées de tout corps impur.

V. L'Imam *Ebu-Youssouph*, ainsi que l'Imam *Schafiy* n'admettent que le sable et la terre.

La manière de les employer consiste à poser les deux mains ouvertes sur la matière même, et après les avoir secouées horizontalement l'une contre l'autre, les porter au visage, retoucher la matière, secouer encore les deux mains, et les frotter l'une contre l'autre, ainsi que les bras jusqu'aux coudes.

C. Ce genre de lustration a été ordonné par l'Eternel, à la suite de la journée *Ghazwey-Merissak*, où le Prophète, accompagné d'*Aisché* et d'*Ebu-Bekir*, se trouvant le jour d'après dans un lieu désert et aride, reçut du ciel cet oracle sacré : *Si vous ne trouvez point d'eau* (1)*, purifiez-vous avec de la matière*

_____

(1) *Fe ezlem tejhdou maa feteyemmemou said'enn tayyib'enn.*

nette et pure ; et dans l'instant même, l'Apôtre céleste fit, à la tête de ses disciples, ses purifications avec du sable, et s'acquitta ensuite de la prière *Namaz.*

Ces sortes de purifications ne regardent donc que les voyageurs, ou les personnes qui, se trouvant hors des villes ou des lieux habités, auroient à faire un trajet d'un mille au moins pour se procurer de l'eau. L'habitant d'une ville, l'homme en demeure fixe ne sauroit en faire usage que dans les cas suivans; 1°. lorsqu'on veut participer à la prière funèbre qu'un corps de fidèles seroit sur le point de commencer pour un mort avant son inhumation, sans avoir le temps de se pourvoir de l'eau requise ; 2°. lorsqu'il est question de faire l'oraison paschale consacrée aux deux fêtes de *Beyram,* et qu'il ne reste plus assez de temps pour

faire

faire chercher l'eau dont on a besoin.

C. Comme ces prières se font en commun, et à des heures fixes et déterminées, elles ne souffrent aucun délai. Il n'en est pas de même des cinq prières du jour, qui, pouvant être faites en particulier, peuvent aussi être remises à d'autres heures de la journée.

3°. Lorsqu'on est dans le cas de payer l'eau à un prix au dessus de sa valeur réelle; 4°. lorsque pour raison d'incommodité, on n'ose pas en faire usage ; 5°. lorque des empêchemens naturels ou civils, tels que le défaut de vases, de seaux, etc., la crainte des ennemis, des malfaiteurs, des bêtes féroces qui seroient dans le voisinage du puits ou de la fontaine, privent le Musulman des moyens de s'en procurer; et 6°. enfin, lorsque le danger prochain de manquer d'eau pour les besoins de la vie, ne permet pas de s'en servir pour les purifications. Mais nonobstant la légitimité de ces motifs, et la validité des lustrations pulvérales, si le fidèle peut en trouver avant de s'être acquitté de la prière *Namaz*, il est obligé de s'en servir, et de renouveler ses purifications.

C. C'est que dans cette pratique religieuse, le sable, la terre, etc. ne sont que l'image, l'ombre, le symbole de l'eau, et que toute image, toute ombre, tout symbole s'évanouissent à l'approche de l'objet qu'ils représentent.

L'étranger, l'infidèle qui embrasse l'Islamisme, ne doit pas faire ses premières lustrations avec du sable, etc.: il doit recourir aux purifications naturelles, soit par l'ablution, soit par une lotion générale.

V. L'Imam *Ebu-Youssouph* n'admet pas cette nécessité.

Si un Musulman purifié apostasie,

et que l'instant d'après, abjurant son erreur, il rentre dans le Musulmanisme, il n'est pas obligé de renouveler son ablution, soit naturelle, soit pulvérale, mais bien la prière *Namaz*, qu'il auroit faite à la suite de sa purification et avant son apostasie.

C. La raison en est que l'apostasie fait évanouir la validité de la prière, qui est un acte relatif au culte de Dieu, et non l'ablution, qui n'a trait qu'à la pureté corporelle.

V. L'Imam *Zufer* est d'opinion que l'apostasie fait aussi évanouir la validité de l'ablution.

Enfin, au défaut d'eau, les purifications pulvérales tiennent lieu et de lavage, et d'ablution, et de lotion entière, même de lotion funéraire (1).

----

(1) On verra cet article plus bas.

OBSERVATIONS.

Les purifications forment une des pratiques les plus essentielles du culte Musulman : la loi ne permet à l'homme l'exercice d'aucun acte religieux, avant de s'être préalablement lavé de toute souillure quelconque, et mis dans un état parfait de pureté corporelle. Ces lustrations cependant n'ont aucun rapport aux souillures de l'ame. Les péchés ne s'effacent que par le repentir, des larmes de componction, des actes de pénitence propres à appaiser le courroux du ciel, et à attirer sur le pécheur la miséricorde de Dieu, ce qu'on appelle *Teubé* ou *Isstighfar*. Ainsi le véritable objet des lustrations est de rendre à l'homme la pureté qui lui est nécessaire pour s'acquitter dignement de tous les devoirs de la religion.

Comme on en distingue de trois espèces, toutes sous des dénominations différentes, chacune selon la nature des souillures que l'on a contractées, nous développerons brièvement tout ce qui concerne ces trois genres de purification, soit dans l'ordre moral, soit dans l'ordre civil.

1°. Le lavage, comme relatif aux souillures matérielles, embrasse par-là même toutes les impuretés visibles qui peuvent se trouver sur le corps, sur l'habit ou sur l'oratoire du Musulman; c'est-à-dire, à l'endroit où il se place dans la mosquée, chez lui ou ailleurs, pour s'acquitter des cinq prières du jour consacrées sous le nom de *Namaz* ou *Salath*.

Ce point contribue essentiellement à la propreté physique de ces peuples. Par cette raison, ils sont très-attentifs à écarter de leurs appartemens tout animal quelconque, ses déjections, l'urine même étant au nombre des choses immondes. Si chez les Musulmans l'humanité prodigue les plus grands soins à la conservation des animaux, les lois de la pureté les écartent constamment de l'homme et de la femme. Jamais on ne voit un Mahométan prendre sur ses genoux un chien, un chat, etc. ni même les laisser approcher de sa personne, dans la crainte de s'exposer aux souillures réprouvées par la loi. Par ce motif encore, l'un et l'autre sexe s'abstiennent presque toujours de porter des robes traînantes;

ils se servent même d'une double chaussure,
dont la première est toujours laissée dans le
vestibule ou à la porte de l'appartement; et
ils ne font jamais chez eux la prière que sur
un petit tapis, *Sedjeadé*, consacré à cet usage.
Quoique toutes les chambres soient garnies
de vastes tapis en hiver, et de nattes d'Egypte
en été, on y place encore au milieu ce *Sedjeadé*, sur lequel les hommes et les femmes
s'acquittent de la prière : ces tapis d'adoration
suivent même les Seigneurs dans leurs visites
et dans leurs courses, soit à la ville, soit à la
campagne : un laquais le porte sous le bras,
et à l'heure marquée, il l'étend aux pieds du
maître, qui s'y place et fait sa prière, la conscience tranquille de savoir que son prie-Dieu
est dans une pureté égale à celle de son corps
et de son vêtement. Ceux qui n'ont pas leur
tapis, s'agenouillent sur celui du maître de la
maison où ils se trouvent; et au défaut de celui-ci, ils se servent de leur manteau ou de
leur habit, *Binisch :* on est sur ce point d'une
attention très-scrupuleuse, par la crainte de
poser les mains et la tête, lors des proster-

nations, sur un sol qui ne seroit pas dans cet état de pureté que la loi exige, pour rendre dignement au Créateur le culte qui lui est dû.

2°. L'ablution, *Abdesth*, est un genre de lustration qui exige d'être renouvelé toutes les fois que le Musulman déchoit de sa pureté légale par divers événemens naturels ou accidentels, tels qu'ils sont énoncés dans le texte. Comme cette pratique ne consiste qu'à se laver les mains, les pieds et le visage avec une partie de la tête, la loi les désigne sous le nom d'*Aza'y maghsoulé-y-selassé*, c'est-à-dire, les trois parties consacrées à l'ablution.

L'Islamisme en attribue l'institution à *Mohammed* lui-même, d'après les ordres de l'ange *Gabriel.* Ce ministre des volontés du Seigneur, disent les *Imams* et les auteurs nationaux, commanda au Prophète les ablutions, le jour même qu'il lui révéla le premier des chapitres du *Cour'ann*, dans une grotte de la montagne de *Hira.* Comme cette grotte étoit aride, *Gabriel* frappa du pied contre terre, et à l'instant il en jaillit une source d'eau vive : il s'en servit pour faire l'ablution, s'acquitta

D iv

ensuite de la prière *Namaz*, en deux *rik'aths*, et ordonna à *Mohammed* d'en faire de même, en lui enseignant tout ce qui constitue l'un et l'autre de ces actes; et cela, ajoutent-ils, à l'imitation de ce que les Patriarches et les Prophètes avoient pratiqué dans tous les temps.

On sent combien cette opinion ajoute à la force du précepte sur l'observation de ce rit, que l'on renouvelle plusieurs fois le jour, mais sur-tout dans les cinq heures canoniques consacrées à la prière. Le retour fréquent de cette pratique a nécessité cette quantité prodigieuse de fontaines qui entourent l'enceinte extérieure des mosquées dans toutes les villes Mahométanes. Les grands, les gens aisés, les femmes, ceux enfin qui s'acquittent dans l'intérieur de leurs maisons du *Namaz*, y font aussi leurs ablutions, toujours de la manière prescrite par la loi.

On se met ordinairement sur le bord du sopha, devant une espèce de cuve d'étain ou de cuivre étamé, posée sur une pièce ronde de drap rouge, pour empêcher que le tapis ou la natte dont l'appartement est garni, ne soit mouillé : un domestique, genou à terre, verse de l'eau à son maître ; un autre tient un linge destiné à ces purifications. On peut voir l'estampe 12 : le sujet qui s'y dispose, commence par relever jusqu'aux coudes les manches de son habit. A mesure qu'il se lave les mains, la bouche, les narines, le visage, les bras, etc., il récite les prières prescrites par la loi pour chacune de ces parties séparément. Quant aux pieds, on ne fait que se baigner la chaussure. On ne lave cette partie du corps que dans l'une des cinq ablutions du jour, et le plus communément dans celle du matin, avant de se chausser. Mais tout Musulman non chaussé, ou qui porte des sandales, sans bas, comme la plupart des Arabes et des Africains, les gens de la campagne, les artisans, le commun du peuple, etc. ne manque jamais de se laver aussi les pieds dans toutes les ablutions.

On compte parmi les souillures qui demandent le renouvellement de ces pratiques, les évacuations naturelles, pour lesquelles la loi ordonne aussi à l'un et à l'autre sexe de faire chaque fois, indépendamment de l'ablution, un lavage dans les parties inférieures. Les *Imams* commentateurs donnent là-dessus différentes instructions, et se livrent même à des détails qui, quoique minutieux, prouvent cependant le but de ces lois lustrales, dont le premier objet est la pureté physique. Ils exigent encore de ne pas proférer le nom de Dieu, de ne causer avec personne lorsqu'on satisfait aux besoins de la nature, et d'être attentifs dans ces momens à ne jamais tourner ni le visage ni le dos vers le *Keabé* de la *Mecque.* Ils défendent même de faire ses besoins dans un lac, dans un bassin, dans une eau morte, dans les chemins publics, sous les arbres fruitiers, dans aucun des lieux qui servent, disent-ils, d'ombre, de repos, de retraite aux fidèles. C'est par cette raison qu'on ne voit presque jamais un Musulman soulager la nature, pas même verser de l'eau, sur-tout publiquement, dans les rues ni dans aucune place publique.

3°. La lotion relative aux souillures majeures, et qui s'étend à tout le corps, est un troisième genre de lustration que l'on répète assez souvent deux, trois, et même quatre fois la semaine. Cette loi présente la véritable cause du fréquent usage des bains chauds chez tous les peuples Mahométans. Presque jamais on n'est dans le cas d'y aller par simples motifs de propreté et de santé, qui sans doute furent ceux de son institution dans l'esprit du législateur.

Il est très-probable que *Mohammed* suivit sur ce point le Lévitique, ainsi que les coutumes des anciens Egyptiens, dont les lois rituelles avoient un rapport si intime avec la santé des citoyens. Le fondateur de l'Islamisme en fit une loi divine ; il prescrivit l'usage de toutes ces purifications jusqu'à l'excès, dans le dessein sans doute d'y assujettir et d'y habituer tellement la nation, qu'elle ne pût jamais les négliger. Aussi cette pratique est-elle générale et constante chez tous les peuples Mahométans. Toute ville, toute bourgade, tout village, quelque chétif qu'il soit, a ses bains publics, *Hammam,* la plupart élevés par la piété des grands et des personnes opulentes. Ils sont constamment chauffés : chaque sexe a les siens; il en est aussi de communs à l'un et à l'autre; le jour est pour les femmes, la nuit pour les hommes.

Ces bains chauds, ces étuves, sont de grands édifices bâtis de pierre, revêtus en stuc, et toujours pavés de marbre : ils ne sont éclairés que par de hautes coupoles percées en échiquier et garnies de verres convexes blancs ou verdâtres : un foyer souterrain échauffe l'édifice par le moyen de plusieurs tuyaux disposés dans l'épaisseur même des murs; la chaleur y est ordinairement de 30 à 35 degrés du thermomètre de Réaumur : on y est comme dans un nuage de vapeurs et d'exhalaisons humides; les personnes même les plus maigres y éprouvent une transpiration subite; la sueur découle par tous les pores : on n'y entre jamais que nu, le corps simplement couvert d'un tablier, *Peschtumal,* depuis le sein jusqu'aux pieds; il est de soie, de lin ou de coton, toujours rouge ou bleu : on s'y chausse de longs patins, *Nalinn,* parce que la chaleur du pavé ne permet pas d'y marcher pieds nus : de grandes urnes de marbre blanc, ménagées contre

le mur de distance en distance, reçoivent par
des robinets séparés, de l'eau froide et de l'eau
bouillante : c'est autour de ces urnes que se
font les purifications : assis sur de petites ban-
quettes, on se verse sur la tête et sur le corps
de grandes tasses d'eau ; moyennant les robinets d'eau froide et d'eau bouillante, chacun
est le maître de prendre le degré de chaleur
qu'il lui plaît ; des rigoles taillées dans le pavé,
servent à l'écoulement de ces eaux le long de
l'édifice.

Si, outre les purifications, le bain que l'on
prend a aussi pour objet la propreté, les femmes se font alors servir par des baigneuses qui
sont affectées au service de ces bains. Ces
Telaks, comme on les appelle, ont une adresse
singulière pour nouer et dénouer les cheveux,
les tresser, laver le corps et frotter la peau,
depuis les épaules jusqu'aux pieds : elles se
servent d'un gant de serge ; elles y emploient
aussi de l'écume de savon parfumé ; elles font
encore usage d'une espèce de terre, *Kil*, pétrie
avec des feuilles de roses, pour dégraisser les
cheveux. Comme toutes les femmes Mahomé-

tanes sont dans l'habitude de s'épiler , et cela
encore par principe religieux , elles y emploient
une argile très-fine , *Oth ,* d'une qualité mor-
dante : les hommes en font de même ; le plus
grand nombre cependant se sert de rasoir.

Ces bains contiennent quarante , cinquante
et même soixante personnes à-la-fois. On n'entre jamais dans l'eau ; on ne connoît guère les
bains d'immersion ; les grandes urnes de marbre
qui y sont en forme de baignoires , ne servent
que pour les personnes à qui les bains sont
ordonnés pour cause d'indisposition : beaucoup de femmes souffrantes s'y font aussi
masser par des matrônes qui les soumettent
à différentes compressions, sur-tout celles qui
sont nouvellement sorties de couches. Cette
opération , souvent très-douloureuse , se fait
ordinairement sur une espèce d'estrade élevée
au milieu même du bain. Au reste, tout s'y
passe dans la plus grande décence ; chaque
femme garde soigneusement le tablier dont
elle est enveloppée ; les baigneuses passent les
mains sous ce tablier , pour frotter le ventre ,
les cuisses et les jambes. Quand on a fini de

se baigner, on le quitte pour prendre une chemise fine et propre: les baigneuses couvrent
en même temps les épaules d'un linge, et la
tête d'un mouchoir blanc : on passe ensuite
dans l'antichambre du bain, *Djeamékeann*,
où l'on éprouve , dans une atmosphère plus
tempérée, toutes les douces sensations qu'ex-
cite la grande dilatation des fibres.

Ces antichambres sont de vastes pièces garnies dans leur pourtour de hautes et larges
estrades qui présentent une infinité de lits :
ils consistent en matelas, et en couvertures
garnies de draps très-propres; on trouve alors
ces lits délicieux, on s'y repose avec volupté,
on y éprouve un calme et un bien-être difficiles
à exprimer; c'est une sorte de régénération,
dont le charme est encore augmenté par des
boissons restaurantes, et sur-tout par un café
exquis. Ces lits, que les femmes, en arrivant
au bain , choisissent à leur gré, et où elles
quittent leurs habits , leur servent en même
temps de toilette; c'est-là qu'elles s'habillent
et font leur parure. Une sureté parfaite y règne. Tout ce qui est déposé dans ces anti-

chambres , est sous la garde générale de l'intendante du bain , *Hamadjy - Cadinn ;* placée au fond de l'antichambre , sur une espèce de siége élevé , elle surveille à tout avec une attention d'autant plus active, qu'elle est responsable du moindre événement fâcheux qui pourroit survenir. On ne dépose ordinairement entre ses mains que les ornemens en or, en argent ou en bijoux, que chaque femme reprend en quittant le bain : cette intendante fait même souvent des apparitions dans l'intérieur , non-seulement par égard pour les dames d'un certain rang , mais encore pour voir par elle-même si tout s'y passe dans la décence. Le même ordre règne dans ceux qui sont destinés pour les hommes.

Ces bains ne coûtent que douze, vingt, trente, au plus quarante sous par tête, selon l'état des personnes et le nombre des baigneuses que l'on y emploie. Comme plusieurs sont partagés en deux ou trois compartimens, des familles en prennent souvent un pour elles seules, et pour trois ou quatre heures de la journée. D'autres louent les bains en entier,

afin

afin d'y être encore plus à leur aise. Il en existe aussi de gratuits pour les pauvres de l'un et de l'autre sexe ; ce sont des monumens élevés par la piété des ames charitables et bienfaisantes.

On peut aisément se figurer à quel point ces lieux sont fréquentés dans toutes les saisons de l'année , puisque toute cohabitation entre mari et femme , indépendamment des autres cas qui emportent aussi l'état d'impureté légale, exige des lotions absolues. Par cette raison , le nombre de ces bains publics est considérable dans toutes les villes Mahométanes ; on en compte plus de trois cents à *Constantinople*. Les familles opulentes en ont dans leur propre maison pour leur usage particulier. On peut dire que ce sont autant d'édifices de luxe et d'ostentation. L'estampe n°. 13 donne une idée de ces bains publics.

Quoique ces édifices aient pour objet principal une pratique religieuse, les purifications, la loi n'en exclud cependant pas les Chrétiens et les Juifs, qui n'y vont que par propreté et par motif de santé. Ainsi tous les naturels du pays non Mahométans, de l'un et de l'autre sexe, en font également usage, de sorte que l'on voit dans les bains des hommes comme dans ceux des femmes, des personnes de toutes les religions.

Les femmes Mahométanes s'y distinguent toujours des autres : on reconnoît aisément leur état et leur condition par le faste et l'élégance de leur parure. Elles se servent de hauts patins richement brodés, et.incrustés de nacre de perle ; leurs tasses sont d'argent ou de vermeil ; leurs chemises de bain et tout le linge qui y est consacré sont brodés dans les bords en or ou en argent. Elles se parfument avec du bois d'aloës, de l'ambre gris et d'autres aromates. Elles font aussi des déjeûnés ou des dînés somptueux dans les antichambres, au sortir du bain. Elles mettent cependant beaucoup plus de recherche chez elles, dans leurs bains particuliers : tout y respire le luxe et la volupté.

Il n'est pas douteux que l'usage de ces bains ne soit très-salutaire, puisqu'il ranime la transpiration, qu'il donne une impulsion nouvelle aux sources de la vie, et qu'il prévient les maladies épidémiques de ces climats chauds. On ne pourroit tout au plus en condamner que l'usage immodéré, parce que la sueur continuelle que provoque la chaleur excessive de ces bains, peut à la longue jeter tout le genre nerveux dans un état de relâchement et de débilité. On laisse la discussion de ce point de physique au jugement des gens de l'art ; on les prie cependant d'en peser les avantages et les inconvéniens, de rapprocher la théorie de la pratique, et de combiner les principes de l'économie animale avec l'expérience de tant de siècles, puisque la nation, qui fait usage de ces bains, même à l'excès, ne laisse pas d'être saine et robuste, exempte de beaucoup d'infirmités graves qui affligent ailleurs l'humanité, et que l'un et l'autre sexe y jouissent d'une santé riante et soutenue jusque dans l'âge le plus avancé.

Tel est l'esprit et l'usage des purifications, toutes relatives à la nature des souillures corporelles de chaque individu. La loi les distingue tellement, qu'elle donne aux personnes qui en sont atteintes, autant de dénomi-

nations particulières : celle de *Mutenedjiss*,
lorsque les souillures n'exigent que le lavage ;
celle de *Meuhhdiss*, lorsqu'elles demandent
l'ablution ; et celle de *Djounoub*, lorsqu'elles
soumettent à la lotion générale. Elle appelle
ensuite indistinctement *Tahhir*, toute personne qui a recouvré sa pureté légale, par
l'une de ces trois sortes de lustrations, comme
aussi par les purifications pulvérales qui suppléent aux premières, au défaut d'eau, et dans
différentes autres circonstances, telles qu'elles
sont exposées dans le texte de la loi.

LIVRE II.

DE LA PRIÈRE.

On divise ce livre en dix-huit chapitres : le premier traite de la prière en général ; le second, de la prière dominicale dans les cinq heures canoniques ; le troisième, de la prière *Salath-witr ;* le quatrième, de la prière publique des vendredis ; le cinquième, de l'oraison paschale dans les deux fêtes de *Beyram ;* le sixième, de la prière *Térawikh* pendant le *Ramazann ;* le septième, de la prière à l'occasion des éclipses de soleil ou de lune ; le huitième, de la prière dans les disettes d'eau ; le neuvième, de la prière des militaires au moment du combat ; le dixième, des prières à faire dans le *Keabé* de la *Mecque ;* le onzième, des différentes prières de dévotion ; le douzième, des prières surérogatoires ; le treizième, des vœux religieux ; le quatorzième, des prosternations auxquelles tout Musulman est tenu lorsqu'il lit, récite ou entend différens passages du *Courann ;* le quinzième, de la récitation du *Courann ;* le seizième, de l'attention que doit avoir le Musulman à ne pas suivre les pratiques des non-Musulmans ; le dix-septième, de la circoncision ; et le dix-huitième, des prières pour les agonisans et les morts.

CHAPITRE PREMIER.

De la Prière en général.

LA prière est le culte que la créature rend à son Créateur, en signe d'hommage, de reconnoissance, et d'aveu solennel de son néant auprès de la toute-puissance de l'Eternel. Mais celle qui est la plus obligatoire pour l'homme, et la plus agréable aux yeux de la Divinité, est la prière *Namaz.*

ARTICLE PREMIER. *De la Prière Dominicale,* Salath *ou* Namaz.

Cette prière est de précepte divin, ayant été ordonnée aux fidèles par différens *Ayéths* ou oracles célestes :

elle exige avant tout quatre conditions, auxquelles tout Musulman est soumis, pour s'en acquitter dignement.

C. Les conditions en général sont ou rationnelles, *Schourouth akliyé;* ou volontaires, *Schourouth-djealiyé;* ou légales, *Schourouth-scher'iyé.* Les premières sont celles qui dépendent de la nature même; tel est l'état de santé nécessaire au Musulman pour remplir ses devoirs, etc. Les secondes sont celles que l'homme peut arbitrairement imposer aux personnes qui sont dans sa dépendance; et les troisièmes sont celles que la loi prescrit aux fidèles dans les divers exercices du culte religieux.

ARTICLE 2. *Des quatre conditions requises pour la Prière Dominicale,* Schourouth-us-salath.

La première est l'état de pureté parfaite du fidèle, qui ne doit être atteint d'aucune souillure quelconque, ni grave, ni légère, ni majeure, ni mineure.

La seconde est l'attention de couvrir les parties du corps que la pudeur ou la bienséance ordonne de voiler , *Awréth-yery* (1).

C. On les distingue selon le sexe et la condition de chaque individu. Dans l'homme elles s'étendent depuis le bas-ventre jusqu'aux genoux : dans la femme de condition serve, ce sont les épaules et le ventre jusqu'aux genoux : dans la femme de condition libre, c'est tout le corps, excepté le visage, la paume de la main , et les pieds, qui ne doivent même rester à découvert que dans le cas d'une nécessité indispensable. Si donc l'homme ou la femme laisse à découvert quelqu'une de ces parties, la prière n'est pas valide.

Ces lois de pudeur sont telles, que si le Musulman a une partie de son habit souillée,

_____

(1) Cet article est relatif aux peuples Nomades, qui sont presque toujours nus dans les climats les plus torrides de l'Asie et de l'Afrique.

fût-ce même les trois quarts, sans aucun moyen ni de le laver, ni d'en changer, il doit faire sa prière avec cet habit, plutôt que de se tenir nu devant l'Eternel; mais si la souillure prend au-delà des trois quarts de son vêtement, il est le maître alors de le quitter, quoiqu'il soit toujours préférable de le garder. S'il le quitte, et qu'il fasse la prière le corps nu, dans ce cas il doit rester sur son séant, et voiler avec ses mains ce que la décence ordonne de dérober aux regards, en indiquant par des inclinations de tête les prosternations requises dans le *Namaz*, à l'exemple de ce que pratiquèrent quelques-uns des disciples même du Prophète, qui se trouvèrent souvent dans les mêmes circonstances.

La troisième est la position du fidèle, qui doit être constamment tourné vers le *Keabé* de la *Mecque*.

C. le *Keabé* est le point de direction et le centre de réunion pour les prières de tout le genre humain, comme l'est le *Beïth - mâ-*

mour (1) pour celles de tous les êtres célestes ;
le *Kursy* (2), pour celles des quatre archan-
ges ; et l'*Arsch* (3), pour celles des séraphins
et des chérubins chargés du trône de l'Eternel. Les habitans de la *Mecque*, qui ont le
bonheur de posséder et de contempler le
Keabé, sont obligés de faire la prière les yeux
toujours fixés vers ce sanctuaire ; mais pour
les étrangers, qui n'ont pas ce précieux avantage, il leur suffit de diriger pendant la prière
leurs regards vers ce lieu saint. Le fidèle qui
ignoreroit la position du *Keabé*, doit faire
tous ses efforts pour parvenir à la connoître ;
et après cette sollicitude, quel qu'en soit le
succès, la prière est toujours valide, quand
même il découvriroit son erreur à la suite de

---

(1) *Beith-mámour*, qui veut dire, maison de prospérité, de félicité, est l'ancien *Keabé* de la *Mecque*,
qui, selon la tradition, fut enlevé par les anges lors
du déluge, et porté au ciel, où il fut placé perpen-
diculairement au dessus du sanctuaire actuel.

(2) *Kursy*, qui signifie siége, est le huitième firmament.

(3) *Arsch*, est le trône de l'Eternel, que l'on croit
posé sur le neuvième et le plus haut des firmamens.

son *Namaz :* s'il s'en apperçoit au milieu de
la prière, il doit aussitôt se tourner vers le
Keabé, et la continuer, sans être légalement
obligé de la recommencer; mais s'il la commence sans avoir fait les recherches nécessaires, ou s'il la dirige volontairement vers
tout autre point que celui du *Keabé,* alors
non-seulement sa prière n'est pas bonne, mais
il se rend encore coupable d'infidélité envers
la loi et la religion; enfin, dans tous les cas où
le fidèle, menacé de quelque danger, comme
seroit la présence d'un ennemi, d'un voleur,
d'une bête féroce, etc., n'auroit pas la liberté
de se tourner vers le *Keabé,* il peut faire la
prière dans telle posture que ce soit, la circonstance ne pouvant que l'excuser et rendre
son acte bon et valide.

La quatrième est l'intention.

C. C'est elle qui détermine le caractère de
toute œuvre quelconque (1). Il est louable
de la manifester par la parole même, en indiquant chaque fois la nature de la prière dont

(1) *Innem'el âmal b'in-niyath.*

on va s'acquitter, et en joignant son intention à celle de l'*Imam* qui officie, toujours
dans un esprit de communion.

ARTICLE 3. *De l'Esprit et de l'Essence
de la Prière Dominicale*, Ahhkeam' us
Salath.

Avant tout la prière exige de l'homme
un entier dépouillement de tout objet
mondain. Le fidèle qui prie, doit être
en ce moment pénétré de la présence
de Dieu, dans les sentimens les plus
profonds d'amour, de crainte et de
respect.

C. Le Prophète lui-même nous en a donné
l'exemple, puisque toutes les fois qu'il prioit,
il se détachoit du monde, et se remplissoit
tellement de l'amour, de la grandeur et de la
majesté de l'Être suprême, que son cœur pur
et saint bouillonnoit comme l'eau dans un
vase, au milieu d'un grand feu. Dans toute
prière adressée à la Divinité, il faut se garder
encore de ne jamais invoquer l'Eternel par

des objets créés et soumis à sa puissance, mais par ses seuls attributs, qui sont l'essence de sa grandeur, de sa gloire et de son existence immortelle et immuable.

Voici les pratiques qui forment et constituent la prière *Namaz*.

1°. On doit commencer par se tenir debout, dans le recueillement le plus respectueux, puis hausser les deux mains, les doigts entr'ouverts, en portant le pouce sur la partie inférieure de l'oreille, et en récitant le *Tekbir*. La femme ne doit hausser les mains que jusqu'à la hauteur des épaules (1).

C. Le *Tekbir* est conçu en ces termes : *Dieu très-haut* (2), *Dieu très-haut! il n'y a point de Dieu sinon Dieu : Dieu très-haut, Dieu très-haut! Les louanges sont pour Dieu.* On doit proférer ces paroles de suite, sans traîner

_____

(1) V. les Planches 14 et 15.

(2) *Allah'u ekber, Allah'u ekber, la ilahi ill' Allah, Allah'u ekber Allah'u ekber, ve l'illah'il-hamd.*

les syllabes, pas même la dernière lettre. Ce *Tekbir*, qui se répète plusieurs fois durant la prière, étant le premier articulé au commencement du *Namaz*, est par-là même appelé *Tekbir Iftitah*, (oraison préliminaire ou d'introduction). Lorsqu'on fait le *Namaz* en commun, on doit suivre en tout l'*Imam*, en récitant avec lui les mêmes prières. On est libre d'ailleurs de les faire en Arabe, en Persan ou en toute autre langue.

V. Les *Imameinns* ainsi qu'*Ebu - Said Berdayi*, n'admettent que les langues Arabe et Persanne ; ils s'appuient sur cette parole du Prophète : « L'Arabe (1) et » le Persan, *Deriyé*, sont les langues du paradis. « Ils re permettent même de faire usage du Persan qu'au cas que l'on ignore l'Arabe ou qu'on ne puisse pas le bien prononcer.

2°. On pose les deux mains sur le nombril, la main droite toujours sur la main gauche, en récitant successivement le *Tessbihh*, le *Séna*, le *Téawouz*, le *Fatihha*, puis un autre cha-

_____

(1) *Lissann ehhl'ul-djennéth el-arebiyé v'el-farissiyeth-'ud-deriyé.*

pitre du *Cour'ann*, au gré de chaque fidèle, qui doit réciter pour le moins trois *Ayeths* ou versets de ce saint livre.

C. Le *Tessbihh* consiste en ces paroles : *Que ton nom* (1) *soit exalté, ô grand Dieu!* Le *Séna : Je te sanctifie, ô mon Dieu* (2)*! je te loue ; ton nom est béni, ta grandeur est exaltée : il n'y a point d'autre Dieu que toi.* Le *Téawouz : J'ai recours à Dieu* (3) *contre le démon lapidé : au nom de Dieu clément et miséricordieux.* Et le *Fatihha* (premier chapitre du *Cour'ann*) : *Au nom de Dieu clément et miséricordieux! Louanges à Dieu Seigneur de l'univers , très-clément et très-miséricordieux ; il est le souverain maître du jour du jugement : nous t'adorons , Seigneur , et nous implorons ton assistance : dirige-nous dans le sentier du salut , dans le sentier de ceux que tu as comblés de tes bienfaits , de ceux qui n'ont pas mérité ta colère , et qui ne sont pas du*

---

(1) *Subhané rebb'il-azim.*

(2) *Subhhaneké allahumé , etc.*

(3) *Eouz'un b'illah mimn'esch - scheytann'ir - redjim b'issm'illah'ir-rahhmann'ir-rahhim.*

nombre des égarés. La récitation du *Cour'ann* n'est proprement obligatoire que dans cette prière *Namaz.*

3°. On fait une inclination, *Rukeou,* en tenant la tête et le corps horizontalement penchés, posant les mains, les doigts bien ouverts, sur les genoux, récitant encore le *Tekbir,* puis le *Tessbihh,* qu'il faut répéter neuf fois de suite, ou bien sept, cinq, ou pour le moins trois fois.

4°. On se relève en récitant le *Tessmy,* le *Tahhmid,* et le *Tekbir.*

C. Le *Tessmy* est conçu ainsi : *Dieu écoute* (1) *celui qui le loue :* et le *Tahhmid : O Dieu* (2) *! les louanges sont pour toi.*

5°. On fait une prosternation, *Sedjeoud,* la face contre terre ; savoir, les genoux, les doigts des pieds, les mains,

---

(1) *Semy'Allah'u li men'n hamduhu.*
(2) *Rebbina lek'ul-hamd.*

le

le nez et le front touchant la terre.
Pendant la prosternation on doit encore réciter le *Tekbir*, et pour le moins
trois fois le *Tessbihh*.

C. On doit poser la tête entre les deux
mains portées au niveau des oreilles, les
doigts toujours serrés. Le corps doit être pro-
longé sans que le ventre touche la terre. A
l'égard des femmes, cette attitude doit être
plus raccourcie ; le ventre doit porter sur les
cuisses. On peut faire ces prosternations sur
des tapis ou sur un habit même étendu par
terre, en évitant soigneusement tout ce qui
ne présenteroit pas une surface unie et solide.
On peut aussi dans la prière en commun, où
les rangs seroient extrêmement serrés, éviter
de s'étendre ; on peut même poser la tête sur
le dos de ceux qui forment les premiers rangs,
supposé que les uns et les autres s'acquittent
à-la-fois de la prière marquée pour la même
heure canonique, pas autrement.

6°. On se relève de terre, et on reste
un instant assis sur ses genoux, les

mains posées sur les cuisses, en ré-
pétant encore le *Tekbir*.

7°. On fait une seconde prosternation
absolument comme la première.

8°. On se relève en s'appuyant des
mains, non pas contre terre, mais
contre les genoux, et en récitant encore le *Tekbir*.

Toute cette partie de la prière forme
un *rik'ath*.

C. La prière *Namaz* est composée de plusieurs de ces *rik'aths*, deux, quatre, six, etc.,
selon les heures canoniques. Deux *rik'aths*
s'appellent *Schéfy*, et complètent un *Namaz*.
Tout *rik'ath* exige les mêmes pratiques et les
mêmes prières, excepté le *Tessbih*, le *Séna*,
le *Téawouz*, le *Fatihha* et l'élévation des
mains, qui sont des actes réservés dans tout
Namaz quelconque, au seul premier *rik'ath*,
distingué par-là même des autres, sous le
nom de *rik'ath-oula*.

Le haussement des mains n'est permis qu'en
huit différentes occasions, savoir, 1°. au com-

mencement du *Namaz*, dans le premier *rik'ath*; 2º. dans le cantique *Counouth*, qui termine la prière *Salath-witr*, consacrée à la troisième et dernière partie de la nuit; 3ᶜ. dans l'oraison paschale des deux fêtes de *Beyram*; 4º. dans le baisement de la pierre noire à la *Mecque*; 5ᵘ. à la station de *Safa*; 6º. à celle de *Mervé*; 7º. à celle du mont *Arafath*; et 8º. à celle des deux premiers *Djemrés* à la *Mecque*. Elles sont toutes désignées par les mots factices de *Fak'ass*, et de *Sam'adjh*, dont les lettres sont les initiales des noms de ces huit lieux ou circonstances.

9º. A la fin de chaque second *rik'ath* on doit s'asseoir sur les genoux, en posant les mains, les doigts ouverts, sur les deux cuisses, placer alors en dedans la jambe gauche, et tenir le pied droit tendu et levé par derrière, les doigts toujours contre terre.

C. C'est pour avoir aussi dans cette posture le pied droit tourné vers le *Keabé* de la *Mec-*

que, à l'imitation de ce que pratiquoit le Prophète, suivant le témoignage d'*Aïsché*.

Mais la femme doit s'asseoir du côté gauche, en portant ses deux pieds du côté droit. Dans cette posture on doit réciter le cantique *Teschehhud*.

C. Le voici : *Les Prières vocales sont pour Dieu* (1) *, les prières corporelles et les prières aumônières sont aussi pour Dieu. Salut et paix à toi, ô Prophète de Dieu ! Que la miséricorde et la bénédiction de Dieu soient aussi sur toi ! Salut et paix à nous et à tous les serviteurs de Dieu justes et vertueux ! Je confesse qu'il n'y a point de Dieu sinon Dieu, et que* Mohammed *est son serviteur et son Prophète.*

Ce cantique est d'*Ibn-Mess'oud ;* il le composa en mémoire des œuvres miraculeuses opérées par le Prophète la nuit de son assomption. Apparoissant en la présence de l'Eternel, il lui adressa ces paroles : *Tahhiyath , Sa-*

_____

(1) *Et'tahhiyath l'illah v'es'salath v'et-tayyibath , etc.*

lath et *Tayyibath* (1). Elles désignent les trois genres de prières, par paroles, par œuvres et par aumônes. Sur quoi l'Eternel lui répondit aussi par ces trois mots : *Sélam , Rahméth* et *Berekiath ,* qui indiquent le salut de paix, la miséricorde et la bénédiction célestes censées implorées par tout mortel auprès de Dieu son Créateur.

Et 10°. A la fin du dernier *rik'ath* on doit réciter, assis, le *Salawath.*

C. Le voici : *O mon Dieu* (2)*! donne ton salut de paix à* Mohammed *et à la race de* Mohammed *, commé tu as donné ton salut de paix à* Ibrahim *et à la race d'*Ibrahim *; et bénis* Mohammed *et la race de* Mohammed *comme tu as béni* Ibrahim *et la race d'*Ibrahim *: louanges , grandeurs , exaltations sont en toi et pour toi.*

_____

(1) *Et'tahhiyath ibadath cawliyé , v'el-salath ibadath filiyé , v'et-tayibath ibadath maliyé.*

(2) *Allahummé sall'é âla Mohammed ve'âla al'i Mohammed kema salité âla Ibrahim ve âla al'i Ibrahim , etc.*

On doit ensuite réciter un des chapitres du *Cour'ann*, dont le choix est au
gré et à la volonté de chaque fidèle.

C. Il n'est pas permis de réciter aucune autre
prière, ni de faire à Dieu des demandes relatives aux biens temporels de cette vie caduque
et périssable. Le *Namaz* ne doit jamais avoir
d'autre objet que celui de rendre à l'Être
suprême l'hommage qui lui est dû, en lui de-
mandant des biens spirituels, ces biens précieux
et ineffables de la félicité éternelle.

On doit enfin terminer le *Namaz* par
la profession de foi et par une salutation, à droite et à gauche, à ses anges
gardiens, *Kiram'enn Keatibinn*.

C. Cette salutation doit être accompagnée
de ces paroles : *A toi le salut de paix* (1) *et
la miséricorde de Dieu. Ibn-Abas* est d'opinion que l'homme a pour gardiens cinq anges, qui sont placés, le premier à sa droite,

_____

(1) *El-selam'unn aléyk'um ve rahhmeth'ullah.*

le second à sa gauche, tous deux pour écrire ses bonnes et ses mauvaises actions; le troisième devant lui, pour le diriger dans la voie de la vertu et de la piété; le quatrième derrière lui, pour le garantir des piéges et des séductions du monde; et le cinquième devant son front, pour tenir son esprit et son cœur toujours élevés vers le Prophète de Dieu. D'autres disciples et *Imams* portent le nombre de ces anges gardiens jusqu'à soixante, et quelques autres jusqu'à cent soixante.

Dans les prières en commun, l'*Imam* doit diriger par l'intention ce salut de paix à toute l'assemblée des fidèles, et chacun d'eux le doit diriger à son tour vers l'*Imam* et vers l'assemblée, en signe de communion.

Toutes ces pratiques qui constituent le *Namaz*, sont, les unes d'obligation divine, *Farz*, les autres d'obligation canonique, *Wadjib*, et d'autres d'obligation imitative, *Sunneth*.

C. Les premières, qui furent dictées et or-

données au Prophète par l'ange *Gabriel* même,
sont, 1°. la récitation du *Tekbir* au commencement de la prière ; 2°. celle de trois versets
pour le moins du sacré *Cour'ann ;* 3°. l'attention de se tenir debout ; 4°. les inclinations
de tête et de corps ; 5°. les prosternations ; et
6°. l'attention de terminer le *Namaz* par la
profession de foi, toujours assis sur ses genoux. Les secondes sont, 1°. la récitation du
Fatihha ; 2°. celle d'un autre chapitre du
Cour'ann, au choix du fidèle, dans le premier
comme dans le second *rik'ath ;* et 3°. celle du
Tesschehhud à la fin de chaque *rik'ath.* Toutes les autres ne sont que d'obligation imitative.

V. Suivant l'Imam *Schafiy*, la récitation du *Fatihha*
est de précepte divin : il exige aussi que le fidèle fasse
à son gré la récitation d'un autre chapitre du *Cour'ann,*
non-seulement dans les deux premiers, mais dans
tous les *rik'aths* de la prière ; et l'Imam *Malik* l'exige
pour le moins dans les trois premiers.

Le fidèle doit être attentif à suivre
exactement dans toutes ces pratiques,
l'ordre et la méthode qui y sont pres-

crits ; il doit aussi s'en acquitter avec lenteur et gravité.

C. Le Prophète voyant un jour un Arabe Nomade faire précipitamment les prosternations , précisément comme un coq affamé lorsqu'il béquète des grains d'orge, dit à cet homme que sa prière ne pouvoit être agréable à Dieu , et lui ordonna de la recommencer, et de s'en acquitter lentement.

Il est d'ailleurs de la piété et de la décence de fixer constamment , pendant la prière, les regards devant soi, de bien fermer la bouche lorsqu'on a envie de bâiller ; d'éviter autant qu'il est possible d'éternuer , et de dégager les mains de la manche de son habit, supposé qu'elle les couvre par sa longueur. Cette dernière pratique ne peut regarder la femme , parce que si elle est décente pour l'homme , elle cesse de l'être pour elle.

C. Durant le *Namaz ,* lorsqu'on est debout,

on ne doit regarder que son marche - pied ;
dans l'inclination de tête, que ses pieds ; dans
la prosternation, que ses narines ; assis, que
ses cuisses ; en saluant à droite ou à gauche,
que ses épaules. Comme l'envie de bâiller est
l'effet d'une dévotion tiède et languissante,
œuvre du démon, on doit aussitôt fermer la
bouche, de peur que l'esprit infernal n'entre
en ce moment dans le corps. Enfin pendant
tout le *Namaz*, l'esprit du fidèle ne doit s'occuper d'aucun objet mondain : il ne doit
proférer rien d'étranger à la prière, ni adresser
le moindre mot à personne.

Observations.

On remarquera dans ce chapitre comme
dans les suivans, que le culte Mahométan a
pour base principale cette prière *Namaz ;*
elle forme en quelque sorte toute la liturgie
du Musulmanisme : la rigueur avec laquelle
elle est prescrite, influe sur les conditions que
la loi exige pour s'en acquitter dignement :
aussi est-on très-attentif à tout ce qui concerne
les purifications, la décence dans le vêtement,

et la position vers le *Keabé* de la *Mecque*.
Cette direction commune et générale à tous
les peuples qui suivent la doctrine Musulmane
dans tous les climats et dans tous les pays du
monde, est consacrée sous le nom de *Kiblé :*
Mohammed en fut l'instituteur; il l'établit la
seconde année de l'Hégire, qui est l'époque
de sa retraite de la *Mecque* à *Médine*. A son
approche de cette ville, comme il reçut d'abord
les hommages et les acclamations d'une grande
partie de citoyens empressés de venir à sa
rencontre, il passa par *Couba ,* bourgade
située aux environs, où il posa de sa main la
première pierre d'une chapelle, *Mesdjid,*
qu'il consacra au culte de l'Éternel. Le lendemain vendredi, il se transporta en pompe
dans le vallon *Ranona-deressy ,* où il fit là
prière de midi à la tête de ses disciples. Quelques jours après, il ordonna d'élever au même
endroit une nouvelle chapelle sous le nom de
Mesdjid-djumâ, qui veut dire, le temple de
la prière du vendredi; mais il n'y eut dans
l'une ni dans l'autre de ces chapelles aucun
autel qui servît de *Kiblé* vers le sanctuaire de

la *Mecque*. Rendu à *Médine*, son premier soin fut de construire aussi un temple magnifique dans le centre de la ville. Il y consacra ses travaux et ses sueurs; il portoit lui-même les pierres et les briques; et à son exemple, ses disciples et tout *Médine* y coopérèrent avec un zèle ardent : il appela ce temple *Mesdjid-scherif*, c'est-à-dire, temple saint, temple sacré. C'est là que *Mohammed* plaça un autel, non du côté de la *Mecque*, mais vers le temple de *Jérusalem* : il vouloit par-là, dit le judicieux *Ahmed Efendy*, flatter les Hébreux, les attirer dans son parti, et leur faire embrasser sa doctrine. L'année suivante, ayant commencé à prêcher le *Cour'ann* les armes à la main, et à faire des expéditions militaires contre différentes tribus Arabes et Juives, établies aux environs de *Médine*, l'un de ses généraux, *Abd'ullah ibn Djeahhsch*, poussa sa course jusqu'à la *Mecque*, et attaqua presque aux portes de cette ville une petite caravanne de *Couréyschs* : il fit deux prisonniers, tua quelques-uns de la troupe, et dispersa le reste après les avoir dépouillés de tous leurs effets.

Ce fut, ajoute le même auteur, le premier butin enlevé par les Musulmans aux ennemis de Dieu et de son Prophète. Cet événement fit le plus grand bruit à la *Mecque* et dans tout le pays·d'alentour. On cria à la profanation du *Keabé* et de son territoire sacré. *Moham-med*, continue le même écrivain, dont toutes les démarches étoient dirigées par l'esprit de Dieu , désapprouva hautemnt le procédé de son général , et différa quelques semaines le partage du butin parmi ses disciples-soldats. Il témoigna alors le plus grand respect pour le *Keabé* et pour son territoire , et rentré à *Médine*, il alla le jour suivant au temple, à peine achevé , 15 Chab. (2. 26 Févr. 624), faire la prière publique à la tête de son peuple. Au milieu de ce *Namaz*, il reçoit du Seigneur l'ordre de changer la position de l'autel , et de diriger la prière et les adorations des Musulmans vers le *Keabé* de la *Mecque*. A l'instant il se tourne avec toute l'assemblée vers cet ancien sanctuaire, et termine le *Namaz* dans cette nouvelle direction. Ce temple fut dès-lors appelé *Mesdjid'ul-Kibléthëinn*, c'est-à-

dire, le temple à deux *Kiblés*, à deux direc-
tions. Les disciples qui desservoient ceux de
Couba et de *Ranona* hors de la ville, eurent
ordre de se conformer aussi à cette prétendue
loi céleste, qui, quatre jours après, fut suivie
du précepte relatif au jeûne du mois de *Ramazann ;* et le 28 de la même lune, une
nouvelle loi, toujours réputée divine, établit
la dîme aumônière en faveur des pauvres.

On peut remarquer ici la politique de ce
législateur, et son habileté à profiter des opinions publiques et des circonstances, en les
faisant toutes concourir au succès de son entreprise. Dès cette époque, toutes les mosquées, tous les *Mesdjids*, tous les temples
Mahométans élevés à *Médine*, dans le reste
de l'Arabie, dans toutes les parties du monde,
eurent leurs autels dressés vers le *Keabé* de
la *Mecque*. Il en fut de même dans toutes les
chapelles et dans toutes les maisons particulières qui ont ordinairement une ou deux
pièces consacrées à la prière, par une espèce
d'autel dessiné, en couleur ou en or même, sur
le mur qui donne vers la *Mecque :* le dessin

d'une lampe règne aussi au milieu de ce symbole.

Dans les environs des villes, dans les campagnes, ainsi que le long des grandes routes, on rencontre de pareils signaux, tous également dressés vers la même cité, et élevés en pierre ou en marbre, artistement travaillés, et toujours terminés en pointe. Auprès de la plupart se trouvent ou de grands puits ou de belles fontaines, qui sont principalement destinés aux purifications requises avant la prière. Ce sont autant de monumens de la piété des grands et des personnes opulentes. Tous ces signaux sont placés sur des terrasses ou des plate-formes; et comme ils n'ont d'autre objet que celui d'orienter les voyageurs dans les cinq prières du jour, on les appelle *Mussala* ou *Namaz-Kiahh*, c'est-à-dire, oratoires ou lieux d'adoration. Nous en donnons une idée dans la Planche 16.

L'attention des Musulmans à s'acquitter de ce *Namaz* dans les heures prescrites, égale les sentimens de respect, d'humilité, de recueillement, d'anéantissement même que la religion exige de l'homme , lorsqu'il rend , par cette prière , le culte dû au Créateur. Dans ces momens il ne lui est permis de s'occuper que de la grandeur et de la toute-puissance de l'Être suprême , que des choses spirituelles et célestes, parce que sa prière ne doit jamais avoir pour fin des biens terrestres, des intérêts mondains, des projets ambitieux.

Ce *Namaz* est imposé généralement et indistinctement à toutes les classes de la nation , par les préceptes les plus absolus du *Cour'ann* : il se renouvelle plusieurs fois par jour, à différentes époques de l'année , et dans certains événemens de la vie humaine. Il est composé de plusieurs *rik'aths* , qui , comme on le voit dans le texte, consistent en diverses attitudes, accompagnées d'inclinations et de prosternations , dans lesquelles on récite les hymnes et les prières dictées et réglées par la religion même. Nous avons déja dit que *Mohammed* prescrivit toutes ces attitudes , ainsi que les pratiques de l'ablution , comme lui ayant été enseignées par l'ange *Gabriel*, dans la grotte de la montagne de *Hira*, en signe de révéla-

tion

tion des anciennes pratiques des Patriarches et des Prophètes antérieurs. Il imprima ainsi un caractère sacré à ce *Namaz*, qui est toujours uniforme, soit qu'on s'en acquitte en commun ou en particulier, à la mosquée, chez soi ou ailleurs. Il n'existe de différence que dans le nombre des *rik'aths*, qui varie selon les heures canoniques et les diverses solennités consacrées par la religion : et quoique les prières portent alors des noms différens, c'est toujours le même *Namaz*, les mêmes inclinations, les mêmes prosternations.

Les huit premières, telles qu'on les voit dans les planches 14 et 15, forment un *rik'ath*; on les répète deux, quatre, six, huit fois, nombres que la religion détermine pour chaque heure canonique, comme on le verra dans les chapitres suivans. Si la prière n'est que de deux *rik'aths*, on s'acquitte à la fin du second, des attitudes indiquées par les figures 9 et 10, avec les prières qui les accompagnent : et lorsqu'il est question de plus de deux *rik'aths*, on se tient à la fin du second, toujours dans l'attitude marquée par la figure 9 : celle de la figure 10, qui sert de complément à la prière, n'est jamais employée que dans le dernier *rik'ath*. Les femmes sont tenues d'observer les mêmes attitudes ; il n'y a proprement de différence entre elles et les hommes, que dans l'élévation des mains.

Nonobstant la tolérance de la loi sur l'usage des langues étrangères, cette prière ne se fait jamais qu'en Arabe; tout le reste de la liturgie Mahométane est également en cette langue. Quelques hymnes seules de la composition des *Imams* modernes sont en idiôme Turc; et ces hymnes, réservées aux louanges du Législateur, ne se chantent jamais qu'à la fête de sa nativité. Il existe aussi des prières et des hymnes en idiôme Persan; mais les *Derwischs* seuls en font usage dans les différens exercices particuliers à ces sociétés religieuses. **Le** Persan *Dériyé,* dont il est fait mention dans le texte, est le dialecte le plus épuré. Il fut adopté à la Cour de Perse, sous le règne de *Behhram VI,* qui défendit à ses sujets de parler aucun autre idiôme. Par cette raison il fut dès-lors appelé *Farissiyeth-ud-dériyé,* c'est-à-dire, le Persan de la cour, *Der*, qui signifie porte, désignant dans tout l'Orient la cour d'un prince souverain.

Nous observerons en passant, que si la loi accorde la liberté de se servir d'une langue étrangère dans le culte divin, cette liberté peut à plus forte raison s'appliquer aux objets civils et mondains. Or si les Mahométans ont un certain éloignement pour l'étude et l'usage des langues étrangères, si par-là ils sont privés des avantages que leur procureroient les sciences et les lettres qui se cultivent en Europe, on ne doit attribuer cette répugnance de leur part qu'aux seuls préjugés populaires, infiniment plus aisés à détruire que des opinions ou des principes qui ont pour base la religion et la loi.

CHAPITRE II.

De la Prière Dominicale dans les cinq Heures Canoniques.

LE Prophète lui-même a fixé et déterminé les heures consacrées à la prière *Namaz*, par ces paroles : *Certes, Dieu*

*impose à tout Musulman et à toute Musul-
mane* (1) *l'obligation de s'acquitter de la
prière cinq fois par jour, y compris la nuit.*
Ainsi tout fidèle est indispensablement
obligé de faire cette prière en cinq
heures différentes du jour, savoir, le
matin, à midi, l'après-midi, le soir et
la nuit, à l'imitation même de ce qui a
été pratiqué par les anciens Prophëtes.
Ces heures sont ainsi déterminées :

1°. La prière du matin, *Salath-
Subhh* (2), est depuis l'aurore jusqu'au
lever du soleil.

C. Adam fit le premier cette prière, à la
suite de son expulsion du paradis. Saisi d'effroi
de se voir dans l'obscurité, il rendit, peu avant
l'aurore, des actions de graces à l'Eternel, en
faisant un *Namaz* de deux *rik'aths*, l'un pour

---

(1) *Inn'Allah'i farazé ala kull'i Muslim ve kulli Musli-
meth fi kull'é yewm'inn ve leilet'inn khamsé salawath.*

(2) On l'appelle encore *Salath-fedjr*, et en idiôme
turc, *Sabahh namazy.*

avoir été délivré des ténèbres de la nuit, et l'autre pour avoir vu renaître la lumière du jour.

2°. Celle de midi, *Salath Zuhhr* (1), compte du moment que le soleil commence à décliner, jusqu'à l'heure du *Namaz* de l'après-midi.

C. C'est *Abraham* qui s'en acquitta le premier, à l'occasion du sacrifice de son fils : il la fit de quatre *rik'aths*, pour remercier Dieu, 1°. de ce qu'il avoit fait taire en lui la tendresse paternelle; 2°. de ce qu'il lui avoit plu de substituer à *Ismaël*, un bouc envoyé du ciel; 3°. de ce qu'une voix céleste lui avoit fait entendre dans son sommeil cette parole consolante : *Tu es fidèle à ton Dieu;* et 4°. de ce que son fils s'étoit soumis avec tant de résignation à la volonté de l'Eternel.

3°. Celle de l'après-midi, *Salath Assr* (2), commence au moment que le cadran solaire présente une ombre

_____

(1) *Eutlé-namazy.*
(2) *Ikinndy-namazy.*

d'une double longueur de son aiguille, et finit au coucher du soleil.

C. Le Prophète *Jonas* en est l'auteur : il la fit aussi de quatre *rik'aths*, en action de graces de s'être vu délivré à-la-fois de quatre différentes espèces de ténèbres, celles de l'ignominie, celles de la nuit, celles de la mer, et celles du poisson qui l'avoit englouti.

V. Suivant l'Imam *Schafiy*, cette heure doit commencer au moment où le cadran présente une ombre égale à la longueur de son aiguille : cette époque du jour s'appelle par cette raison, *Assr-ewel*, premier temps ; et l'époque de la double longueur de l'aiguille, *Assr-sany*, second temps.

4°. La prière du soir, *Salath Maghrib* (1), est depuis le coucher du soleil jusqu'à l'heure où commence la prière de la nuit.

C. C'est *Jésus-Christ* qui fit le premier ce *Namaz :* il fut de trois *rik'aths*, dont les deux premiers avoient pour objet de reconnoître sa

_____

(1) *Ahhscham - namazy.*

dépendance et celle de sa mère, et le troisième, de rendre hommage à l'Eternel , en conséquence d'une voix céleste qui se fit entendre à lui vers cette heure-là.

Et 5°. celle de la nuit, *Salath Ischa* (1), compte depuis l'entière obscurité de l'horizon jusqu'à l'aurore , où commence l'heure de la prière du matin.

C. C'est de *Moyse* que l'on tient cette prière. Après s'être égaré, au sortir de la ville de *Medyenn* , Madian , ce Prophète se trouva à l'entrée de la nuit dans la plaine *Vadi'y-Eymenn*. Consolé par une voix du ciel sur les différens motifs de sa douleur, il fit aussitôt un *Namaz* de quatre *rik'aths* , en action de graces de ce qu'il se voyoit délivré des cruels soucis que lui donnoient, 1°. sa femme ; 2°. son frère *Harounn* , Aaron ; 3°. *Fir-awnn* , Pharaon , son persécuteur ; et 4°. ses enfans.

Nonobstant la validité de la prière dans l'espace circonscrit de ces cinq

---

. (1) *Yathsy - namazy.*

heures, il est cependant plus louable et plus méritoire pour le fidèle de s'en acquitter dans les premiers momens plutôt que dans les derniers de ces mêmes heures canoniques.

C. Le fidèle qui, après s'être acquitté du premier *Namaz* du jour vers l'aurore, ne se rendort pas jusqu'au lever du soleil, acquiert le mérite qui est attaché à l'affranchissement de quarante enfans d'*Ismaël.* Au reste, il est permis de prier Dieu dans tous les momens du jour et de la nuit, excepté ceux du lever, du midi et du coucher du soleil, dans lesquels on ne doit jamais faire aucun *Namaz,* ni canonique, ni satisfactoire, ni surérogatoire, ni funèbre, pas même la lecture d'aucun des quatorze passages sacrés du *Cour'ann* qui exigent des prosternations. On ne doit pas non plus ensevelir les morts en ces trois momens du jour, suivant la défense expresse qui en a été faite par le Prophète lui-même. Le fidèle doit également éviter de faire un *Namaz* cano-nique dans la matinée, c'est-à-dire, depuis le lever du soleil jusqu'à midi; c'est pourquoi l'on appelle cet intervalle *Wakth-Meuhhmel,* temps de suspension.

Chacune de ces cinq prières doit être composée de différens *rik'aths ;* la première de quatre, la seconde de huit, la troisième de six, la quatrième de cinq, et la cinquième de six, dont les uns sont d'obligation divine, et les autres d'obligation imitative.

C. Les premiers sont ceux qui sont déterminés par les cinq Prophètes ci-dessus, et les autres ont pour principe ce qui a été pratiqué par l'Apôtre céleste.

Les vendredis on doit encore ajouter à la prière de midi quatre autres *rik'aths.* Comme chacun de ces cinq *Namaʒs* a son heure canonique fixe et déterminée, il n'est pas permis au fidèle d'en faire deux ou plusieurs dans une même heure.

C. La réunion de ces *Namazs* n'est permise

que dans un seul jour de l'année, et pour les
seuls pélerins de la *Mecque*, où ils peuvent,
la veille de la fête des sacrifices, s'acquitter
à-la-fois du *Namaz* de midi et de celui de
l'après-midi au mont *Arafath*, et des deux
derniers à *Muzdélifé*.

Tout fidèle est obligé de faire ces
cinq *Namazs* en commun ou en particulier, dans la mosquée ou ailleurs.

C. Il est cependant plus louable, et même
d'une obligation imitative, de s'en acquitter
en commun.

Losque le fidèle s'en acquitte en son
particulier, il est maître de les faire
à son gré, à voix basse ou à haute voix:
et quoiqu'il ait la liberté de réciter, après
l'introït *Fatihha*, un autre chapitre du
Cour'ann, à son choix, il est cependant
plus louable qu'il s'en tienne aux chapitres les plus longs, sur-tout dans la
prière du matin et dans celle de midi.

La troisième et la cinquième peuvent admettre des chapitres moins longs, et la quatrième, les chapitres les plus courts, conformément à ce que pratiquoit nôtre saint Prophète.

C. Les plus longs chapitres sont depuis le *Suré-y-heudjrath* (1) jusqu'au *Suré-y buroudjh* (2) ; ceux qui le sont moins, depuis celui-ci jusqu'au *Suré-y-lemyekunn* (3); et les plus courts, depuis ce dernier jusqu'à la fin du *Cour'ann,*

On peut se dispenser de cette récitation du *Cour'ann* en cas d'empêchemens légitimes.

C. Tels seroient l'heure canonique déja trop avancée pour faire le *Namaz,* la présence de l'ennemi, une incommodité quelconque, l'état de vieillesse, etc.; circonstances qui, dans les prières même en commun, accordent la même

(1) C'est le quarante-neuvième chapitre.
(2) C'est le quatre-vingt-cinquième chapitre.
(3) C'est le quatre-vingt-dix-huitième chapitre.

dispense à l'*Imam*, pour ne pas tenir l'assemblée en souffrance ou en péril.

Enfin toute prière *Namaz* doit être précédée de l'annonce *Ezann*, et de l'*Ikaméth*.

ARTICLE Ier. *De l'Ezann ou Annonce des Heures Canoniques.*

L'*Ezann* est de l'institution du Prophète.

C. Comme l'Apôtre céleste, lors de sa retraite à *Médine*, ne faisoit pas toujours les cinq prières canoniques à la même heure et aux mêmes instans, ses disciples, qui manquoient souvent de faire le *Namaz* avec lui, s'assemblèrent un jour pour délibérer sur les moyens d'annoncer au public les momens du jour et de la nuit où leur maître s'acquittoit de ce premier des devoirs religieux. Les drapeaux, les cloches, les trompettes, les feux furent successivement proposés pour signaux. Aucuns ne furent admis. On rejeta les drapeaux comme ne convenant point à la sainteté

de l'objet; les cloches, pour ne pas imiter les
Chrétiens ; les trompettes, comme des instrumens propres au culte des Hébreux ; les feux,
comme ayant trop d'analogie avec la religion
des Pyrolâtres. Dans cette contrariété d'avis,
les disciples se séparèrent sans rien conclure.
Mais pendant la nuit, l'un d'eux, *Abd'ullah
ibn Zeïd Abdériyé*, voit en songe un être céleste vêtu de vert : il s'ouvre à lui, avec tout
l'empressement que lui inspiroit son zèle, sur
l'objet dont s'occupoient les disciples du Prophète. Je vais vous montrer, lui dit cet esprit
céleste, comment vous devez remplir ce devoir important de votre culte. Il monte alors
sur le toit de la maison, et fait l'*Ezann* à haute
voix avec les mêmes paroles dont on s'est servi
depuis pour annoncer les cinq heures canoniques. A son réveil *Abd'ullah* court exposer sa
vision au Prophète, qui le comble de bénédictions, et autorise à l'instant même *Bilal
Habeschy*, un autre de ses disciples, à s'acquitter sur le toit de son hôtel de cet office
auguste, sous le titre de *Muezzinn*.

Voici les paroles de l'*Ezann* : *Dieu très-haut* (1)! *Dieu très-haut! Dieu très-haut! Dieu très-haut! J'atteste qu'il n'y a point de Dieu sinon Dieu ; j'atteste qu'il n'y a point de Dieu sinon Dieu! J'atteste que* Mohammed *est le Prophète de Dieu; j'atteste que* Mohammed *est le Prophète de Dieu! Venez à la prière ; venez à la prière! Venez au temple du salut ; venez au temple du salut! Grand Dieu! grand Dieu! Il n'y a point de Dieu sinon Dieu.*

C. Le but de ces répétitions est de donner plus de force et de vigueur à l'invitation que fait le *Muezzinn* au peuple, d'abandonner en ces heures consacrées au culte de l'Eternel,

---

(1) *Allah'u ekber! Allah'u ekber! Allah'u ekber! Allah'u ekber! Esch'hed'u enné la ilah'i il'Allah ; esch'hed'u enné la ilah'i il'Allah! Esch'hed'u enné Mohammed ressoul'ullah; esch'hed'u enné Mohammed ressoul'ullah ! Hayyé al'es-salath ; hayyé al'es-salath! Hayyé al'el-felahh ; hayyé al'el-felahh! Ve Allah'u ekber, ve Allah'u ekber! La ilah'i il'Allah !*

toute occupation étrangère, toute affaire civile, tout objet mondain, pour s'adonner uniquement à la méditation, à la prière, à la
pénitence. L'*Ezann* commence et finit par le
nom de l'Eternel, pour faire voir qu'il est le
commencement et la fin de toute chose, et que
l'homme ne doit rien entreprendre ni achever
qui n'ait pour objet l'honneur et la gloire de
son nom.

Cette annonce doit être la même
pour les cinq heures canoniques, excepté celle du matin, où le *Muezzinn*
doit ajouter après les paroles, *Venez au
temple du salut*, celles-ci : *La prière* (1)
*est à préférer au sommeil; la prière est à pré-
férer au sommeil.*

C. On en est redevable au zèle et à la piété
de *Bilal Habeschy* : un jour qu'il annonçoit
l'*Ezann* de l'aurore dans l'antichambre même
du Prophète, *Aisché* lui ayant dit, tout bas
derrière la porte, que l'Envoyé céleste reposoit

_____

(1) *Es'salath'u khayr'unn minn'en-newm, es' salath'u
khayr'unn minn'en-newm.*

encore, ce premier des *Muezzinns* ajouta alors
à la première formule ces paroles : *La prière
est à préférer au sommeil.* Le Prophète à son
réveil y applaudit, et ordonna en même temps
à *Bilal* de les insérer dans tous les *Ezanns* du
matin.

L'*Ezann* est consacré aux seules heures canoniques où commencent les cinq
Namazs du jour. L'annonce publique
n'a lieu pour aucune autre prière , pas
même pour celle des deux fêtes de
Beyram. Si par méprise on annonce
l'*Ezann* avant l'heure canonique, on est
tenu de le répéter à l'heure qui lui est
destinée. Toutes les paroles doivent
être chantées, mais lentement et avec
gravité, celles sur-tout qui forment la
profession de foi. Le *Muezzinn* doit les
prononcer clairement; plus attentif à
l'articulation des mots qu'à la mélodie
de sa voix, il doit mettre dans son
chant des intervalles et des pauses, et

ne

ne pas en précipiter les paroles, pour qu'elles soient distinctement entendues du peuple. Rien ne doit le distraire ni l'engager à interrompre son office. Pendant tout l'*Ezann* il doit être debout, avoir les oreilles bouchées avec l'un des doigts de chaque main, et la face tournée, comme dans la prière, vers le *Keabé* de la *Mecque*. En proférant ces paroles, *Venez à la prière, venez au temple du salut*, il doit tourner le visage à droite et à gauche, parce que son invitation est censée adressée à toutes les nations du monde, à l'univers entier. En ces momens le peuple auditeur doit réciter tout bas le *Tehhlil*.

C. Le voici : *Il n'y a point de force* (1)*, il n'y a point de puissance, si ce n'est en Dieu, en cet Être suprême, en cet Être puissant.*

---

(1) *We la hawlé ve la couweté illa b'illah'il-aliy'il âzim.*

La pureté légale est nécessaire au *Muezzinn* pour qu'il puisse s'acquitter dignement de cet office. Comme on y prononce le saint nom de Dieu, il est indispensable d'apporter dans cet exercice les mêmes dispositions que dans la prière *Namaz*. Une souillure mineure n'altéreroit cependant pas la validité de l'*Ezann* ; mais ce seroit un acte blâmable et répugnant aux yeux de la religion. Il en seroit autrement si la souillure étoit majeure ; l'*Ezann* alors ne seroit plus qu'un acte invalide, et devroit être renouvelé par un *Muezzinn* en état de pureté légale.

L'*Ezann* cesse également d'être valide, s'il est annoncé, ou par une femme, puisque la voix de la femme ne doit jamais être ouïe du public, ou par un homme en démence, ou par un homme dans l'ivresse , ou par un vieillard déest trop affoiblie ou dégradée. Le *Muezzinn* doit aussi être en âge de majorité, doué de vertu, de science et de doctrine, attendu que son office, qui a été exercé plus d'une fois par le Prophète lui-même, est des plus nobles, des plus augustes, des plus saints.

C. Les vices de la naissance, ni les défectuosités naturelles, n'excluent personne de cet office ; de sorte que l'homme de condition serve, l'Arabe Nomade, l'aveugle, le bâtard, etc. peuvent s'en acquitter sans opposition légale.

Ceux qui les premiers entendent la voix du *Muezzinn*, doivent aussitôt en prévenir les autres, pour que personne ne manque l'heure de la prière *Namaz*. Le fidèle qui a saisi distinctement les paroles de l'*Ezann*, peut se dispenser de les répéter ; mais celui qui n'est pas à portée de les entendre, seroit obligé de réciter, non-seulement l'*Ezann*, mais encore l'*Ikaméth*, avant de s'acquitter de la prière qu'il feroit en son particulier.

ARTICLE 2. *De l'*Ikameth.

L'*Ikameth* n'est qu'une simple répétition de l'*Ezann*, à laquelle le *Muezzinn* lui-même est tenu avant toute prière faite en commun. Il doit seulement, après les paroles : *Venez au temple du salut,* ajouter celles-ci : *Certes, tout est disposé pour la prière;* et cela pour indiquer que l'*Imam* est déja placé à la tête de l'assemblée, et prêt à commencer le *Namaz*.

C. On doit réciter cet *Ikameth* de suite, et toujours à haute voix, mais sans chant et sans pause.

Enfin au moment que le *Muezzinn* profère ces paroles : *Venez à la prière,* l'*Imam* et

toute l'assemblée doivent se lever sur pied ;
et au moment qu'il articule celles-ci : *Certes,
tout est disposé pour la prière, Cad-caméth-
us-salath*, on doit la commencer.

ARTICLE 3. *De la Prière* Namaz *en
commun.*

Quoiqu'il soit permis au fidèle de
faire seul et en son particulier la prière
Namaz, dans les cinq heures canoniques, il est cependant plus louable,
et même d'une obligation imitative,
de s'en acquitter en corps d'assemblée,
soit à la mosquée, soit ailleurs, pour
montrer aux autres que l'on est véritablement du nombre des croyans, et
pour leur donner en même temps des
exemples de vertu et d'édification.
Ainsi nul fidèle ne doit s'en dispenser
qu'en cas d'empêchement légitime. Un
Namaz en commun ne doit jamais avoir
lieu que sous les auspices et la direc-

tion d'un *Imam* placé à la tête de l'assemblée, *Djémaâth*.

C. Ces *Imams* doivent être les plus distingués de toute l'assemblée, par leur instruction
dans tout ce qui concerne le *Namaz* et le culte
divin, et par leurs talens pour la musique
vocale et la lecture du *Cour'ann*. Ils doivent
encore être supérieurs aux autres par la piété,
l'âge, l'éducation, la prestance, la beauté, la
naissance, la modestie, et la propreté des
vêtemens. Les premières de ces qualités doivent prévaloir graduellement sur les autres;
et si différens sujets se trouvent à-la-fois les
posséder au même degré, l'assemblée a pour
lors la liberté de choisir parmi eux l'*Imam*
qu'il lui plaît. L'homme de condition serve,
l'Arabe Nomade, l'aveugle, le vicieux, le
dissolu et le bâtard, peuvent à la rigueur remplir aussi cet office : mais ce seroit toujours
une chose blâmable aux yeux de la religion,
attendu que l'esclave est méprisable par sa
condition; que l'Arabe Nomade, né et entre-
tenu dans la campagne, est censé avoir croupi
dans l'ignorance; que l'aveugle n'est en état ni

de se tourner par lui-même vers le *Keabé*, ni de se garantir des souillures qui font perdre au fidèle la pureté légale; que le vicieux n'est pas observateur fidèle de la loi ; que le dissolu est un transgresseur des préceptes de la morale et de la religion ; qu'enfin le bâtard manquant de père légitime, est censé avoir été négligé dans son éducation et dans l'enseignement de la doctrine. L'aveugle cependant seroit le moins blâmable de tous, parce que sa défectuosité n'est qu'un accident de la nature, et que d'ailleurs le Prophète l'a autorisé par son exemple , lorsque dans une de ses absences de *Médine*, il y laissa pour son vicaire *Um-Mektoum*, et une autre fois *Ghassan ibn-Malik*, tous deux privés de la lumière.

C'est à l'*Imam* à commencer la prière, en entonnant à haute voix le *Tekbir* : *Allah'u ekber*, *Dieu très-haut, etc.*

C. Il doit élever en même temps la voix et les mains pour annoncer au peuple le commencement du *Namaz*, afin que ce moment

H iv

ne puisse échapper ni aux sourds ni aux aveugles qui seroient dans le corps de l'assemblée.

Tout le reste de la prière doit se faire également à haute voix, dans les *Namazs* du matin, du soir et de la nuit, comme dans l'office public des vendredis et des deux fêtes de *Beyram*. Mais la seconde et la troisième prière du jour doivent se dire à voix basse. Il n'est permis au peuple de répondre à haute voix que l'*Amen*, Aminn. L'*Imam* doit être attentif à réciter lentement le *Cour'ann* dans le premier *rik'ath* de la prière, mais particulièrement dans celle du matin, afin de donner par-là un peu plus de temps aux fidèles pour se réunir dans le temple du Seigneur. Le peuple doit écouter en silence cette récitation du *Cour'ann*, et ne pas répéter les mêmes paroles ; l'*Imam* doit même se régler sur l'état et la position de l'assemblée, et se dispenser dans le besoin de faire une longue récitation du *Cour'ann.*

Le *Namaz* fait par une assemblée de femmes, sous la direction d'une autre, en qualité d'*Imam*, seroit un acte blâmable aux yeux de la religion, quoique d'ailleurs valide et légal. Dans ce cas il faut toujours que la femme qui préside à la prière, se place, non pas à la tête, mais dans le centre de l'assemblée. La même chose doit s'observer encore dans les assemblées où les hommes sont presque nus (1); leur *Imam* doit se placer dans le centre, pour dérober, autant qu'il est possible, sa nudité aux yeux des autres.

Les femmes ne doivent point prier avec les hommes, encore moins se

---

(1) Comme il arrive chez les peuples Nomades et chez les habitans des climats chauds.

trouver avec eux sur une même ligne, de peur que leur présence ne porte quelque atteinte à la pudeur et à la vertu.

C. Il n'est permis qu'aux femmes âgées d'y assister, et seulement dans les prières de la première, quatrième et cinquième heures canoniques; jamais à celles de la seconde ni de la troisième; les hommes vicieux et irréligieux étant ordinairement sur pied vers ces heures-là.

V. Les *Imancïnns* permettent qu'elles assistent également aux cinq prières du jour; la vieillesse, disent-ils, n'étant pas exposée à ces atteintes criminelles.

Si à l'heure de la prière il ne se trouve qu'un seul fidèle, alors l'*Imam* doit le placer à sa droite, et s'acquitter dans cette posture de la prière *Namaz*.

C. C'est à l'imitation du Prophète, qui plaçoit ainsi à sa droite *Ibn-Abas* toutes les fois qu'ils étoient seuls, et qu'ils s'acquittoient ensemble du *Namaz*.

Mais s'il y en a davantage, ne fussent-ils que deux, alors ils sont censés composer l'assemblée, et l'*Imam* est obligé de se placer à leur tête. Après l'*Imam*, les premiers rangs doivent être occupés par les hommes ; les seconds par les enfans, les troisièmes par les hermaphrodites, et les quatrièmes par les femmes. Si un homme et une femme, qui seroient encore dans l'âge des passions, se trouvent rangés sur la même ligne l'un à côté de l'autre, sans que rien les sépare, leur prière ne sauroit être valide. En général, toutes les fois que les deux sexes se trouvent réunis dans un même lieu, c'est de l'*Imam* que dépend alors la validité de la prière pour l'un ou pour l'autre, ou pour tous les deux ensemble, suivant qu'il dirige son intention, ou en faveur des hommes, ou en faveur des femmes, ou en faveur des uns et des autres.

C. Cette intention de l'*Imam* n'est requise, à proprement parler, que dans les prières quotidiennes, qu'il est libre au fidèle de faire en commun, ou en particulier, et non dans la prière publique des vendredis, ni dans celles des deux fêtes de *Beyram*, parce que celles-ci ne pouvant jamais être faites qu'en corps d'assemblée, les femmes sont censées y participer comme les hommes, sans avoir besoin de l'intention explicite de l'*Imam*.

La prière de l'homme qui auroit pour *Imam* une femme, n'est ni bonne ni valide, non plus que celle du majeur qui auroit pour *Imam* un mineur; de l'homme pur, qui auroit pour *Imam* un homme impur; de l'homme docte, qui auroit pour *Imam* un homme ignorant; de l'homme vêtu, qui auroit pour *Imam* un homme nu; de l'homme sain, qui faisant en réalité les inclinations et les prosternations requises, auroit pour

Imam un homme malade, qui ne s'en acquittèroit qu'en symbole, qu'avec le mouvement de la tête ; de l'homme enfin qui faisant lui-même la prière prescrite pour chacune des heures canoniques, auroit pour *Imam* un fidèle qui feroit alors une prière ou satisfactoire ou de surérogation.

C. Cette diversité de prières n'est pas valide, parce que l'unité d'oraisons requise dans les fidèles est censée exiger d'eux une communion d'esprit et de cœur, pour faire tous ensemble et dans le même temps une seule et même prière. Cependant le *Namaz* que l'on feroit sous l'*Imaméth* où d'un Musulman esclave, ou d'un étranger qui auroit embrassé l'Islamisme sans une véritable conviction, est réputé bon et valide, mais toujours blâmable aux yeux de la religion.

V. L'Imam *Schafiy* admet l'entière validité de toutes ces prières.

Si l'*Imam* n'est pas lui-même dans un état de pureté parfaite, sa prière,

comme celle de toute l'assemblée, n'est
ni bonne ni valide, et exige d'être renouvelée. Tout *Namaz* une fois commencé , doit être continué et achevé
sans aucune interruption : cependant
la prière faite en commun, étant bien
au dessus de celle que l'on feroit en
particulier, le fidèle qui en auroit commencé une, pourroit l'interrompre afin
de se réunir à l'assemblée, supposé qu'il
fût encore au commencement de sa
prière, c'est-à-dire, au premier *rik'ath*,
et avant d'avoir fait aucune prosternation. Mais s'il en a fait, il doit alors
s'acquitter de deux *rik'aths* en entier,
lesquels font un *Namaz* complet; après
quoi s'interrompant lui-même , il peut
se réunir à l'assemblée, et suivre l'*Imam*,
pour continuer la prière qui, dans ce
cas, n'est à son égard qu'un *Namaz*
surérogatoire. Quoique l'obligation de

faire le *Namaz* en corps ne soit que de pure pratique imitative, cependant si un fidèle se trouve dans une mosquée au moment même de l'annonce, *Ezann*, d'une des cinq heures du jour, il feroit mal de quitter le temple, et de ne pas s'acquitter en corps de ce devoir important de la religion.

C. Ce seroit une action très-blâmable, à moins que ce ne fût un fidèle attaché au service d'une autre mosquée, et par-là obligé de se rendre à ses fonctions, tel qu'un *Imam*, un *Muezzinn*, un *Scheykh*, etc. Enfin tout fidèle qui arrive au temple avant l'heure du *Namaz* canonique, peut faire en attendant, des *Namazs* surérogatoires.

ARTICLE 4. *Des Souillures qui peuvent survenir au milieu de la Prière, et qui exigent le renouvellement des purifications,* Hadéss f'is-salath.

Le fidèle qui se trouve involontairement atteint d'une souillure non substantielle au milieu de sa prière, est obligé de la suspendre dans le moment même, pour faire son ablution, et rentrer en pureté légale. S'il prie en particulier, il est le maître de poursuivre son *Namaz ;* mais il seroit plus louable de le recommencer. Si c'est en commun, il doit continuer avec le reste des fidèles, pour ne pas se séparer de leur communion.

A l'égard de l'*Imam*, s'il se trouve dans un état de souillure, il doit aussitôt, pour ne scandaliser personne, porter la main au visage, comme s'il lui survenoit un saignement de nez. Dans le même instant il doit, par un signe de l'autre main, inviter le plus docte et le plus vertueux des assistans à venir prendre sa place, pour que la prière ne soit pas interrompue : rétabli dans l'état de pureté par l'ablution,

il

il peut alors continuer le *Namaz*, en se plaçant parmi les fidèles qui forment l'assemblée.

En cédant sa place, il doit néanmoins la donner par préférence à l'un de ceux qui ont assisté au commencement de la prière ; autrement, la personne qu'il auroit choisie seroit à son tour obligée de céder sa place, parce qu'elle ne pourroit donner à l'assemblée le salut de paix qui termine la prière.

C. On peut ranger en trois classes tous les Musulmans qui font le *Namaz* en commun. Ceux de la première, appelés *Mudrik*, sont les fidèles qui y assistent depuis le commencement jusqu'à la fin : les seconds, appelés *Lahhik*, sont ceux qui arrivent tard, et qui, trouvant la prière déja commencée, se joignent cependant à l'assemblée, pour faire avec elle ce qui reste encore de *rik'aths*, s'arrêtent au salut de paix qui termine le *Namaz*, et s'acquittent ensuite en leur particulier des premiers *rik'aths* auxquels ils n'ont pas assisté, afin d'en compléter le nombre : les troisièmes, appelés *Messbouk*, sont ceux qui ayant contracté des souillures au milieu de la prière, l'interrompent pour aller faire leur ablution, et reviennent ensuite, ou pour la continuer avec les autres, ou pour la recommencer en leur particulier, selon la qualité et l'exigence de la souillure.

A r t i c l e 5. *De tout ce qui invalide la Prière, et en exige le renouvellement,* Ma yufsed'us-salath.

Comme le *Namaz* exige du fidèle l'attention la plus entière et le recueillement le plus profond, différentes circonstances, qui d'ailleurs n'altèrent pas la pureté légale, peuvent cependant l'invalider, et obliger le fidèle à le recommencer. Ces circonstances sont, 1°. la parole, ne fût-ce qu'un mot proféré et adressé à quelqu'un,

soit de propos délibéré, soit par dis-
traction ; 2°. le sommeil ; 3°. une intention contraire à l'esprit du *Cour'ann*,
et qui dirigeroit la prière vers des objets temporels et des intérêts mondains ;
4°. les gémissemens, les exclamations,
les soupirs, à moins qu'ils ne fussent
l'effet d'une douleur ou d'une indisposition réelle ; 5°. les pleurs accompagnés de sanglots, parce qu'ils sont
l'effet ordinaire d'une affliction mondaine : il faut en excepter ceux qu'exci-
teroient les passages du *Cour'ann*, où il
est question du paradis et de l'enfer,
parce qu'ils sont toujours la suite d'une
véritable componction d'un cœur pénétré des vérités éternelles ; 6°. le
salut, *A vos souhaits*, ou *Dieu te fasse
miséricorde*, fait à celui qui éternueroit;
pratique mondaine, que l'on ne doit
jamais se permettre au milieu du culte

que l'on rend au Créateur; 7°. le salut
de paix entre les fidèles, *Selam'un-
aléik'um*, et celui que l'on rend, *ve
aléik'um selam*, l'un et l'autre n'étant
nullement admis au milieu du *Namaz;*
8°. le boire et le manger; 9°. l'action
de tousser.

C. A moins que ce ne soit l'effet naturel
d'une indisposition, ou pour dégager le gosier, ou pour redresser l'*Imam*, en cas d'erreur dans son office, dans la récitation du
Cour'ann, etc.

10°. L'action de souffler tout autre
que l'*Imam*, ce qui est une sorte d'enseignement toujours déplacé au milieu
de la prière.

C. On ne doit pas même se presser de souffler l'*Imam*, pour lui donner le temps de se
remettre; et s'il avoit déja récité trois versets
du *Cour'ann*, ce qui suffit pour un *Namaz*, il
feroit beaucoup mieux alors de poursuivre la
prière, de continuer les *rik'aths*, que de

recourir à la mémoire des assistans ; l'*Imam*
peut même passer à un autre chapitre du
Cour'ann, qu'il posséderoit mieux par cœur.
Le fidèle qui n'est pas du même *Namaz*, qui
ne la fait pas en commun avec l'assemblée, ne
doit pas souffler ; et si l'*Imam* ne se remet que
par lui, la prière, dans ce cas, n'est valide ni
pour lui ni pour le corps de l'assemblée.

11°. la lecture du *Cour'ann*.

C. C'est-à-dire, si le fidèle fait sa prière,
non pas de mémoire, mais en lisant dans le
livre du *Cour'ann,* ce qui est envisagé d'un
côté comme une lecture d'enseignement, et
de l'autre comme une imitation des Juifs et
des Chrétiens, que l'on ne doit jamais suivre
dans aucune des pratiques du culte.

V. Les *Imaméïnns* ne réprouvent pas cette lecture
au milieu de la prière.

12°. Enfin toute œuvre, toute action
considérable , *Amel'ul-kessir*.

C. C'est-à-dire, lorsque le fidèle se permet,
au mileu de la prière, un acte qui ne se fait

ordinairement qu'avec les deux mains, comme, par exemple, l'action de lier ou de délier son turban, de changer d'habit ou de chemise, de décocher une flèche, de prendre un voile pour se couvrir la tête et le visage (article qui concerne les femmes). Il en est de même lorsqu'on réitère trois fois de suite une chose qui se fait ordinairement avec une seule main : tel est l'acte de jeter des pierres, d'ôter ou de mettre son turban, de se procurer du frais avec un éventail, de se gratter la tête ou toute autre partie du corps, de s'arracher des cheveux, de tuer des insectes, etc. Dans tous ces cas, l'acte répété trois fois de suite sans interruption, fait évanouir la validité de la prière; mais si c'est par intervalle, le *Namaz* n'en souffre pas. Différentes autres actions opèrent aussi le même effet; savoir, lorsque le fidèle marche, au milieu de la prière, et fait trois pas; lorsque faisant sa prière à cheval, etc., il bat trois fois sa bête dans l'espace d'un *rik'ath;* lorsqu'il jette les yeux sur le *Cour'ann* ou sur tout autre livre, et distrait par-là son esprit de l'attention qui est due au *Namaz;* lorsque la femme allaite son enfant, quand même il n'auroit sucé que trois fois ; lorsqu'elle interrompt sa prière , et se lève, non pour fermer , mais pour ouvrir la porte de la chambre ; lorsqu'au milieu de son *Namaz* elle reçoit la plus innocente caresse de son mari.

ARTICLE 6. *Des Souillures qui surviennent au milieu du* Namaz , *et qui exigent le renouvellement, soit des Purifications, soit de la Prière.*

Tout fidèle qui , au milieu de la prière , seroit atteint d'une souillure ou substantielle ou non substantielle, mais volontaire, est obligé de renouveler et ses purifications et sa prière.

C. Le sommeil spontané , des éclats de rire, des attaques de démence ou d'épilepsie, sont également autant de souillures qui exigent le renouvellement de ces actes.

ARTICLE 7. *De tout ce qui est blâmable dans la Prière ; Ma yukrehh f'is-salath.*

Indépendamment des circonstances qui invalident la prière, il en est aussi qui, sans opérer cet effet, n'en sont pas moins blâmables aux yeux de la loi.

Ainsi le fidèle pèche contre la religion, si, au milieu de son *Namaz* en commun ou en particulier, il se distrait en touchant son habit, son corps, ses doigts, etc. ; s'il les fait claquer; s'il cligne les yeux ; s'il tourne la tête à droite ou à gauche; s'il porte la main sur le côté; s'il donne ou rend le salut à quelqu'un, sur-tout avec la main; s'il lève les yeux vers le ciel; s'il compte avec les doigts les versets du *Cour'ann* ou autres prières qui se répètent souvent; s'il s'assied, la plante des pieds contre terre, et les genoux contre le ventre, ou bien les jambes croisées de côté, à droite ou à gauche, à moins que ce ne soit pour cause d'infirmité ; si en faisant les prosternations il relève les manches de son habit, se couche entièrement sur les bras, se frotte le front contre la terre ; s'il a la tête nue, les cheveux épars et flottans sur les épaules ; s'il est en habit de nuit ou en habit négligé ; s'il en jette les bords sur sa tête ou sur ses épaules ; si l'étoffe de son vêtement représente des figures d'hommes ou d'animaux ; s'il se place de façon à avoir de ces figures au dessus de la tête, devant soi ou à ses côtés ; s'il se met hors de la ligne, dans un endroit élevé, ou séparé des autres fidèles, sur-tout si c'est dans la vue de se distinguer ; enfin s'il fait la prière face à face devant quelqu'un.

C. Le fidèle doit être scrupuleusement at-

tentif à tous ces points. Si dans la prière il
porte quelquefois les regards à droite ou à
gauche, mais sans tourner la tête, la chose
devient indifférente, attendu l'exemple du
Prophète, à qui il arrivoit souvent pendant
son *Namaz* de jeter les yeux sur ses disciples.
Tenir la main sur le côté est une action ré-
prouvée, parce que ce seroit imiter le démon,
qui étoit dans cette attitude lorsqu'il fut chassé
du ciel. Les autres postures sont indécentes;
d'ailleurs l'air de gravité et de hauteur que
donnent quelques-unes de ces positions, est
contraire à ce recueillement et à ce respect
profond dont le fidèle doit être pénétré au
milieu du culte qu'il rend à son Créateur.
Avoir la tête nue seroit également une chose
indécente, à moins que ce ne fût par un sentiment de la plus grande humilité. Quant aux
cheveux, on doit les tresser ou les lier, et les
relever sur la tête comme les femmes. La
réunion des fidèles par rangs et par lignes,
sans égard à l'état des personnes, est absolument nécessaire, vu l'esprit de communion
dans lequel on doit s'acquitter du culte public,

et l'égalité des rangs et des conditions aux yeux de la Divinité. L'*Imam* lui-même, qui n'est placé à la tête de l'assemblée que pour la diriger dans les pratiques du *Namaz,* et présider à cet acte auguste de la religion, ne doit jamais se placer, soit à la mosquée, soit ailleurs, qu'au niveau des autres fidèles, jamais plus bas ni plus haut.

On doit enfin éviter les figures d'hommes et d'animaux. Cependant si elles sont petites, imperceptibles à l'œil, si elles sont placées derrière le fidèle, si elles ne présentent que des têtes d'animaux, un paysage, des fruits, des fleurs, des arbres, la chose seroit sans conséquence. Il en seroit de même des figures d'un tapis sur lequel le Musulman feroit sa prière, pourvu qu'elles ne se trouvassent pas dans la partie où il pose sa tête en faisant ses prosternations.

Il est également très - blâmable de passer devant un fidèle occupé de sa prière, sur-tout si l'on met le pied sur la partie du tapis où l'on doit poser la tête dans les prosternations. Le péché ne pourroit être expié que par une pénitence de quarante jours de jeûne et de retraite.

C. Lorsque le fidèle fait la prière en plein champ, il doit avoir la précaution de poser devant lui, ou une lance, ou une pique, ou un bâton de la longueur pour le moins d'un pic, et de la largeur d'un doigt; il doit les planter dans la terre si elle est molle, autrement les poser devant lui pour se séparer des passans, et les avertir de se détourner, parce que, durant toute sa prière, le *Keabé* de la *Mecque* doit faire le seul objet de ses regards et de son attention. Cependant ce signal doit toujours être un peu de côté. A son défaut on doit écarter les passans par un mouvement de la main, de la tête ou des yeux, ou bien en récitant tout haut le *Tessbih, Que ton nom soit exalté, ô grand Dieu !* On peut encore avoir devant soi le livre du *Cour'ann*, un sabre suspendu, une chandelle, une lampe, etc.

ARTICLE 8. *Des Prosternations satisfac-*
toires, Sedjoud'us-sehhw.

Ces prosternations ont pour objet
de satisfaire à Dieu pour les fautes ou
les erreurs que l'on auroit commises
au milieu de la prière. Le fidèle qui
s'en seroit rendu coupable, seroit
obligé d'en faire deux à la suite du
Namaz, soit avant, soit après, soit
même entre les deux saluts de paix.

On n'est jamais tenu qu'à un seul
acte satisfactoire, si, dans une même
prière on commet plus d'une faute :
celle de l'*Imam* devient commune à
toute l'assemblée, et l'oblige à la même
réparation.

C. Le fidèle est tenu à ces deux prosternations, si dans la récitation du *Cour'ann* il
n'observe pas les mouvemens prescrits; si au
lieu d'une inclination de tête il en fait deux;
si dans les endroits où il faut réciter le

Cour'ann à voix basse ou à haute voix, être assis ou debout, il fait le contraire; si avant l'introït *Fatihha*, il récite tout autre chapitre du *Cour'ann*; s'il omet quelqu'une des prières requises; s'il fait plus ou moins de deux prosternations dans chaque *rik'ath*; enfin s'il intervertit en quelque chose l'ordre et la méthode prescrite dans le *Namaz*.

ARTICLE 9. *De la Prière Dominicale des Voyageurs*, Salath'ul-mussafir.

La religion accorde différentes dispenses aux Musulmans voyageurs.

C. On est réputé voyageur, du moment que l'on sort de la ville dans le dessein de faire un voyage pour le moins de trois jours; ce temps se mesure sur la terre par la marche ordinaire du chameau, et sur mer par un vent modéré. Ainsi ce n'est ni par la célérité, ni par la lenteur de la marche, que l'on peut acquérir ou perdre la qualité de voyageur, et par-là profiter ou non du bénéfice de la loi.

Le voyageur, sur-tout lorsqu'il est

dans le cas de se presser et de faire diligence, n'a pas simplement la faculté
de réduire les prières qui sont de quatre
rik'aths, à deux seuls, il y est même
obligé.

V. L'Imam *Schafy* et l'Imam *Hannbel* ne donnent
pas cette réduction pour obligatoire.

Or, si au lieu de deux *rik'aths*, le
voyageur en faisoit quatre, les deux
premiers formeroient son *Namaz*, et
les deux autres n'auroient jamais que
le caractère d'une prière surérogatoire.

C. Acte très-répréhensible, et qui rendroit
le fidèle coupable aux yeux de la Divinité, à
cause de ses doutes sur la réalité d'une dispen-
sation charitable accordée par l'Eternel à tous
les croyans voyageurs.

Il peut aussi se dispenser de réciter
après l'introït *Fatıhha*, aucun autre
chapitre du *Cour'ann*, comme il est
maître de s'acquitter, ou non, de tout

ce qui n'est que de pure pratique imitative. Le voyageur est en même temps
dégagé de l'obligation du jeûne canonique en *Ramazann*, de la prière publique des vendredis, et de l'oraison
paschale dans les deux fêtes de *Beyram*,
ainsi que du sacrifice paschal, de la
prière *Tekbir-Teschrik*, et de l'ablution
des pieds, remplacée par la madéfac-
tion de la chaussure.

Ces dispenses ont lieu pendant tout
le temps de son voyage, à moins qu'en
entrant dans une ville ou dans un village, il n'ait l'intention d'y demeurer
au moins quinze jours ; car alors il est
constitué en demeure fixe, *Moukim*,
et déchu de toute dispense accordée
à l'homme qui quitte sa patrie pour
voyager.

C. On distingue trois sortes de patries ; la
patrie originaire, la patrie de domicile, et la
patrie

patrie de voyage (1). La première est le pays natal, ou bien le pays où l'on se marie ; la seconde, le pays où l'on a intention de demeurer, ne fût-ce que quinze jours ; et la troisième, le pays que l'on traverse, même dans le dessein d'y séjourner, pourvu que ce soit moins de quinze jours. De ces trois sortes de patries, les deux premières seules opèrent la conversion du voyage en demeure fixe ; ce qui est toujours soumis à l'intention du fidèle.

Il y a aussi trois sortes de voyages; le religieux, le licite, et l'illicite ou criminel (2). Le premier est celui que prescrit la loi même, relativement au pélerinage et aux expéditions militaires ; le second a pour objet des choses civiles et temporelles, telles que le commerce, les arts, les métiers, les spéculations, les commissions ; et le troisième est celui qu'entreprennent les voleurs, les brigands, les rebelles, et les esclaves transfuges. Ces trois classes d'hommes ont également droit

_____

(1) *Watann-assly*, *Watann-kameth*, *Watann-sefer.*
(2) *Sefer taâth*, *Sefer-mubahh*, *Sefer-mâssiyéth.*

aux dispenses accordées par la loi aux voyageurs, vu le dispositif de ce précepte canonique, qui est en termes généraux.

V. L'Imam *Schafy* en excepte absolument ceux de
la troisième classe.

Mais s'il se propose de résider moins
de quinze jours, s'il demeure en pleine
campagne, hors de tous lieux habités,
il ne sauroit alors perdre la qualité de
voyageur. Il n'y a que la *Mecque* et *Mina*
qui fassent une exception à cette loi
générale, parce que l'homme en voyage
qui auroit l'intention de demeurer dans
l'un ou l'autre de ces lieux, quand même
ce seroit moins de quinze jours, ne
pourroit reprendre la qualité d'homme
en demeure fixe, qu'après y avoir passé
une nuit. Au défaut de toute intention
de résidence, le voyageur qui différe-
roit du jour au lendemain son départ
d'une ville, d'une cité, d'une bourgade,

pourroit y rester des mois, des années entières, sans que sa demeure fît évanouir en lui la qualité d'homme en voyage.

C. Ibn-Omer fût dans ce cas lors de son expédition dans l'*Azerbaïdjeann*, où il resta plus de six mois, ainsi qu'*Alcamé-Ibn-Caïss*, qui passa plusieurs années dans le *Kharzém*, et différens autres disciples du Prophète, qui restèrent à *Suez* plus de neuf mois, toujours en qualité de voyageurs.

Cependant l'homme de guerre qui se trouve en pays ennemi, ou fixé dans un corps d'armée, assiégeant une ville, est toujours réputé voyageur, quand même il auroit l'intention d'y demeurer.

C. C'est que tout pays ennemi, tout pays non Musulman, *Dar-harb*, ne peut jamais être regardé comme une demeure fixe et permanente pour un Musulman.

Les peuples Nomades qui vivent sous

des tentes en pleine campagne , sont
également réputés des hommes en
voyage , à moins qu'ils ne forment l'intention de demeurer où ils se trouvent,
et qu'ils n'y fassent une résidence pour
le moins de quinze jours.

V. Quelques *Imams* les regardent dans tous ces cas
comme des hommes en voyage perpétuel.

Cette intention en général n'est valide que pour le temps présent : elle
n'a aucun effet ni pour le passé ni pour
l'avenir. Toutes les classes de la société
des fidèles ont la liberté d'en former
à leur gré , et de se constituer ou
hommes en voyage , ou hommes en
demeure fixe , excepté les esclaves ,
les femmes et les soldats.

C. Vu le défaut en eux de toute volonté
libre , par cet état de dépendance et de soumission entière auquel ils sont tous également
tenus, et les esclaves envers leurs patrons ,

et les femmes envers leurs maris , et les soldats envers leur prince , leur général , leur
chéf.

Dans les prières en commun , tout
voyageur est cependant obligé de se
conformer à l'*Imam* qui préside l'assemblée , et de faire comme elle le
Namaz en qualité d'homme en demeure
fixe. Si au contraire un fidèle en demeure fixe fait son *Namaz* avec un corps
de voyageurs , il est toujours obligé
de compléter la prière en son particulier , par les autres *rik'aths* nécessaires.

C. C'est pourquoi un *Imam* voyageur doit
être attentif à annoncer à l'assemblée qu'il
est en voyage , afin que les fidèles demeurans
aient ensuite à satisfaire au reste du *Namaz :*
c'est à quòi le Prophète ne manquoit jamais
toutes les fois qu'il passoit à la *Mecque ,* et
qu'il s'acquittoit dans cette cité des fonctions
d'*Imam* en qualité de *Mussafir ,* d'homme
en voyage.

K iij

Enfin le voyageur rentré dans la condition d'homme en demeure fixe, n'est tenu à satisfaire aux *Namazs* qu'il auroit omis dans ses courses, qu'à titre de voyageur, c'est-à-dire, par deux seuls *rik'aths*. Il en est de même pour la prière de l'heure canonique pendant laquelle il auroit entrepris son voyage, mais non de celle pendant laquelle il seroit rentré dans son premier état. L'omission de ce *Namaz* exige d'être réparée par le fidèle à titre d'homme en demeure fixe.

C. Il est de principe que l'état légal où se trouve le fidèle, non pas au commencement, mais à l'expiration de toute heure canonique, détermine le genre de prière satisfactoire à laquelle il est tenu par l'omission du *Namaz* de cette même heure.

ARTICLE 10. *De la Prière Dominicale des Malades,* Salath'ul-mériz.

Un malade hors d'état de se tenir

debout, ou qui auroit lieu de craindre d'aggraver son mal par le mouvement, seroit libre de faire son *Namaz* assis , et de s'acquitter dans cette posture , des inclinations et des prosternations requises. Si ces pratiques étoient encore trop pénibles , il pourroit alors les faire par des signes de la tête , *Ima,* en observant toutefois de marquer les différences qui se trouvent entre les inclinations et les protestations : c'est pour cela qu'il ne faut jamais rien tenir contre son visage.

C. Cette loi a été donnée par le Prophète , qui , allant un jour visiter un malade , et l'ayant trouvé assis , la tête penchée, faisant sur un carreau les inclinations et les prosternations du *Namaz,* le lui retira aussitôt, et ordonna au malade de faire par signe , dans l'une et l'autre pratique , ce que font en réalité les fidèles dans l'état de santé.

Si le malade a encore de la peine à

faire la prière assis, il peut s'en acquitter couché sur le dos ou sur le
côté droit, mais toujours le visage et
les pieds tournés vers le *Keabé* de la
Mecque, et la tête posée sur un cous-
sin, afin de pouvoir marquer et indiquer, par des mouvemens de tête, les
mêmes inclinations et les mêmes prosternations ; et s'il n'est pas en état de
faire ces mouvemens, il ne doit y
suppléer par aucun autre, mais se dispenser de la prière, dont l'obligation
s'évanouit à son égard, comme à celui
d'un homme privé des deux bras ou
des deux pieds.

C. Il est cependant louable et méritoire au
malade de suppléer au *Namaz* par autant de
prières satisfactoires, aussitôt après son rétablissement.

Si un malade est en état de faire la
prière debout, sans pouvoir néanmoins

s'acquitter des inclinations et des prosternations, il vaut mieux qu'il la fasse
en entier, assis.

Si un homme se sent indisposé au
milieu de la prière, il peut la continuer dans telle posture que son état
peut lui permettre; de même si un
malade se trouve mieux au milieu de
sa prière, il peut également la continuer debout, quoiqu'il l'ait commencée assis. Mais s'il s'en acquittoit avec
les mouvemens de la tête, il doit la
recommencer. Dans tous les cas, le
fidèle qui se trouve à bord d'un navire
sous voiles, y peut faire la prière assis.

ARTICLE 11. *De la Prière satisfactoire,*
Caza'el-fewaith.

Tout *Namaz* qui n'est pas fait dans
son heure canonique, doit être acquitté
dans un autre moment du jour, ce

qui constitue là prière satisfactoire.
En cas d'omission de plusieurs *Namazs*,
il faut y satisfaire suivant l'ordre dans
lequel ils auroient dû être faits, c'est-
à-dire, en commençant par les premiers, et finissant toujours par les
derniers. Il faut même s'acquitter du
Namaz que l'on auroit omis, avant d'en
faire aucun autre pour l'heure canonique où l'on se trouve.

C. Si donc un fidèle qui auroit omis la prière
du matin, commence par celle de midi, cette
prière n'est pas valide ; et il est obligé de satisfaire d'abord à celle du matin, et de renouveler ensuite celle de midi. On doit observer
cette loi jusqu'à la concurrence de cinq *Na-*
mazs consécutifs. Si le fidèle en fait plus dans
les heures qui suivroient celle où il auroit
omis son *Namaz*, il n'est plus obligé à les
renouveler; mais cette inexactitude dans l'ordre prescrit pour s'acquitter de ce premier
des devoirs de la religion, lui fait perdre le

caractère de *Sahhib-Tertib* (Observateur fidèle et méthodique des heures canoniques).

V. Les *Imameïnns* n'admettent la validité d'aucun Namaz à la suite de celui que l'on auroit omis, et exigent en conséquence que le fidele les renouvelle tous, quel qu'en soit le nombre, après avoir satisfait à celui qui a été précédemment oublié.

Si une femme recouvre sa pureté légale, si un mineur de l'un ou de l'autre sexe atteint sa majorité, si un infidèle embrasse le Musulmanisme, précisément dans une des cinq heures canoniques, tous sont obligés au *Namaz* de cette même heure, et par conséquent à une prière satisfactoire, en cas d'omission. Si dans l'espace d'une de ces heures un Musulman fait son *Namaz*, se rend ensuite coupable d'apostasie, et rentre dans la foi avant l'expiration de la même heure, il est également tenu à renouveler son *Namaz*.

V. L'Imam *Schafy* n'admet pas la nullité de la

prière déja faite , et n'exige conséquemment pas qu'elle soit renouvelée.

Mais si la conversion de l'apostat n'a lieu que dans un autre temps , il n'est pour lors tenu qu'à la prière de l'heure dans laquelle il seroit rentré dans la foi , sans aucune obligation de satisfaire à celles qu'il auroit omises durant son apostasie.

C. C'est que le *Namaz* et les autres pratiques du culte religieux , sont des devoirs imposés aux seuls fidèles , à ceux qui ont le bonheur d'être dans le sein de l'*Islamisme.*

V. L'Imam *Schafy* exige que le Musulman converti satisfasse à tous le *Namazs* omis durant son apostasie.

L'infidèle qui auroit embrassé le Musulmanisme en pays étranger, n'est pas obligé non plus à satisfaire aux *Namazs* qu'il y auroit omis par ignorance de la loi.

V. L'Imam *Zufer* l'y oblige , parce que l'ignorance

de la loi ne fait pas , dit-il , un motif légitime pour dispenser le fidèle des devoirs de la religion , soit en pays Musulman , soit ailleurs.|

Enfin tout fidèle doit se garder , autant qu'il est en lui , de manquer aux heures canoniques , nonobstant le moyen qu'il a d'y suppléer par une prière satisfactoire : ceux qui les négligent pèchent grièvement ; et ceux qui meurent avec la conscience chargée de cette dette religieuse , sont obligés à une satisfaction aumônière.

C. Elle consiste à donner aux pauvres une demi-mesure , *Sâ ,* de froment pour chaque prière omise dans son heure canonique , et à laquelle on n'a pas satisfait dans un autre moment du jour. Cette aumône doit être prise sur le tiers de l'hérédité du mort , et distribuée aux pauvres par les mains de son tuteur naturel.

V. L'Imam *Schafy* exige , au lieu de cette aumône , que le tuteur naturel satisfasse , par la prière même , à toutes celles que le défunt auroit omises.

OBSERVATIONS.

Pour mettre plus de précision et d'intérêt dans nos remarques, nous croyons devoir embrasser ici tous les articles de ce chapitre, et représenter dans un seul et même tableau le développement qu'ils exigent.

Mohammed, pour rendre la prière *Namaz* plus sacrée et plus imposante à ses peuples, en fit remonter l'origine jusqu'aux anciens Patriarches, *Adam, Abraham, Moyse, Jonas* et *Jésus-Christ* même, à chacun desquels il attribua l'institution d'une des cinq heures canoniques. Il promulgua cette loi le lendemain de son assomption prétendue. Monté au sommet des cieux, disent les docteurs, ce coryphée des Prophètes eut le bonheur de contempler face à face l'Eternel, qui, après lui avoir révélé ses plus augustes mystères, lui donna, entre autres préceptes, celui des cinq prières du jour : c'est pour cela qu'elles sont consacrées sous le nom de *Salath-mefrouza,* qui veut dire, prières d'obligation divine ; et les heures dans lesquelles on doit

s'en acquitter, sous celui d'*Ewcath-salath*,
c'est-à-dire, temps ou momens destinés au
culte de Dieu.

On ne doit pas s'étonner que ces heures
soient réglées sur le cours diurne du soleil,
puisque le cadran étoit la seule montre connue dans le siècle qui donna naissance à l'Islamisme. Nonobstant l'invention des montres
et des horloges, dont l'usage est commun
aujourd'hui chez ces peuples, on suit toujours
la même détermination solaire, qui sert de
règle fixe, permanente et générale pour toutes
les saisons comme pour tous les pays habités
par les Mahométans. Les Arabes ne furent
assurément pas les derniers à connoître et à
perfectionner les montres : on n'ignore pas
que la première horloge sonnante que l'on ait
vue en Europe, fut celle que le Khaliphe
Harounn I, dit *Reschid*, envoya en présent
à *Charlemagne* au commencement du neuvième siècle.

L'ordre des heures suivi par les Musulmans, a toujours été différent de celui des
Européens. Le jour civil commençant chez

eux au coucher du soleil, ce point, où se renouvellent les vingt-quatre heures du jour,
marque la douzième à leurs montres et à
leurs horloges dans tout le cours de l'année;
de sorte que les périodes de midi et de minuit
varient constamment d'heure suivant les saisons : on se règle cependant en tout temps
sur le cours diurne du soleil pour les cinq
heures canoniques : à cet effet, des astrono-
mes ont, dans chaque siècle du Mahométisme,
dressé des tablettes qui indiquent avec la plus
grande précision les momens de ces cinq heures, selon les degrés de latitude de chaqne
contrée, de chaque ville, de chaque district.

Ces tablettes sont, les unes annuelles, les
autres perpétuelles. Les premières s'appellent
Takwim, les secondes, *Rouz-namé ;* ce sont
de petits rouleaux de vélin ou de parchemin
très-fin, qui, au moyen de simples lettres
alphabétiques, indiquent à-la-fois les cinq
heures canoniques, les jours de la semaine,
les mois lunaires, les mois solaires, les différentes phases de la lune, les jours de solstice,
les jours d'équinoxe, les fêtes religieuses, etc.;

toutes

toutes ces époques sont distinguées ou en rouge, ou en vert, ou en or, le tout en menus caractères, dans le plus grand ordre, et avec une précision singulière. Ces tablettes astronomiques offrent aussi un synchronisme ou calcul de rencontre des jours, des mois et des années lunaires, avec les jours, les mois et les années solaires selon le v. s. Elles désignent encore les révolutions planétaires, les jours que les astrologues donnent pour heureux ou malheureux, l'influence des astres et des élémens sur le règne animal et sur le règne végétal, enfin l'heure et la minute où le cadran marque, dans le cours de toute l'année, la position de la *Mecque*; ce qui se détermine selon le degré de latitude de chaque ville et sa position respective avec le *Keabé*, comme étant le point central du culte et des adorations des Mahométans de tous les pays et de toutes les régions de la terre.

Ces almanachs ou calendriers perpétuels embrassent ordinairement une période astronomique de quatre-vingt à quatre-vingt-cinq années. Le plus récent de nos jours, et le plus

estimé dans l'Empire, est celui de *Darendéwy*,
fait en 1192 (1778), et va jusqu'à l'année
1277 ; ce qui fait une période de quatre-vingt-
cinq années lunaires. Il est tel que nous le donnons ici, planche B. Quoiqu'il soit d'un usage
commun et général, il sert principalement
aux *Muezzinns* chargés de l'annonce des cinq
heures canoniques ; et il n'est jamais plus con-
sulté que pendant le *Ramazan :* on y a recours, pour ne pas manquer, sur-tout dans les
temps nébuleux, les momens précis où le soleil
se lève et se couche, parce qu'ils déterminent
dans chaque climat la durée de l'abstinence
diurne pendant tout ce mois de jeûne et de
pénitence.

Il n'est point de Musulman qui n'observe
avec le plus grand scrupule ces instans, et
ceux où commencent les cinq heures canoniques. Trois de ces heures, à ne les envisager
que dans leurs rapports avec le lever, le midi
et le coucher du soleil, sont absolument les
mêmes dans toutes les saisons de l'année,
parce qu'elles sont réglées sur le cours périodique de cet astre. Ainsi la première, ou celle

du matin commence toujours quarante cinq minutes avant le lever du soleil : la seconde ou celle de midi, quarante minutes après qu'il a passé au méridien ; et la quatrième, ou celle du soir, vingt minutes après son coucher. A l'égard des deux autres, dont l'une est de midi jusqu'au soir, et l'autre du soir jusqu'à l'aurore, elles commencent plus tôt ou plus tard, suivant la longueur ou la briéveté des jours.

On évite soigneusement de faire la prière, ni aucun acte religieux, dans les trois temps interdits par la loi ; savoir, les quarante minutes qui suivent le lever du soleil, ou qui précèdent son coucher, et les quatre-vingt du milieu du jour, quarante minutes avant et quarante minutes après le zénith. Ces trois périodes sont indiquées sous le nom de *Wakth-kirahheth*, c'est-à-dire, momens prohibés par la religion.

Il seroit difficile de se méprendre sur les heures où commencent les cinq prières du jour, parce qu'elles sont exactement annoncées au public par l'*Ezann*, qui se fait presque au même instant dans toutes les mosquées

L ij

de l'Empire. Cet *Ezann* tient lieu de cloches, dont l'usage est inconnu aux Mahométans : il n'en existe ni dans les temples, ni au Sérail, ni à la cour, ni dans aucun hôtel particulier. Les *Muezzinns* préposés à ces annonces, excellent ordinairement, par la mélodie et les sons agréables de leur chant. Montés sur le haut des *Minarets*, ils entonnent l'*Ezann*, tournés vers la *Mecque*, les yeux fermés, les deux mains ouvertes et élevées, les pouces dans les oreilles. Voyez les planches 17 et 18. Dans cette attitude, ils parcourent à pas lents la petite galerie, *Schurfé*, qui règne autour de chaque Minaret. Deux ou quatre de ces flèches décorent toutes les mosquées : il en est peu dans l'Empire qui en aient six, comme celle de *Sultan-Ahmed*. Les deux prières diurnes (seconde et troisième) sont annoncées du haut de tous les *Minarets* en général ; les trois autres, sur un seul de chaque mosquée. Le calme et le silence qui règnent dans des villes où l'on n'est jamais troublé ni par le son des cloches, ni par le bruit des voitures, portent au loin la voix de ces *Muezzinns* dans

toutes les heures canoniques , mais sur-tout
dans celle du matin vers l'aurore. Ces annonces périodiques ont quelque chose de grand
et de majestueux : elles réveillent la dévotion
même des personnes les moins religieuses.
L'ame en effet est doucement émue , lorsque
du fond de son lit et à la lueur du crépuscule ,
on entend des voix mélodieuses prononcer et
répéter ensemble ces paroles : *Venez à la
prière ! venez au temple du salut ! la prière
est à préférer au sommeil !*

Cet *Ezann* se renouvelle cinq fois par jour,
et cinq fois par jour il met en mouvement
tous les peuples qui professent la religion de
Mohammed. Au moment que la voix des
Muezzinns se fait entendre , le Musulman ,
quel que soit son état , son rang , sa condition , abandonné tout pour faire la prière : on
s'en acquitte dans les mosquées , dans les maisons , dans les boutiques, dans les magasins ,
dans les marchés, dans les promenades publiques , enfin par-tout où l'on se trouve. A
moins d'avoir vu cette nation chez elle , on
n'aura jamais qu'une idée imparfaite de son

L iij

attention constante et scrupuleuse , hommes
et femmes , grands et petits , riches et pauvres, prêtres et laïques, à satisfaire au devoir
de ces cinq *Namazs*. On diroit que ce peuple
immense ne forme qu'une société religieuse.

Chaque jour on voit les ministres et les
grands de l'Etat quitter la plume , suspendre
les occupations les plus importantes, pour se
mettre sur le tapis ; *Sedjéadé*, et faire la prière
au milieu de l'appartement où ils travaillent,
souvent en présence d'une foule d'officiers.
Lorsque le maître de la maison a fini son
Namaz, il cède ordinairement sa place aux
plus distingués d'entre eux , qui remplissent
successivement ce devoir. Les gens d'un rang
subalterne passent dans un autre appartement.

Cette pratique est si universelle, que personne n'ose y manquer, par la crainte d'être
taxé d'irréligion. Quelque vicieux , quelque
incrédule que soit un citoyen, il est toujours
attentif à ces devoirs du culte extérieur , sur-
tout s'il est employé au service public. C'est
par-là que la nation le juge plutôt que par
son mérite et ses talens. Lorsqu'un homme est

élevé en charge ou en dignité, on ne fait communément son éloge que par ces mots : *Il est bon Musulman, il ne manque jamais aux cinq* Namazs *du jour.* Pour peu qu'il soit irrégulier dans sa conduite et dans ses mœurs, on s'écrie : *C'est un infidèle, un faux Musulman, qui néglige les devoirs de la religion.* On sent quelle doit être la force de cette opinion sur les esprits, même les plus libres, comme sur les personnes les plus puissantes dans l'Empire par leur crédit et leurs emplois. Aussi, soit piété, soit hypocrisie, tout Musulman a la plus grande attention de satisfaire aux devoirs du culte public.

Les cinq *Namazs* du jour forment ensemble vingt-neuf *rik'aths*, dont dix-sept sont de précepte divin, et les autres d'obligation imitative. Tous les Musulmans s'en acquittent avec fidélité ; les dévots en font même davantage. Le Khaliphe *Harounn I*, dit *Reschid*, avoit coutume de faire chaque jour dans ses prières cent de ces *rik'aths*, et de distribuer cent talens aux pauvres.

Quoique l'obligation de faire le *Namaz*

L iv

dans la mosquée même , et en corps d'assemblée , ne soit pas absolue , néanmoins la
plus grande partie des citoyens de toutes les
classes s'y rendent assidûment, sur-tout pour
les diurnes. Ce sont ces prières en commun
qui , à la suite de l'*Ezann* exigent l'*Ikameth* :
c'est une répétition de la même annonce ; elle
ne diffère de la première qu'en ce que celle-là
se fait toujours sur le haut des Minarets , par
un *Muezzinn* qui s'en acquitte debout, et que
l'*Ikameth* se récite immédiatemeut après dans
la mosquée même , par tous les *Muezzinns*
assis dans leur tribune.

Rien de plus simple que cet office public :
il répond, et à l'intérieur des mosquées , et à
l'extérieur des *Imams* et des autres ministres
de la religion , qui ne portent jamais aucun
habit sacerdotal ; mais rien de plus grand ,
rien de plus auguste , que ce culte lui-même
pratiqué dans le silence et le recueillement le
plus profond.

Nonobstant la simplicité qui règne dans
tous ces temples , ils ne laissent pas , sur-
tout les mosquées impériales , de frapper l'œil

par l'immensité de leur étendue et l'élévation de leurs voûtes. La plupart sont ornés de riches colonnes de porphyre , de vert antique ou de marbre. Les décorations se réduisent à de petites lampes d'argent , et à de petits lustres artistement travaillés , garnis à leur entour de lampions et d'œufs d'autruche , et sur lesquels on lit des versets du *Cour'ann* écrits en lettres d'or. Quelques-unes de ces mosquées , sur-tout celle de *Sultan-Ahmed ,* ont aussi des lampes d'or enrichies même de pierreries. Les murs de toutes en général n'offrent que des inscriptions ou des tablettes sur lesquelles sont écrits en grosses lettres d'or le nom de Dieu , *Allah ,* et ceux du Prophète , des quatre premiers Khaliphes , et des *Imams Hassan* et *Husseïn ,* enfans d'*Aly.* On n'y voit aucune image , aucune figure , aucune représentation quelconque , ni en peinture ni en sculpture ; la loi est très-rigoureuse sur ce point.

Trois objets principaux caractérisent, pour ainsi dire , tous les temples Mahométans : ce sont , 1°. l'autel , *Mihhrab ,* qui consiste en

une concavité ou espèce de niche haute de
six ou huit pieds, pratiquée dans le mur, au
fond même de l'édifice, et qui n'a d'autre objet que d'indiquer la position géographique
de la *Mecque; 2°.* la tribune des *Muezzinns,
Mahhfil-Muezzinn,* toujours à gauche de
l'autel; 3°. la chaire, *Kursy,* des *Scheykhs*
prédicateurs : elle est élevée de deux ou trois
gradins à la droite de l'autel. Dans les mosquées principales, qui ont le droit de faire
le prône, *Khouthbé,* à l'office solennel des
vendredis et des deux fêtes de *Beyram,* il y
a une seconde chaire appelée *Minnber,* uniquement consacrée au ministre *Khatib,*
qui remplit cette fonction importante. Cette
chaire, de quinze, vingt ou vingt-trois gradins, en proportion de la hauteur de chaque
mosquée, est placée à une certaine distance
de l'autel, toujours à gauche. Les mosquées
Impériales, et celles que le Sultan honore
quelquefois de sa présence, sont aussi déco-
rées d'une tribune, *Mahhfil-Padischahy,* destinée à recevoir S. H. avec les *Khass-odalys*
ou gentilshommes de sa chambre. Cette

tribune, garnie de jalousies dorées, est placée
à droite de l'autel, vis-à-vis de la chaire des
Khatibs.

De jour, le service divin se fait sans cierges
et sans flambeaux : ce n'est que dans les prières de nuit, aux premier, quatrième et cinquième *Namazs*, que l'on allume une partie
des lampions suspendus aux voûtes, et les cierges placés près de l'autel. Il n'y en a ordinairement que deux, l'un à droite, l'autre à
gauche du *Mihhrab :* ce sont ceux des fondateurs des mosquées. Il est cependant permis
aux ames pieuses d'en ajouter d'autres, et
cela par des fondations également perpétuelles. Ainsi quelques mosquées en ont quatre
six, huit., dix, etc. Ils sont toujours placés
à côté des deux premiers, en ligne droite,
le long du mur ; le nombre cependant n'ex-
cède jamais celui de dix-huit, neuf de chaque
côté de l'autel. En cas de nouvelles donations,
le *Caiym-Baschy* de la mosquée, au lieu d'en
augmenter le nombre, les réunit à la masse
des anciennes, et fait faire de plus gros cierges en forme de flambeaux. Les chandeliers

sont communément de cuivre ; très-peu de mosquées en ont d'argent : celle de *Sainte-Sophie* en a deux grands d'or massif; triste monument des dépouilles de la Hongrie, lorsque *Bude*, sa capitale, tomba au pouvoir de *Suleyman I* : telle est du moins l'opinion du public et de tous les ministres qui desservent cette mosquée.

On ne voit dans aucun temple Mahométan, ni bancs, ni chaises, ni fauteuils : l'usage n'en seroit compatible ni avec les mœurs de la nation, ni avec la nature même de son culte, qui, comme on l'a vu, consiste en des inclinations de tête et des prosternations. Grands et petits, tous s'asseyent indistinctement sur les tapis ou sur les nattes, dont les mosquées sont garnies dans toutes les saisons de l'année ; aussi n'y entre-t-on jamais qu'avec la seconde chaussure, *Mésth* ; on ôte la première à la porte du temple, en été comme en hiver. Les planches 19 et 25, qui représentent *Sainte-Sophie* et *Sultan-Ahmed*, donnent une idée exacte de l'intérieur de ces mosquées. Quant à la partie historique et

politique de ces temples, leur rang, leurs
prérogatives, leurs revenus, etc., nous en
parlerons plus bas, dans le chapitre qui traite
de leur édification.

Dans l'office public, l'*Imam* célébrant est
toujours placé devant l'autel, à la tête de
l'assemblée; le peuple se range derrière lui
en lignes parallèles de droite à gauche, depuis l'autel jusqu'à la porte du temple. On
ne se met jamais sur une nouvelle ligne que
les vides des premières ne soient entièrement
remplis : c'est dans cette ordonnance que l'on
s'acquitte des *Namazs* en commun. Les mouvemens, les divers exercices, que l'on y fait
avec une méthode et une précision singulière,
offrent le coup d'œil le plus frappant. L'*Imam*
récite seul les prières à haute voix : il n'est
permis qu'à lui et aux *Muezzinns* de psalmo-
dier. De quatorze prosodies qu'ils ont pour le
chant spirituel, sept sont réprouvées comme
profanes ; les autres sont adoptées par les
ministres de la religion ; mais la plus estimée
et la plus généralement suivie, est celle qui
porte le nom d'*Assim*. Le peuple répète à

voix basse le chant de l'*Imam*, et écoute en
silence les différens chapitres du *Cour'ann*
qu'il récite. Il n'y a que l'*Amen* seul, *Aminn*,
qu'il puisse articuler à voix haute. Cette
prière, *Namaz*, comme on l'a déja observé,
constitue tout l'office divin des Mahométans ;
elle est uniforme, générale, universelle, et
dans toutes les heures canoniques, et dans
toutes les mosquées, et dans tout le cours de
l'année, chez tous les peuples Musulmans ;
il n'est de différence que dans le nombre des
rik'aths prescrits pour chacune des heures
canoniques, et dans la récitation des chapitres
du *Cour'ann*, qui sont toujours au gré de
chaque *Imam* dans les prières en commun,
et de chaque individu dans celles qui se font
en particulier.

Comme la loi n'admet dans l'assemblée des
hommes que des femmes d'un certain âge,
on n'en voit guère dans les mosquées ; cependant des tribunes particulières leur sont réservées : elles sont garnies de jalousies, et élevées
à l'entrée du temple, au dessus de la porte
principale : par-là les femmes qui s'y rendent,

forment, suivant l'esprit de la loi, les derniers rangs de l'assemblée. Elles ne se réunissent jamais entre elles pour faire la prière en
corps , soit à la mosquée, soit ailleurs. Il
n'existe nulle part ni couvens, ni monastères,
ni maisons , ni sociétés religieuses pour le
sexe; presque toutes en général, quels que
soient leur état et leur condition , font le
Namaz chez elles chacune en son particulier.

Mais les hommes , comme nous l'avons dit,
peuvent s'en acquitter en commun , chez eux
ou ailleurs ; plusieurs des grands et des officiers en charge s'en font même un devoir
toutes les fois qu'ils n'ont pas le temps d'aller
à la mosquée ; alors ils prient en commun et
avec les domestiques de leur maison. Si c'est
dans leurs bureaux , dans leurs départemens,
les officiers qui y sont employés, et tous ceux
qui s'y trouvent dans les heures canoniques,
se réunissent pour faire ensemble le *Namaz.*
A cet effet on entretient dans les hôtels publics, dans les grandes maisons , des *Imams*
et des *Muezzinns* particuliers , à titre de
chapelains ou d'aumôniers. Ces *Muezzinns*

annoncent l'*Ezann* sur le haut de l'escalier ou
vers la porte de la pièce destinée à la prière,
se mettent ensuite dans une des lignes de l'assemblée , où ils récitent la seconde annonce,
Ikaméth ; après quoi l'*Imam ,* placé comme
dans les temples à la tête du corps , commence le *Namaz.* Ces ministres particuliers
n'ont rien de commun avec les ministres publics voués au service des mosquées. Ce sont
de simples citoyens , nommés par les chefs des
familles , sous le nom et l'autorité desquels
ils président à ce religieux exercice , comme
ayant eux-mêmes le droit de s'en acquitter en
personne. Cette prérogative est commune à
tout Musulman dans les assemblées particulières; et c'est au choix de cet *Imam* passager
que se rapportent spécialement les dispositions de la loi sur les vertus et les qualités
requises dans le sujet, pour qu'il puisse exercer légalement cet office à la tête de ses con-
citoyens.

A moins d'empêchemens légitimes , il est
bien rare que l'on se dispense de faire les
Namazs du jour en commun , soit à la

mosquée

Mufulman faifant la priere, NAM

mosquée soit ailleurs. Les ames dévotes et ceux qui ont intérêt de se ménager l'opinion du public , n'y·manquent jamais. Les Sultans eux-mêmes s'en acquittent le plus souvent

hommes de la chambre. On craint d'ailleurs les censures des gens de loi ; dont les plus rigoristes ne cessent de. blâmer hautement ceux- qui se contentent.de faire le *Namaz* en leur particulier , mais ·sur-tout les gens en place et en dignité , comme devant être les premiers à en donner l'exemple au reste de la nation.

Bayezid I, livré au vin et à la débauche, négligeoit la prière commune. On lit dans *Sad'ed-dinn Efendy* , que ce monarque fut un jour en dispute avec les principaux *Oulémas* de sa cour, sur une cause qui intéressoit l'un des officiers du Palais. Il s'agissoit de produire un second témoin, pour prouver judiciairement ce qui faisoit l'objet de la procédure. *Bayezid* , qui en avoit connoissance, dit aux *Mollas* qu'il savoit positivement ce qui en étoit ; et qu'il rendroit témoignage à la vérité : *Nous ne pouvons que croire à votre parole,* répondit l'un de ces magistrats, *Fénarizadé Schems'ud-dinn Efendy, Cady* de *Brousse,* alors la capitale de l'Empire ; *mais le témoignage de V. H. n'est pas recevable dans une cause juridique.* Et sur l'extrême surprise que témoigna *Bayezid,* le *Cady* lui exposa très-respectueusement que la loi n'admettoit la déposition testimoniale d'un Musulman, qu'autant qu'il étoit fidèle à sa religion, et attentif à remplir tous les devoirs du culte extérieur. *Ainsi, comme V. H.,* ajouta-t-il, *ne fait pas les cinq prières du jour en commun avec les fidèles, votre témoignage n'est pas recevable.* Ces paroles firent sur l'esprit du Sultan la plus vive impression. Dès ce jour, il s'imposa la loi de faire ses *Namazs* toujours en commun : il ordonna même la construction d'une mosquée, près de son palais, où il alloit depuis régulièrement tous les jours, ajoute le même auteur, s'acquitter, en public et en corps d'assemblée, de ce premier des devoirs de l'Islamisme.

Tout ce que la loi prescrit pour le maintien

de la pureté corporelle durant la prière , et
les détails où elle entre sur tout ce qui peut
invalider le *Namaz* et les purifications , mon-
trent avec quelle rigueur elle exige du Musulman de tout état , de toute condition et
de tout sexe, le recueillement le plus profond
et le plus respectueux durant cet exercice.
Aussi , pendant la prière , nul Musulman ne
se permet-il de tourner la tête , de promener
ses regards , d'adresser le moindre mot à personne, à moins que ce ne soit dans un *Namaz*
particulier , après le dernier *rik'ath* , ou dans
l'intervalle de deux prières faites à-la-fois ,
l'une canonique , l'autre satisfactoire , pour
un *Namaz* précédemment omis.

Les défenses de porter la main sur le côté ,
d'élever les yeux ou les mains vers le ciel ,
d'avoir les cheveux flottans , de se découvrir
la tête , etc. ne sont pas moins observées :
elles influent même sur l'état moral et civil
de toute la nation. Ces manières , comme
celles d'avoir les pieds en dehors , de croiser
les jambes lorsqu'on est debout , de les porter en avant , enfin les différentes postures

M ij

Européennes, sont absolument inconnues à ces peuples. Tout est simple et naturel chez eux. Leur démarche porte l'empreinte de ce caractère sérieux et grave qui est presque général parmi les Musulmans. Jamais ils ne se découvrent, ni à la mosquée ni ailleurs, ni pour le culte religieux, ni dans la sociéte civile. Les femmes, en faisant leur *Namaz* chez elles, quoique seules dans leur appartement, se font encore un devoir de prendre un *Schal* ou un voile, dont elles se couvrent la tête, et cela pour paroître, suivant l'esprit de la loi, avec plus de décence devant l'Eternel.

Ce n'est jamais que lors d'événemens très-extraordinaires, heureux ou malheureux, et dans les excès de son alégresse ou de son offliction, qu'un Musulmam ôte son turban, pour rendre graces au ciel, ou pour en implorer les secours. Ces exemples sont même très-rares, sur-tout parmi les grands, et plus encore parmi les Princes. Les annales de l'Empire n'en offrent qu'un seul ; c'est celui de *Selim I,* qui, après la conquête du *Caire,* ayant été le vendredi suivant s'acquitter de la prière de midi dans la mosquée *Melik-Mueyyed-Djfamissy*, ôta son turban, fit enlever le riche tapis qui étoit sous ses pieds, se prosterna la face contre terre, versa des larmes d'attendrissement, et rendit mille actions de graces à l'Eternel sur le succès brillant de ses armes.

On a observé que l'obligation de ces cinq *Namazs* s'étend jusqu'aux voyageurs et aux malades, malgré les tempéramens et les dispenses que la loi accorde aux uns et aux autres. Les trois jours de marche qui déterminent la nature d'un voyage légal sont des jours *artificiels :* quoique les distances par *milles et par lieues* ne fussent pas ignorées des Arabes dans les premiers siècles du Mahométisme, les *Imans* jugèrent sans doute plus à propos de les régler par journées, pour se conformer aux idées du vulgaire, et à cette méthode qui est générale parmi tous les Orientaux. Les Othomans eux-mêmes, soit à la cour, soit parmi le peuple, ne s'expriment jamais autrement quand ils parlent des distances. Le célèbre *Kéatib-Tschéléby*, qui dans un ouvrage intitulé *Djihann-Nouma*, le Belvédère du globe, a donné une description historique et topographique de toutes les provinces de l'Empire, n'en détermine le plus souvent les distances respectives que par journées ou par heures.

Malgré les dispenses absolues que la loi accorde aux malades qui ont une infirmité grave, les ames pieuses ne manquent jamais, aussitôt après leur rétablissement, de satisfaire aux *Namazs* qu'elles ont omis. De toutes les personnes en état de santé, les marins seuls sont autorisés à faire la prière assis, dans les momens où le navire est sous voile. Les *Fethwas* du *Mouphty Behhdjé Abd'ullah Efendy* offrent de grands développemens sur cet article : suivant ce docteur, il n'est pas permis de faire la prière debout à bord d'un navire qui seroit à l'ancre dans un port, si on a le moyen d'en sortir et de s'acquitter sur terre de ce devoir important. Dans ce cas, dit-il, le *Namaz* du Musulman ne seroit pas bon. Mais si le navire se trouve mouillé sur la côte ou dans la rade même, et touchant la terre, alors la prière est bonne et valide. Quoiqu'il soit toujours plus louable de la faire plutôt sur terre que sur mer, cependant, continue le même *Mouphty*, le fidèle qui vers la fin d'une heure canonique, se trouveroit dans une barque traversant un canal ou un bras de mer, peut faire, assis dans la barque même, le *Namaz* de cette heure canonique près d'expirer.

Enfin les cinq *Namazs* sont d'une obligation si absolue, que tout Musulman qui en laisse écouler l'heure marquée sans s'en acquitter, ou en commun ou en particulier, est tenu d'y satisfaire dans un autre moment du jour. Il n'est même pas permis, comme on le voit dans le texte, de faire un *Namaz* canonique avant d'avoir réparé par autant de *Namazs* satisfactoires tous ceux que l'on auroit omis pour quelque motif que ce soit. La loi envisage ce devoir envers Dieu comme une dette qui ne peut jamais se remettre, pas même en cas de mort, puisqu'elle oblige les héritiers à y satisfaire par des aumônes pécuniaires au profit des pauvres.

M iv

CHAPITRE III.

De la Prière Salath-witr.

CETTE prière, qui est d'obligation canonique, mais qui n'exige ni l'*Eʒann* ni l'*Ikameth*, doit se faire dans la troisième partie de la nuit, toujours avant l'aurore. Elle consiste dans un *Namaʒ* de trois *rik'aths*, en récitant dans chacun l'introït *Fatihha*, avec un autre chapitre du *Cour'ann*, à volonté.

C. Le Prophète récitoit ordinairement dans le premier *rik'ath*, le chapitre *Sebihha issm rebb' uk'el-alà* ; dans le second, celui *Coul ya eyyuh'el-Keafirouné* ; et dans le troisième, celui *Coulhuw'allahh'u ahad* (1). Ainsi, à l'exemple de l'Apôtre céleste, il seroit louable pour le fidèle de s'en tenir aux mêmes chapitres.

V. Selon les *Imameinns*, cette prière n'est que d'obligation imitative.

_____

(1) Ce sont les quatre-vingt-septième, cent-neuvième et cent-douzième chapitres.

'A la fin du dernir *rik'ath* il faut réciter le cantique *Counouth.*

C. Le voici : » O mon Dieu ! nous deman-
» dons en vérité ton assistance , ta miséri-
» corde , et la grace de nous diriger dans la
» vraie voie : nous avons recours à toi , nous
» croyons en toi , nous nous résignons à toi ;
» nous exaltons , nous adorons tes attributs
» divins ; nous te rendons nos actions de gra-
» ces ; nous ne méconnoissons pas tes bienfaits ;
» nous rejetons celui qui ne se soumet pas à
» tes volontés : nous n'adorons , ô mon Dieu,
» que toi, et nous ne prions que toi : nous
» t'adressons nos prosternations et nos hom-
» mages : nous nous hâtons d'implorer ta clé-
» mence et ta commisération: nous craignons
» ta colère ; car certes ta colère est le partage
» des infidèles. »

Celui qui n'est pas en état de réciter ce cantique, doit y suppléer par ces paroles, qu'il
faut répéter trois fois : *O mon Dieu ! fais-
moi miséricorde* (1); ou bien par celles-ci:

_____

(1) *Allahumme agkferly.*

Donne-nous , ô Dieu (1)*, ce qu'il y a de bon dans cette vie et dans l'autre , et préserve-nous des tourmens du feu !*

V. L'Imam *Schafiy* place la récitation de ce cantique dans le *Namaz* du matin , à la fin du second *rik'ath* , et ne l'exige dans cette prière , *Salath-witr* , que pour les derniers quinze jours de la lune de *Ramazann*.

Tout fidèle est religieusement tenu de s'acquitter en son particulier de cette prière nocturne dans l'heure qui lui est destinée , et à son défaut d'en réparer l'omission par une prière satisfactoire.

C. On y est obligé dans tous les pays et dans tous les climats , excepté dans ceux où le lever du soleil suit de fort près son coucher. Dans ces régions on peut même se dispenser du cinquième *Namaz*.

OBSERVATIONS.

Cette prière , *Salath-witr* , n'est pas aussi

_____

(1) *Rebbina etna f'id-dunnya hassénetihi ve f'il-akhireth hassénetihi rikkina azab'un-nar.*

scrupuleusement ni aussi généralement observée que les cinq *Namazs* , parce qu'elle n'est
que d'obligation canonique , et que ceux-ci
sont de précepte divin. Les ames dévotes seules s'en acquittent à l'heure marquée par la
loi ; les autres y suppléent dans la journée
par une prière satisfactoire. Les dispositions
de la loi , qui exemptent les Musulmans de
cette prière , et même du cinquième *Namaz* ,
dans les régions où l'aurore suit de fort près
le coucher du soleil , ont fait envisager aux
esprits vulgaires tous les pays septentrionaux
comme des climats qui leur sont absolument
interdits.

Cette opinion , maniée avec adresse , fit
échouer un projet important, conçu par le ministère Othoman , sous le règne de *Selim II :* il
s'agissoit de la jonction du *Don* avec le *Volga.*
Selon les annales de l'Empire, *Tscherkess Cas-
-sim Béy* , Circasse d'origine , et alors second
ministre des finances, *Defterdar Schikk-sany* ,
avoit le premier imaginé cette grande entreprise. De son aveu , elle exigeoit un travail
immense et des sommes considérables : mais

il en relevoit les avantages, en temps de paix, pour le commerce ; en temps de guerre, pour le transport des munitions et des troupes, contre les Persans ou les Russes. Il observoit d'ailleurs dans la facilité de passer de *Constantinople* à la mer Caspienne, un nouveau degré de sureté pour la garde et la défense des places frontières de l'Empire dans toutes ces contrées.

Le Grand Vézir *Tawil Mohammed Pascha*, pénétré de l'importance de ce projet, donna aussitôt le *Sandjacat* de *Caffa* à ce même officier, et le fit partir pour la *Crimée*, avec ordre de s'occuper sérieusement de cet objet, et d'en dresser un plan d'après l'avis des gens de l'art qu'il chargeroit d'examiner les lieux, et tous les moyens d'une rapide exécution. Sur les réponses favorables et encourageantes de ce *Tscherkess Cassim Bey*, le ministère pourvut aux préparatifs nécessaires. Une escadre chargée d'un grand nombre d'ouvriers, partit en 976 (1568) de *Constantinople* pour les côtes de la *Crimée* : elle portoit aussi plusieurs officiers *Zaïms*, et divers régimens de Janissaires et de *Sipahys*. *Tscher-kess Cassim Bey* eut la conduite générale de l'opération, avec le commandement des troupes qui escortoient les ouvriers ; il fut même décoré du titre de *Pascha*, et l'on érigea en sa faveur le *Sandjacat* de *Caffa* en *Beylerbeylik*. En même temps *Selim II* expédia un ordre à *Dewleth-Guiraïh-Khan*, qui régnoit alors en *Crimée*, de lever sans délai une nombreuse armée de *Tatars*, de marcher sur *Astracan*, de chasser les Russes et les Circasses des rives du *Don* et du *Volga*, de protéger les travaux relatifs à la jonction de ces deux fleuves, enfin de se concerter avec *Tscherkess Cassim Bey* sur les mesures nécessaires au succès de cette entreprise. Plus de soixante mille *Tatars* et environ quinze mille *Othomans* s'avancèrent vers *Astracan*. A leur approche les Russes abandonnent la ville : on les poursuit, on se répand dans la campagne, et après avoir fait mille dégâts sur les terres Russes et Circasses, on vient commencer l'ouvrage à une certaine distance de *Czaricin*. Vers la fin de la belle saison,

après trois mois de travaux, on étoit déja au
tiers de cette grande opération, lorsque la politique de *Dewleth-Guiraïh-Khan*, réveillée
par les insinuations malignes de quelques officiers de son armée, parvint à la faire échouer.
Ces officiers crurent voir dans l'exécution de
ce projet, qu'il rendroit un jour les Othomans indépendans des secours et des armes des
Tatars. La perte de leur considération leur
parut devoir entraîner insensiblement celle de
leurs prérogatives, la chute même de la prin-
cipauté, et la conversion de la *Crimée* en
simple *Paschalik*, comme les autres provinces de l'Empire. Alarmé de ces réflexions,
Dewleth-Guiraïh-Khan emploie sous main
mille ressorts pour faire abandonner l'ouvrage.
Par ses ordres, on répand dans l'un et l'autre
camp, comme parmi les ouvriers, qu'ils périroient bientôt sous ce triste climat; ou par le
froid excessif, au milieu des neiges et des
glaces; ou de faim et de misère, attendu les
difficultés de faire transporter des vivres au
travers de tant de pays déserts; ou par le fer
ennemi, étant exposés à être surpris par les

Russes et par les Circasses, tous accoutumés, disoit-on, plus que les Musulumans, à tenir la campagne au milieu de la plus rude saison.

Comme ces bruits ne faisoient que de foibles impressions sur les esprits, on imagina de faire valoir ce préjugé qui fait regarder tous les pays du Nord comme interdits aux vrais *Mahométans*. Les satellites du *Khan* s'en acquittèrent très-adroitement : ils ne cessoient de plaindre le sort de ceux de leurs frères qui se fixeroient en ces climats, où, dans les plus longs jours de l'été, la nuit, disoient-ils, n'étant que de quatre heures, ils seroient obligés de troubler leur repos pour faire les prières nocturnes prescrites par la loi, ou de sacrifier leur religion en ne s'en acquittant pas. Il n'en fallut pas davantage pour soulever les esprits. *Othomans* et *Tatars*, tous se répandent en murmures, et demandent hautement d'être reconduits dans l'Empire. *Tscherkess Cassim-Bey* emploie tour-à-tour, caresses, promesses, menaces, pour dissiper les clameurs et maintenir l'ordre dans le camp. Tout fut inutile ; officiers, soldats, ouvriers abandonnèrent tout-à-coup leurs postes et leurs travaux, et regagnèrent par pelotons, les uns la *Crimée*, les autres les côtes orientales de la mer Noire.

D'après des traits aussi frappans, on ne peut s'empêcher d'observer encore ici que tous les maux politiques qui affligent les peuples Musulmans, dérivent de leurs préjugés, de leurs fausses opinions, des vices du gouvernement, et non des vrais principes de la religion et de la loi.

CHAPITRE IV.

De la Prière publique des vendredis, Salath'ul-djum'â.

LA prière publique des vendredis est d'une obligation divine pour tout le corps des fidèles. Elle exige six conditions, sans lesquelles elle ne doit jamais avoir lieu ; savoir, la cité (1), la présence du Sultan, l'heure canonique

_____

(1) *El'missr, v'es-Sultan, v'el-Vakth'uz-zuhhr, v'el-Khouthbé, v'el-Djemaáth, v'el-Izn'ul-âm.*

de

de midi , le *Khouthbé* , l'assemblée des fidèles , une liberté entière et générale.

1°. La cité. La prière doit se faire dans un temple , *Mesdjid* , élevé au sein de la ville , ou dans un oratoire , *Mussalla* , qui seroit situé , soit au centre , soit à l'extrémité de la ville , et non hors de son enceinte ; parce qu'alors cet oratoire ne seroit pas censé faire partie de la cité , et que hors de la cité , il n'est jamais permis de faire la prière publique des vendredis.

C. La loi ne reconnoît pour cité , ni les bourgades , ni les villages , ni les bourgs ; mais toute habitation qui réunit dans ses murs un corps de société , un certain nombre de fidèles , sous les auspices et sous l'autorité d'un gouverneur , *Emir* , et d'un Magistrat , *Cady* , légitimement autorisés à y exercer les droits , l'un , de la puissance politique , et l'autre , de la puissance judiciaire. L'extrémité de la cité , ou plutôt ses limites, ne peuvent s'étendre tout au plus qu'à la distance de la portée d'une flèche : cet intervalle étant censé faire partie de la cité , on peut y établir un oratoire , et y faire la prière publique des vendredis. On doit excepter de cette loi générale la station de *Minq* près de la *Mecque.* Ce lieu est le seul que l'on puisse ranger dans la classe des cités , et où il soit également permis de faire cette prière ; mais en présence et sous les auspices du *Khaliphe ,* de l'*Imam* souverain lui-même , ou à son défaut , de l'*Emir-Hidjeaz* (prince de l'*Hidjeaz ,* ou *Schérif* de la *Mecque*), vu les droits de tutelle, *Velayeth ,* et d'autorité suprême de l'un et de l'autre sur tout le corps des fidèles : nul autre ne sauroit y exercer cet office religieux , pas même l'*Emir Mewsim* (*Emir-ul-Hadjh*), parce que ses pouvoirs sont restreints à des objets temporels, relatifs à la sureté des pélerins qui sont confiés à sa garde et à sa conduite.

On peut faire cette prière généralement dans tous les temples d'une cité.

V. Cette loi est fondée sur l'opinion de l'Imam

Mohammed: elle a prévalu, et sur celle de l'Imam *Azam*, qui ne permet dans chaque cité qu'une seule de ces prières solennelles, et sur celle de l'Imam *Ebu-Youssouph*, qui en permet deux seulement dans les cités qui sont coupées par un fleuve, pourvu toutefois que l'une et l'autre se fassent séparément dans chacune des deux parties de la cité.

2°. La présence du Sultan. Le Souverain doit être présent dans le temple, ou à son défaut, son vicaire, son lieutenant, *Naïb* (1), autorisé formellement à y remplir ce jour-là, en son nom et en sa place, les fonctions de *l'Imaneth.*

3°. L'heure canonique de midi. Cette prière doit se faire précisément à cette heure-là, et jamais dans aucune autre du jour.

_____

(1) *Naïb*, nom sous lequel on comprend les *Imams-* prêtres, désigne proprement tout vicaire spirituel et judiciaire, comme *Wekil* indique tout vicaire temporel, civil et politique.

4°. Le *Khouthbé*. Cette oraison est indispensable, et doit toujours précéder le *Namaz* solennel de ce jour.

C. Le *Khouthbé* est divisé en deux parties, appelées par cette raison *Khouthbéteinn*, au milieu desquelles le ministre *Khatib* fait une pause, et s'assied quelques minutes. Ce ministre est même tenu de réciter tout le *Khouthbé* sur la chaire, *Minnber*, en s'appuyant de la main sur la garde d'un sabre, dans tous les temples qui ont été pris avec la ville, par la force des armes; pendant tout ce *Khouthbé*, l'assemblée doit se tourner vers le *Khatib*, et l'écouter dans le silence le plus profond et le plus respectueux.

5°. L'assemblée. Pour faire cette prière publique, il faut qu'il y ait au moins trois fidèles réunis dans le temple, non compris l'*Imam*.

V. L'Imam *Schafy* exige, outre l'*Imam*-prêtre, une assemblée pour le moins de quarante fidèles,

tous du sexe masculin, de condition libre, et en demeure fixe.

Et 6°. une liberté entière et générale.
Le temple doit être ouvert à tout le
monde; et à l'heure canonique, tout
fidèle doit avoir la liberté de s'y rendre,
sans que nulle autorité publique ou
particulière puisse en interdire l'entrée
à personne.

Le défaut d'une seule de ces condition altère la nature de cette prière
solennelle, et la convertit en *Namaz*
ordinaire de midi. Tout fidèle est
obligé de s'en acquitter; c'est-à-dire,
l'homme en majorité, l'homme en demeure fixe, l'homme en pleine santé,
et l'homme de condition libre. Les
mineurs, les voyageurs, les malades,
les esclaves, ceux même qui ne jouissent que d'un affranchissement partiel,
les femmes, les villageois, les hommes

de la campagne, les estropiés, les per-
clus, les aveugles, en sont dispensés.
Ils peuvent faire cette prière chez eux
en particulier. Cette dispense est également accordée, 1°. à l'homme en demeure fixe, qui se trouve par hasard
hors de la ville à l'heure de cette prière,
à moins qu'il n'ait entendu lui-même
l'annonce de l'*Ezann* par l'organe des
ministres *Muezzinns* ; 2°. à l'homme de
la campagne qui se trouveroit un jour
de vendredi dans une cité, pourvu
qu'en y entrant, il n'eût point formé la
résolution d'y demeurer jusqu'à l'heure
de cette prière ; et 3°. au voyageur qui,
se trouvant dans la même circonstance,
n'auroit pas eu l'intention d'y demeurer
pour le moins quinze jours, parce
qu'alors il seroit assimilé à l'homme
en demeure fixe.

L'omission de cette prière ne peut

jamais être réparée, comme celle de toùs les autres *Namazs*, par des prières satisfactoires.

C. Tout fidèle qui y manque pèche grièvement contre la religion, d'après ces paroles du Prophète : *Celui qui* (1) *sans motif légitime, manque à la prière publique des vendredis trois semaines de suite, est censé avoir jeté l'Islamisme derrière ses épaules,* c'est-à-dire, qu'il est censé avoir abjuré sa foi.

Enfin chaque fidèle est tenu de suspendre tout acte civil et mondain, les marchés, les achats, les ventes, et toute affaire quelconque, durant cette prière solennelle ; du moment que l'*Ezánn* en annonce l'heure canonique, jusqu'à celui où la prière est entièrement finie.

─────────────

(1) *Mén terek'el-djum'â selassé djum'â mutewaliyath bila œuzr'inn fekad nebz'ul-Islam vera'y-zahhrï'-hi.*

OBSERVATIONS.

Cette prière, la seule de la semaine qui doive être faite à la mosquée et en corps, est par cela même regardée comme le premier de tous les *Namazs* ; comme le plus auguste et le plus sacré de tous les actes publics de l'Islamisme. Elle n'a cependant jamais lieu sans les six conditions prescrites par la loi. Nous allons les reprendre et les développer dans le même ordre.

1°. LA CITÉ. Il n'y a donc que les cités qui aient le droit de faire célébrer l'office solennel des vendredis, encore n'est-ce que dans les principales mosquées de leur enceinte. Ces temples sont distingués par une chaire très-élevée, *Minnber*, à la gauche de l'autel, et réservée au *Khouthbé*, espèce de prône qui précède le *Namáz*, et qui constitue proprement la solennité du service divin de ce jour-là. Dans toutes les autres mosquées, on s'en tient au *Namaz* ordinaire.

2°. LA PRÉSENCE DU SULTAN. Cet article prouve de quelle obligation il est pour le monarque, comme chef de la religion', d'assister et même de présider à cet office public. Rien ne peut le dispenser de ce devoir pratiqué par le Prophète et par les Khaliphes ses successeurs : aussi aucun Sultan n'y manque, à moins d'une maladie grave, ou de circonstances extraordinaires, telles qu'en offrent les annales de la monarchie sous les règnes malheureux de *Mourad III* et de *Moustapha I.* Le premier n'osa pas sortir du Sérail pendant deux ans, à cause des séditions perpétuelles des milices ; l'autre paroissoit rarement en public, et cela par un effet des menées des officiers du Sérail, qui n'écoutant que leur intérêt, vouloient dérober aux yeux de la nation les écarts de son extrême imbécillité. A l'exception de ces deux princes, aucun des Sultans Othomans n'a négligé ce premier des devoirs de la religion.

Des raisons politiques ajoutent d'ailleurs aux dispositions impérieuses de la loi. Un Sultan ne pouvant s'en dispenser, sans être, pour ainsi dire, à l'agonie, son absence répand aussitôt l'alarme, et quelquefois met en effervescence les esprits turbulens. D'après ces considérations, les Souverains, dans leurs maladies, s'efforcent de quitter leur lit, de sortir du Sérail, et de se rendre le vendredi à la mosquée. Comme ils ne paroissent jamais en public qu'à cheval, et qu'il est de la loi plus encore que d'étiquette, qu'un Khaliphe régnant se montre à son peuple, plusieurs Sultans ont aggravé leurs indispositions, en s'exposant l'été à l'ardeur du soleil, et l'hiver aux rigueurs de la saison. Cette loi sévère coûta la vie à *Mahmoud I.* Son zèle à remplir ce devoir du trône, le porta mourant à la mosquée, le 13 décembre 1754 : mais accablé par la violence du mal, il n'eut pas même le temps de regagner son palais ; il expira entre les deux portes du Sérail. Ainsi la loi, la religion, la politique tout ensemble obligent les Sultans à se rendre à la mosquée chaque vendredi. Ce n'est donc point ici une cérémonie vaine et arbitraire, comme le prétentendent divers écrivains.

Les Sultans y vont avec un cortége éclatant, quoique composé des seuls officiers du Sérail et de la maison-Impériale. Nul ministre, nul

homme de loi , nul officier public n'est tenu
ce jour-là de les accompagner. Quoique maître d'honorer de sa présence telle mosquée
qu'il lui plaît, le Monarque se rend néanmoins tour-à-tour à celles qui ont le droit de
célébrer le *Namaz* public du vendredi. Il parcourt ainsi alternativement les mosquées Impériales qui sont de la fondation des Sultans
et des Sultanes, et les mosquées particulières
élevées et dotées par des *Vézirs*, des *Paschas*,
des *Beys*, etc. Au fort de l'hiver seulement,
S. H. se rend d'ordinaire à *Sainte-Sophie*, à
cause de sa proximité du Sérail ; mais elle
ne s'acquitte jamais par elle-même des fonctions de l'*Imameth*. Des ministres de la religion l'y exercent en son nom et en sa place,
dans chacune des mosquées de l'Empire qui
ont droit de célébrer cet office solennel. Placé
dans sa tribune , le Sultan est censé y présider. Les ministres célébrans sont distingués
de tous les autres, sous le nom d'*Imam'ul-
djumâ*, qui veut dire , les *Imams* des vendredis, ou plutôt les *Imams* de la prière des
vendredis.

3°. L'HEURE DE MIDI. C'est l'heure ordinaire des *Namazs* des autres jours ; ainsi ce n'est jamais que quarante minutes après midi que l'on célèbre cet office chez tous les peuples Mahométans.

4°. LE KHOUTHBÉ : espèce de prône ou de profession publique sur l'unité et les attributs de l'Être suprême. *Mohammed* en est l'instituteur : il le récitoit lui-même tous les vendredis comme dans les deux fêtes de *Beyram*. A la suite de cet office il passoit de la chaire à l'autel , où , placé à la tête de ses disciples , il faisoit le *Namaz* , et s'acquittoit en personne des fonctions sacerdotales. Les Khaliphes ses successeurs suivirent son exemple. *Ebu-Bekir* inséra dans ce *Khouthbé* le nom de *Mohammed ;* il en fit mention comme du plus grand et du plus auguste des Prophètes; et comme ce législateur , en récitant le *Khouthbé ,* se tenoit toujours sur le haut de la chaire , composée de plusieurs gradins, *Ebu-Bekir ,* par respect pour son caractère éminent , ne monta jamais jusque-là : il se tenoit à un gradin plus bas. A son exemple ,

Omer, voulant honorer aussi la mémoire d'*Ebu-Bekir*, s'arrêta sur un degré inférieur. *Osman*, animé du même esprit, descendit encore plus bas. *Aly* craignant que cette déférence ne réduisît progressivement ses successeurs à se tenir au pied de la chaire, garda la même place qu'*Osman*, ce qui fut imité par tous les Khaliphes, soit *Ommiades*, soit *Abassides*, qui succédèrent au sacerdoce de *Mohammed*.

Les premiers de ces Pontifes ajoutèrent aussi à ce *Khouthbé* des prières pour les quatre premiers Khaliphes et pour tous les disciples du Prophète. Ils s'en acquittoient eux-mêmes chaque vendredi comme aux deux fêtes de *Beyram*, dans la mosquée cathédrale des villes où ils résidoient. Plusieurs avoient coutume de prononcer à la suite du *Khouthbé*, une espèce de sermon, où souvent ils parloient aussi des affaires publiques et des divers règlemens, soit civils, soit politiques, qu'ils se proposoient pour le bien de l'Etat. Cet usage se perpétua jusqu'au règne de *Mohammed VIII*, qui, l'an 324 (de l'Hégire 936), se dispensa de monter en chaire, et de réciter en personne le *Khouthbé*, parce que la nécessité des circonstances l'avoit forcé à insérer dans cet office public le nom d'*Ibn-Ratik*, le premier des usurpateurs de *Baghdad* et de la puissance temporelle des Khaliphes.

Depuis cette époque les vicaires de *Mohammed* chargèrent les ministres de la religion de toutes les fonctions sacerdotales, suivant l'usage qui étoit déja établi dans les autres mosquées, soit de la capitale, soit du reste de la monarchie. Dans tous les *Khouthbés* en général, les *Imams* faisoient mention du Khaliphe régnant, et même des princes qui avoient été solennellement nommés et reconnus pour leurs successeurs. Ils formoient encore des vœux pour la conservation du Khaliphe, pour la prolongation de ses jours, et pour la prospérité de ses armes contre les ennemis de la religion et de l'Etat. C'est pourquoi ce prône fut depuis appelé *Khouthbéteinn*, qui signifie, les deux oraisons, parce qu'il étoit divisé en deux parties : la première ne parloit que de Dieu, du Prophète, des quatre premiers

Khaliphes , et des disciples leurs contemporains ; la seconde faisoit mention du Pontife
qui occupoit la chaire de *Mohammed* et de
ses héritiers ; parties distinctes et même séparées par une pause que les *Imams* faisoient
dans cet office solennel , ainsi qu'ils le font
encore aujourd'hui.

Tous les princes Mahométans qui ont usurpé
et partagé entre eux l'empire du Khaliphat ,
faisoient insérer leur nom à la suite de celui
du Khaliphe dans les *Khouthbés* que l'on récitoit dans les villes de leur domination. Ils
manifestoient par-là , sinon la légitimité , du
moins l'exercice du pouvoir souverain. Aussi
ce droit du *Khouthbé* et celui de faire battre
monnoie , ont de tout temps formé les seuls
droits régaliens des Potentats Mahométans ,
chez lesquels le titre le plus caractéristique
de l'autorité suprême est encore aujourd'hui
celui de *Sahhib Khouthbé ve sikké* , c'est-à-
dire , possesseur des droits du *Khouthbé* et de
la monnoie. Ceux des Monarques qui se refu-
soient à reconnoître la suprématie des Khaliphes, et qui leur disputoient jusqu'à la dignité

sacerdotale, sur-tout les princes des différentes branches de la maison d'*Aly*, qui ont régné en Afrique, en Arabie, en Perse, dans le *Khorassan*, etc., n'ordonnoient le *Khouthbé* dans leurs Etats qu'en leur nom et en celui des princes héritiers de leur trône : on omettoit de parler des Khaliphes. Cette circonstance, la plus délicate et la plus importante du sacerdoce, fut aussi le premier objet de l'attention et de la politique des *Abassides*, qui n'oublièrent rien pour se conserver cette grande prérogative dans toutes les mosquées et dans tous les Etats Mahométans, mais sur-tout dans le temple de la *Mecque*, comme étant le centre de l'Islamisme.

Pendant cent seize ans ils furent cependant dépouillés de ce premier des droits sacerdotaux dans le premier des temples Musulmans. Les *Schérifs* de la *Mecque*, d'abord les *Beno-Moussa*, ensuite les *Beno-Fuléyté*, cédant à leur haine contre les *Abassides*, plus encore qu'aux conjonctures de ces siècles si désastreux pour le Mahométisme, substituèrent dans le *Khouthbé* du *Keabé*, au nom de ces Pontifes,

depuis

depuis *Fazl I* jusqu'à *Abd'ullah VI*, de 363
à 479 de l'Hégire (de 973 à 1086), celui des
Monarques *Fathimites* qui régnoient alors en
Egypte, aussi avec le titre de Khaliphe. Quand
les *Abassides* furent rentrés dans leurs droits,
ils continuèrent à jouir de cette distinction,
non-seulement les onze derniers Khaliphes
de *Baghdad*, mais encore ceux du *Caire*,
quoique restreints plus étroitement que jamais
aux fonctions sacerdotales, sous les Sultans
Turkmenns et *Memlouks*, qui succédèrent
aux *Fathimites*.

Selim I acquit à la maison Othomane ce
droit si important aux yeux de l'Islamisme et
du Khaliphat. Ses aïeux en jouissoient cependant, mais en la seule qualité de *Bey*, d'*Emir*
et de *Sultan*, titres qui n'indiquent que la
puissance temporelle. Ce droit remonte jusqu'à l'origine de la monarchie. L'an 688 (1289)
Osman I, encore sous la domination des Sultans de *Conya*, conquit *Caradjé-hissar* sur
les Grecs; et ayant obtenu de *Mess'oud III*
la propriété de cette ville, le premier siége de
sa puissance naissante, il fit aussitôt insérer

son nom dans le *Khouthbé* des vendredis, à la suite de celui du Monarque *Seldjoukien. Toursounn-Fakihh* son beau-frère, fut même le premier qui exerça cet office en l'honneur du prince fondateur de la Monarchie Othomane. Mais le *Khouthbé* ne recouvra véritablement son antique splendeur que sous *Selim I*, lorsque ce héros fut décoré de l'auguste titre de Khaliphe et d'*Imam* suprême, 'en recevant, après la conquête de l'Egypte., comme nous l'avons déja dit, les hommages et du Khaliphe *Mohammed XII*, le dernier des *Abassides*, et du *Schérif* de la *Mecque*, *Eb'ul-Bérékiath*. Ce monarque acquit en même temps les droits de suzeraineté que les Sultans Egyptiens exerçoient sur tout le *Hidjeaz*, sous le titre aussi modeste que glorieux de *Khadim'ul Harémenïn'usch-Schérifeinn*, serviteur des deux saintes cités ; ce titre lui fut solennellement déféré au *Caire*, dans le *Khouthbé* que l'on récita en sa présence et en son nom dans la mosquée cathédrale *Mélik-Muéyyéd-Djeamissy*, où il alla le vendredi suivant avec la pompe la plus brillante, s'acquitter de la prière publique de ce jour, et rendre des actions de graces à l'Eternel.

Tels sont, d'après tous les docteurs Mahométans., les titres qui caractérisent la légitimité des droits de la maison Othomane sur le
Khouthbé comme sur le *Kéabé* de la *Mecque*,
et sur le Khaliphat universel. Ainsi les Sultans
de cette maison, à l'imitation des anciens Khaliphes, font remplir par des vicaires, dans le
temple de la *Mecque* comme dans tous les autres de l'Empire, l'office public des vendredis.

Comme cet office consiste dans le *Khouhtbé*
et dans le *Namaz*, dont l'exercice consacré,
sous les noms, l'un de *Khithabeth*, et l'autre
d'*Imameth*, constitue la première et la plus
auguste des fonctions sacerdotales, les vicaires qui s'en acquittent sous le double titre de
Khatib et d'*Imam'ul-djumâ*, au nom et sous
l'autorité de l'*Imam* suprême, y sont toujours
nommés et autorisés par un *Khatt'y-Schérif*,
signé de la propre main du Sultan. Indépendamment de cette autorisation formelle et,
générale pour tous les *Khatibs* de l'Empire,
le Sultan, à l'exemple des trente-cinq derniers
Khaliphes *Abassides*, est encore tenu de la

confirmer à ceux qui s'en acquittent en sa présence , soit les vendredis , soit dans les deux fêtes de *Beÿram ;* dans quelque mosquée que ce soit.

Cette fonction est remplie alternativement chaque semaine , par les deux *Hunnkear-Imamys ,* qui sont les *Imans* du Sérail, les aumôniers du Sultan , affectés , si l'on peut parler ainsi , au service de la chapelle de Sa Hautesse. Le *Khatib* de la mosquée où il plaît au Sultan de se rendre chaque vendredi , est conséquemment obligé de leur céder pour ce jour sa place et ses droits sacerdotaux. Le *Hunnkear-Imamÿ* du jour a soin de se tenir sur le passage du Monarque , dans le corridor qui mène à sa tribune ; Sa Hautesse , en s'approchant , jette sur lui un coup-d'œil avec un léger signe de tête , ce qui tient lieu de confirmation pour les pouvoirs déja déférés au même prélat. Cependant le Sultan permet quelquefois au *Khatib* de la mosquée où il se rend , de remplir lui-même cet office , soit dans la vue de l'avancer ; soit dans le dessein de le nommer son *Imam* en la place de celui des deux aumôniers qu'il voudroit disgracier ou élever de grade dans le corps des *Oulémas.* Mais aux deux fêtes de *Beyram* qui se célèbrent toujours à la mosquée *Sultan-Ahmed ,* le premier aumônier du Sérail s'acquitte seul de ces fonctions sacerdotales. Il est également d'usage que dans ces deux fêtes , comme dans l'office des vendredis , trente *Muezzinns* du Sérail suivent le Sultan à la mosquée , pour chanter avec ceux du temple la seconde annonce , *Ikameth ,* qui précède la prière.

Les *Khatibs* des mosquées de toutes les villes prises les armes à la main , jouissent d'ailleurs d'une espèce de distinction militaire: ils montent en chaire , ainsi qu'il est ordonné par la loi , en tenant un sabre dans la main droite , comme un symbole de la destinée de ces édifices , qui , d'églises chrétiennes , ont été converties en temples Musulmans. Le *Khatib* s'appuie sur le sabre , en montant et en descendant les gradins , comme pendant tout le temps qu'il récite le *Khouthbé.* Voici la formule de ce prône , uniforme pour toutes les mosquées de l'Empire qui ont le

droit de célébrer. ce premier des offices divins.

» Graces au Très-haut, à cet Être suprême
» et immortel qui n'a ni dimensions ni limi-
» tes, qui n'a ni femmes ni enfans, qui n'a
» rien d'égal à lui, ni sur la terre ni dans les
» cieux; qui agrée les actes de componction
» de ses serviteurs, et pardonne leurs iniquités.
» Nous croyons, nous confessons, nous attes-
» tons qu'il n'y a de Dieu que Dieu seul, Dieu
» unique, lequel n'admet point d'association
» en lui ; croyance heureuse à laquelle est
» attachée la béatitude céleste. Nous croyons
» aussi en notre Seigneur, notre appui, notre
» maître, *Mohammed,* son serviteur, son ami,
» son Prophète, qui a été dirigé dans la vraie
» voie, favorisé d'oracles divins, et distingué
» par des actes merveilleux. Que la bénédic-
» tion divine soit sur lui, sur sa postérité, sur
» ses femmes, sur ses disciples, *Asshhabs,* sur
» les Khaliphes orthodoxes, doués de doc-
» trine, de vertus et de sainteté, et sur les
» *Vézirs* de son siècle, mais particulièrement
» et spécialement sur l'*Imam,* le Khaliphe

» réel du Prophète de Dieu, l'*Emir'ul-Mumi-*
» *ninn Ebu-Bekir ,.* le Certificateur pieux ,
» l'agréable à l'Eternel ; sur l'*Imam ,* le Kha-
» liphe réel du Prophète de Dieu, l'*Emir'ul-*
» *Mumininn Omer,* le Discernateur pur, l'a-
» gréable à l'Eternel ; sur l'*Imam ,* le Khaliphe
» réel du Prophète de Dieu, l'*Emir'ul-Mumi-*
» *ninn Osman ,* le Possesseur des deux lumiè-
» res, l'agréable à l'Eternel ; sur l'*Imam ,* le
» Khaliphe réel du Prophète de Dieu, l'*E-*
» *mir'ul-Mumininn Aly ,* le généreux-intè-
» gre , l'agréable à l'Eternel ; sur les deux
» grands *Imams ,* tous deux parfaits en doc-
» trine et en vertu, distingués en sciences et
» en œuvres, illustres en race et en noblesse ,
» résignés aux volontés du ciel et aux décrets
» du destin , patiens dans les revers et dans
» les infortunes ; les Emirs , les princes de la
» jeunesse céleste , la prunelle des yeux des
» fidèles , les seigneurs des vrais croyans ,
» *Hassan* et *Husseïn ,* les agréables à l'Eter-
» nel , à qui tous puissent également être agréa-
» bles !

   » O vous, assistans , ô vous fidèles , craignez

» Dieu et soyez-lui soumis. *Omer*, l'agréa-
» ble à l'Eternel, dit que le Prophète de
» Dieu a proféré ces mots : *Point d'actions*
» *que celles qui sont fondées sur l'intention.*
» Le Prophète de Dieu est véridique dans ce
» qu'il dit ; il est véridique, *Mohammed*, l'ami
» de Dieu et le ministre des oracles célestes.
» Sachez que la plus belle des paroles est la
» parole de Dieu tout puissant, tout clément,
» tout miséricordieux. Ecoutez son saint com-
» mandement : *Lorsqu'on fait la lecture du*
» Cour'ann, *prêtez-y l'oreille avec respect et*
» *en silence, pour qu'il vous soit fait misé-*
» *ricorde!* J'ai recours en Dieu contre le démon
» chassé à coups de pierres. Au nom de Dieu
» clément et miséricordieux ; en vérité, les
» bonnes actions effacent les mauvaises. »

Ici le ministre *Khatib* fait une pause, s'assied, récite tout bas différens versets du
Cour'ann, auxquels les *Muezzinns*, placés
dans leur tribune, répondent en plain-chant,
Aminn, *Aminn :* il se lève ensuite et entonne
le second *Khouthbé.*

» Par honneur pour son Prophète, et par

» distinction pour son ami pur , ce haut et
» grand Dieu , dont la parole est ordre et
» commandement , dit : *Certes , Dieu et ses an-*
» *ges bénissent le Prophète.* O vous, croyans,
» bénissez-le , adressez-lui des salutations pu-
» res et sincères ! O mon Dieu , bénissez *Mo-*
» *hammed ,* l'Emir des Emirs , le coryphée des
» Prophètes , qui est parfait, accompli , doué
» de qualités éminentes , la gloire du genre
» humain , notre Seigneur et le Seigneur des
» deux mondes , de la vie temporelle et de la
» vie éternelle ! O les amoureux de sa beauté
» et de son éclat , bénissez-le , adressez-lui des
» salutations pures et sincères ! O mon Dieu !
» bénissez *Mohammed* et la postérité de *Mo-*
» *hammed ,* comme vous avez béni *Ibrahim*
» et la postérité d'*Ibrahim !* Certes, vous êtes
» adorable, vous êtes grand ; sanctifiez *Moham-*
» *med* et la postérité de *Mohammed ,* comme
» vous avez sanctifié *Ibrahim* et la postérité
» d'*Ibrahim !* Certes , vous êtes adorable ,
» vous êtes grand. O mon Dieu ! faites misé-
» corde aux Khaliphes orthodoxes, distingués
» par la doctrine, la vertu, et les dons célestes,

» dont vous les avez comblés, qui ont jugé et
» agi selon la vérité et selon la justice. O mon
» Dieu, soutenez, assistez, défendez votre
» serviteur, le plus grand des Sultans; le plus
» éminent des *Khacanns*, le roi des Ara-
» bes (1) et des Persans, le serviteur des deux
» cités saintes (la *Mecque* et *Médine*), Sultan
» fils de Sultan, petit-fils de Sultan, le Sultan
» *Ahd'ul-Hamid-Khan*, dont l'Être suprême
» éternise le Khaliphat et perpétue l'empire
» et la puissance, *Aminn*, Amen.

» O mon Dieu ! exaltez ceux qui exaltent
» la religion, et avilissez ceux qui avilissent
» la religion. Protégez les soldats Musulmans,
» les armées orthodoxes ; et accordez-nous
» salut, tranquillité, prospérité, à nous, aux
» pélerins, aux militaires, aux citoyens en
» demeure comme aux voyageurs sur terre et
» sur mer, enfin à tout le peuple Mahométan.
» Salut à tous les Prophètes et à tous les
» Envoyés célestes ; louanges éternelles à ce
» Dieu créateur et maître de l'univers. Certes,

---

(1) *Arèb ve Adjém*, mots sous lesquels on désigne
toutes les nations de la terre.

» Dieu ordonne l'équité et la bienfaisance. Il
» ordonne et recommande le soin des proches.
'» Il défend les choses illicites, les péchés, les
·» prévarications. Il vous conseille d'obéir à ses
·» préceptes, et de les garder religieusement
» dans la mémoire. «

Outre ces *Khouthbés* ordinaires consacrés
aux vendredis et aux deux fêtes de *Beyram*,
il en est encore trois d'extraordinaires qui se
récitent à la *Mecque*, avant et après la fête
des sacrifices, ainsi qu'on le verra dans l'article
du pélerinage. C'est communément le *Molla*
de cette cité qui s'en acquitte, le 7 de la lune de
Zilhidjé dans le temple de la *Mecque*, le 9 au
mont *Arafath*, et le 11 à *Mina*. Ce magistrat
y joint différentes autres prières analogues au
jour, et finit par une exhortation instructive
sur les sentimens de religion et de piété qui
doivent animer les Musulmans dans les pratiques du pélerinage.

5°. L'ASSEMBLÉE DES FIDÈLES. Comme
ce *Namaz* solennel ne peut jamais avoir lieu
qu'en corps et à la mosquée, rien n'égale l'affluence du peuple dans tous les temples qui

ont droit de le célébrer. Il faut des raisons bien graves, des circonstances bien pressantes pour qu'un Musulman s'absente ce jour-là d'une de ces mosquées, et qu'il s'en tienne au *Namaz* ordinaire de midi dans une autre. Les malades seuls, et ceux que la loi dispense de cet office public, tels que les esclaves, les mineurs, les voyageurs, les villageois, etc. se permettent de faire à la même heure un *Namaz* particulier chez eux ou ailleurs.

Et 6°. Une liberté entière et générale. La liberté requise pour la validité de ce *Namaz* solennel, s'étend jusqu'aux derniers du peuple. Ainsi toutes les portes des mosquées et celles même de la ville sont entièrement ouvertes ce jour-là. Il n'est permis, selon les *Fethwas* des *Mouphtys*, de fermer les portes d'une ville où il existe des temples qui ont le droit de faire cette prière publique des vendredis, qu'en temps de guerre, supposé cependant que l'on soit dans le cas de craindre une attaque soudaine de la part des ennemis.

On a observé plus haut, à l'article de la cosmogonie, que le fondateur de l'Islamisme a

consacré le vendredi , sixième jour de la semaine , à cet acte important de sa religion ,
en signe d'hommage et de reconnoissance envers l'Eternel , pour avoir créé l'homme ce
jour-là. Cette institution étoit d'ailleurs conforme à son systême général, de n'admettre
dans son nouveau culte , rien d'analogue, ni
au Christianisme , ni au Judaïsme. C'est pour
cette raison que le vendredi n'est pas même
célébré comme un jour de repos ou de fête
publique : il n'est distingué des autres jours
que par ce *Namaz ;* et ce n'est que pendant la'
durée de cette prière, que le peuple est obligé
de suspendre tout travail et toute occupation
quelconque. Le reste de la journée est absolument employé comme les autres jours de la
semaine.

CHAPITRE V.

De l'Oraison Paschale dans les deux Fêtes de Beyram, Salath'ul-id.

L'ORAISON·paschale est une prière particulière consacrée au premier jour de chacune des deux fêtes de *Beyram*. Elle est d'obligation canonique. Elle exige absolument les mêmes conditions que la prière publique des vendredis, en observant seulement que le *Khouthbé*, au lieu d'être récité avant la prière, doit l'être, dans ces deux fêtes, immédiatement après. Cette oraison consiste en un *Namaz* de deux *rik'aths*. Son heure spéciale et particulière est depuis le lever-du-soleil, parvenu à la hauteur apparente d'une lance, jusqu'à son déclin, moment où commence l'heure canonique de midi. Si l'on manque cette heure, quel qu'en

soit le motif, on doit remettre l'oraison paschale au lendemain, toujours à
la même heure.

C. C'est à l'exemple de ce qui fut pratiqué
par le Prophète, à qui il arriva dans une année de continuer le jeûne, lui et les siens,
le premier du mois de *Schewal*, parce qu'un
temps nébuleux avoit empêché de voir la nouvelle lune. Cependant différentes personnes
ayant le même jour, dans l'après-midi, attesté
en sa présence qu'elles l'avoient vue la nuit
précédente, il ordonna aussitôt de rompre le
jeûne et de célébrer la fête; mais il remit
l'oraison paschale au lendemain matin.

Si on manque encore cette heure le
second jour, quelle qu'en soit la raison,
on ne peut plus remettre la prière au
jour suivant, attendu qu'elle ne doit
jamais avoir lieu que dans l'un des deux
premiers jours de la fête. Cette prière
n'admet ni l'annonce *Ezann* ni l'*Ikameth;*
on ne peut en réparer la négligence

par aucune prière satisfactoire ; celles
même qui sont de surérogation, ne
peuvent pas avoir lieu dans la matinée
de la fête, avant que l'on se soit acquitté
de ce devoir solennel du jour. Il est cependant louable de la faire précéder
par une lotion générale, comme aussi
de se laver la bouche, de se frotter les
dents, et de faire usage de parfums et
d'aromates, pour que personne n'é-
prouve, au milieu de l'assemblée, dans
le temple du Seigneur, de mauvaises
odeurs et des exhalaisons fâcheuses. Il
est encore louable de se parer en ces
jours solennels, de porter des habits
neufs et propres ; de réciter le long du
chemin, en allant à la mosquée, le
Tekbir : Grand Dieu ! grand Dieu !
Allah'u-ekber ! *Allah'u-ekber* ! Ces paroles doivent être proférées dans la fête
d'*Id-fitr*, à voix basse ; et dans celle
d'*Id Ad'hha*,

Id'Ad'hha, à haute voix, à cause des sacrifices de ce jour. Il convient également, dans la première fête, de manger quelque chose avant de s'acquitter de l'oraison paschale; dans la seconde, au contraire, d'être à jeun, et de ne manger qu'après la prière et les sacrifices.

C. Ce sont autant de pratiques observées par le Prophète lui-même. Dans la première fête il avoit coutume de manger, avant l'oraison, trois, cinq ou sept dattes bien mûres; et dans la seconde, il faisoit à jeun la prière et les sacrifices, et goûtoit ensuite de la chair des animaux qu'il avoit immolés de sa main.

Enfin dans le *Khouthbé* de ces deux fêtes, le ministre *Khatib* est tenu d'enseigner au peuple, dans la première, toutes les pratiques prescrites pour cette solennité, sur-tout l'obligation de l'aumône paschale en faveur des pauvres; et dans la seconde, tout ce qui est relatif aux sacrifices et au *Tekbir-Teschrik.*

C. C'est un cantique que tout fidèle est obligé de réciter à la suite des cinq *Namazs*, tant dans *l'Arifé-guny*, ou veille de *l'Id-Ad'hha*, que dans les trois premiers jours de cette fête, ainsi que dans les trois premiers *Namazs* du quatrième jour, faisant en tout vingt-trois *Tekbir-Teschriks.*

Le voici (1) : « *Grand Dieu ! Grand Dieu !* » *il n'y a point de Dieu sinon Dieu ; Grand* » *Dieu ! Grand Dieu ! les louanges sont pour* » *Dieu.* « Ce cantique est en mémoire du sacrifice ordonné à *Abraham.* L'ange *Gabriel*, en lui présentant le bouc céleste, proféra les mots *Grand Dieu, Grand Dieu ! Abraham* y ajouta : *Il n'y a point de Dieu sinon Dieu ;* et *Ismaël* les termina par ceux-ci : « *Les* » *louanges sont pour Dieu.* «

V. L'Imam *Schafy* exige que l'on répète trois fois le mot *Allah'u-ekber*, Grand Dieu !

_____

(1) *Allah'u ekber ! Allah'u ekber ! la ilah'i ill'allah, ve Allah'u ekber, Allah'u ekber, ve l'illah'il-hamd.*

OBSERVATIONS.

Ces deux *Beyrams* sont les seules fêtes religieuses du Musulmanisme. La première, appelée *Id-fitr*, qui veut dire, la fête *de la rupture du jeûne*, a lieu le premier de la lune de *Schewal*, à la suite du jeûne de *Rama-zann*. La seconde, appelée *Id-Ad'hha* ou *Courbann-Beyram*, c'est-à-dire, la fête *des sacrifices*, se célèbre soixante-dix jours après, le dix de la lune de *Zilhidjé :* le mot *Id*, consacré à l'une et à l'autre, dérive du verbe *âwd* ou *Muâwedé*, qui signifie revenir, retourner, désignant par-là le retour périodique et annuel de ces fêtes religieuses. *Beyram* est un mot Turc qui répond à l'*Id* Arabe. Commé les années des Mahométans sont lunaires, ces deux fêtes parcourent dans l'espace de trente-trois ans toutes les saisons de l'année. La première n'est que d'un jour ; le peuple cependant la célèbre trois jours de suite : la seconde est de quatre. Ces sept jours de fête sont de toute l'année les seuls de divertissement pour le peuple. Cependant, dans l'un comme dans l'autre *Beyram*, l'oraison paschale n'a jamais lieu qu'une fois, le premier jour, environ une heure après le lever du soleil. Cet office solennel n'est plus précédé aujourd'hui de l'annonce *Ezann*, du haut des minarets, comme il l'étoit autrefois, d'après les réglemens du Khaliphe *Abd'ul-Melik I*. Les anciens *Imams* ont aboli cet usage, comme étant de pure institution humaine.

La célébration de ces deux *Beyrams* se fait toujours avec le plus pompeux appareil. A ces époques le Monarque reçoit les hommages des différens ordres de l'Etat. Cette cérémonie, appelée *Muâyedé*, a lieu au Sérail vers le lever du soleil ; et immédiatement après, le Sultan se rend à la mosquée avec un cortège encore plus brillant que celui des vendredis. Il est alors accompagné de ses ministres et de tous les grands officiers de l'Empire ; mais de tous les gens de loi, le *Mouphty*, les deux *Caziaskers*, l'*Istambol-Efendissy*, et le *Nakib'ul-Eschraf*, sont les seuls qui soient obligés d'être de sa suite ; le reste des *Oulémas* n'accompagne la marche publique du

Souverain que le jour de la solennité du sabre, qui tient lieu de sacre et de couronnement, et lors de la consécration d'une nouvelle mosquée Impériale. Quand l'une ou l'autre fête de *Beyram* se rencontre un vendredi, le Sultan se rend ce jour-là deux fois à la mosquée; le matin, avec toute la cour, pour l'oraison paschale; et à midi, avec son cortége ordinaire, pour le *Namaz* public des vendredis.

Ces deux *Beyrams* étant les seules fêtes religieuses de la nation, sont conséquemment les seules époques où il soit permis dans toutes les villes Mahométanes de fermer boutiques, magasins et marchés publics. Tout commerce, tout trafic, tout travail manuel est suspendu dans ces sept jours de l'année. Il n'est point d'individu, quel que soit son état et sa condition, qui n'ait, dans ces deux *Beyrams*, un habit neuf. Les parens et les amis se font mutuellement visite pour se souhaiter la bonne fête, et c'est presque la seule occasion où il soit d'un usage général de se toucher la main, de s'embrasser et de se témoigner réciproquement les sentimens les plus affectueux. Les enfans baisent la main de leur père, de leurs aïeux, de leurs parens. Les jeunes gens en font de même à l'égard des personnes âgées ; mais les subalternes ne baisent jamais que le bord de l'habit de leurs chefs , des officiers supérieurs , des principaux personnages de l'Etat. On ne voit jamais dans le peuple , moins encore parmi les personnes de marque , ces démonstrations de joie , ces signes de gaieté qui éclatent chez les autres nations en différentes époques de l'année. Les Mahométans ne connoissent ni la danse , ni la musique, ni aucun jeu quelconque : tous ces amusemens sont proscrits par la législation religieuse , comme on le verra dans les lois morales. Il n'y a rien de bruyant , rien de mondain dans la célébration de ces fêtes. Toute la récréation du peuple consiste à se promener tranquillement , toujours à pas graves, dans la ville et dans les environs. Parens et amis, tous se rassemblent , et vont par bandes de huit , dix ou quinze personnes , visiter leurs connoissances, s'arrêtant quelques momens, soit dans les places , soit dans les promenades publiques pour fumer, prendre du café , et causer avec le plus grand flegme, des affaires du temps et des évènemens du jour. Tel doit être l'effet des mœurs simples et austères et du caractère sérieux de ce peuple privé de la fréquentation entre les deux sexes, chez lequel les femmes ne paroissent que rarement en public , et toujours voilées , sans aucune idée des spectacles, des divertissemens publics, et où enfin l'usage du vin , proscrit par la loi, est interdit plus rigoureusement encore dans ces jours de fête. La veille de chaque *Beyram* , la police a soin de mettre le scellé sur les portes de tous les cabarets , qui n'existent même que dans les faubourgs habités par les Chrétiens. Cette précaution est une loi des plus sévères, qui se renouvelle chaque année dans toute l'étendue de l'Empire. C'est ainsi que les fêtes Musulmanes, célébrées dans le calme et dans le silence , présentent un tableau bien différent de celui des grandes villes de l'Europe aux solennités du Christianisme.

CHAPITRE VI.

De la Prière Terawihh *pendant le* Ramazann.

CETTE prière, d'obligation imitative, est consacrée aux trente jours de jeûne de la lune de *Ramazann.* Elle consiste en un *Namaz* extraordinaire de vingt *rik'aths*, dont tout fidèle doit s'acquitter de nuit, à la suite des cinq *Namaz* ordinaires du jour.

On peut faire cette prière en particulier, chez soi; mais il est plus louable de la faire en corps, soit à la mosquée, soit ailleurs.

V. L'Imam *Malik*, qui, au lieu de vingt, exige trente-six *rik'aths*, pense, ainsi que l'Imam *Schafiy* et l'Imam *Ebu' Youssouph,* qu'il est plus louable de faire ce *Namaz* seul, plutôt qu'en commun, et cela pour être plus en garde contre tout sentiment d'affectation et d'hypocrisie dans une aussi longue prière.

Ce *Namaz* étant de vingt *rik'aths*, exige par-là même dix saluts de paix, et cinq pauses.

C. Elles doivent être aussi longues que le temps nécessaire pour faire une prière de quatre *rik'aths*. C'est pourquoi ce *Namaz* extraordinaire est nommé *Terawihh* (plurier de *Terwihh*), qui signifie repos, respiration.

Dans ces intervalles, le fidèle, assis sur ses genoux, est le maître de réciter le *Tessbihh* ou le *Tehhlil*, ou quelques versets du *Cour'ann;* il peut aussi faire des prières, soit satisfactoires, soit surérogatoires, ou bien garder le silence dans un recueillement profond. Quant aux citoyens de la *Mecque*, il leur est permis de faire, pendant ces pauses, des tournées, *Tawaf*, autour du *Keabé.* Il est aussi d'une pratique imitative de faire dans ce long *Namaz*, et pendant

les trente nuits du *Ramazann*, une récitation générale du *Cour'ann*.

C. On doit réciter dix versets par *rik'ath*,
ce qui complète dans les trente nuits, les six
mille versets du *Cour'ann*, selon la rédaction
de quelques *Imams*, qui bornent à ce nombre
les six mille six cent soixante-six *Ayeths* ou
versets de ce livre saint. Les *Imams Mudj-
tehhids* ou interprètes sacrés, avoient coutume de réciter trois fois le *Cour'ann* en entier, pendant le *Ramazann*; et l'*Imam Azam
Ebu Hanifé*, soixante-une fois.

A la suite de ce long *Namaz*, consacré aux seules nuits du *Ramazann*, il
est louable et méritoire de faire en
commun la prière ordinaire, *Salath-witr*,
qui précède l'aurore.

C. Cela n'est permis que pour cette lune de
jeûne et de pénitence, pendant laquelle on
peut faire, aussi en corps et sous les auspices d'un *Imam*, des prières surérogatoires,
qui d'ailleurs ne peuvent avoir lieu dans aucun

autre, temps de l'année, pas même dans les sept nuits saintes, *Leïlé-y-Mubaréké*.

OBSERVATIONS.

Les Mahométans, naturellememt religieux et attentifs à tous les devoirs du culte extérieur, se livrent d'une manière plus particulière encore aux exercices de piété pendant la lune du *Ramazann*. Le jeûne ou l'abstinence la plus rigoureuse durant tout le jour, est suivi d'une multitude de prières et d'actes de pénitence, dans la majeure partie de la nuit.

Ils s'acquittent très-scrupuleusement, les uns en particulier, les autres en commun, de cette longue prière, *Térawihh;* ils récitent le *Cour'ann*, font des *Namazs* surérogatoires, et passent des heures entières dans les mosquées, qui généralement toutes sont ouvertes et illuminées pendant les trentes nuits de cette lune.

Enfin la dévotion dans cette partie de l'année éclate dans tous les ordres de la nation de la manière la plus exemplaire et la plus édifiante. Quant aux sept autres nuits réputées

saintes, et également consacrées à la dévotion
du public, nous en parlerons plus bas , dans
le discours qui termine cet article des prières.

CHAPITRE VII.

De la Prière à l'occasion des Eclipses de Soleil ou de Lune.

LES éclipses de soleil ou de lune
exigent une prière, pour rassurer les
peuples contre l'effroi qu'elles pourroient leur causer.

C. Elle a été ordonnée par le Prophète , à
l'occasion de la mort d'*Ibrahim* son fils : le
peuple ayant paru frappé d'une éclipse de
soleil qui concourut avec cet évènement ,
l'Apôtre céleste proféra ces paroles remarquables : *Certes* (1) *le soleil et la lune sont
deux signes , deux monumens de l'Eternel ;*

(1) *Inn'esch' schems' i' w'el-camér ayetan'i min ayath'
illahi'-teala la yunkessefan'i bi mewt'i ahhad we la bi hayou-
tih.' i fe iẕa reéyeth'um sey'enn min haẕihh'il-ifragh fe ef-
regh'ou il' es-salath.*

ils ne s'éclipsent ni pour là mort , ni pour la naissance de personne. A l'apparition de ces signes , abandonnez tout pour recourir à la prière.

L'éclipse de chacun de ces astres exige une prière différente. Celle du soleil, *Salath'ul-Kiussouf*, doit être faite en commun, sous les auspices de l'*Imam* des vendredis. Elle consiste à faire un *Namaz* de deux *rik'aths* , et à réciter les chapitres *Suré'y-bakra* et *Suré'y-ali Imrann* (1). L'*Imam* , à l'imitation du Prophète , doit les prononcer à voix basse et lentement , jusqu'à ce que l'astre ait recouvré sa lumière. Pendant la récitation de ces chapitres, il est le maître de se tenir debout , ou de s'asseoir , la face tournée vers le *Keabé* de la *Mecque* ou vers l'assemblée des fidèles.

_____

(1) Ce sont les deuxième et troisième chapitres du *Cour'ann*.

A son défaut personne n'a le droit
de présider l'assemblée des fidèles; de
sorte que le *Namaz* ne pouvant avoir
lieu en commun, chacun doit s'en acquitter en son particulier. La prière
pour les éclipses de lune , *Salath-ul-
Khoussouf*, ne doit jamais être faite en
commun; en conséquence elle n'exige
ni la présence de l'*Imam*, ni la réunion
des fidèles à la mosquée, au milieu des
ténèbres de la nuit. Chacun doit la
faire, chez soi ou ailleurs , par un *Namaz* toujours de quatre *rik'aths.*

V. L'Imam *Schafiy* exige, pour l'une et l'autre éclipse,
un *Namaz* en commun, qui soit même terminé par
le *Khouthbé* comme dans les deux fêtes de *Beyram.*

Enfin la prière en commun, consacrée pour les éclipses de soleil, est
également prescrite à l'événement de
toute calamité publique, comme sont
les ouragans, les brouillards épais qui

obscurcissent le globe; la foudre, le tonnerre, les météores, les tremblemens de terre, la famine, les inondations et les maladies épidémiques.

CHAPITRE VIII.

De la Prière dans les disettes d'eau.

La disette d'eau, cette calamité désastreuse, n'exige point de *Namaz*, ni en particulier, ni en commun, mais des larmes et des sanglots, des actes de contrition et de pénitence publique.

C. C'est à l'exemple de ce qui a été pratiqué par le Prophète, d'après ces paroles divines qui lui furent adressées dans une pareille circonstance : *Demande* (1) *la miséricorde de ton Dieu, de ce Dieu très-miséricordieux, et il fera descendre sur toi des nuées de pluies abondantes.* Ces prières, animées par la foi,

_____

(1) *Fe'esstaghherou rebbik'um ennehh'u kcané ghaffar'enn yursel'ul-cema aleyk'um medrar'enn.*

la douleur et la componction, opérèrent plusieurs miracles : un jour que le peuple faisoit
retentir le temple de ses lamentations sur la
sécheresse, le Prophète, du haut de la chaire,
adressa au ciel ses gémissemens et ses vœux ;
et tout-à-coup une pluie abondante, arrosa la
terre pendant sept jours et sept nuits. Dans
une calamité semblable, le Khaliphe *Omer*,
pressé par les clameurs des fidèles, assembla
les *Asshabs* pour délibérer avec eux sur la nécessité d'une prière générale : *Kéab*, l'un de
ces disciples, lui indiqua, comme le moyen
le plus efficace, de recourir à l'Être suprême,
avec l'un des parens collatéraux du Prophète,
à l'imitation des Israélites, qui, dans ces circonstances, ne faisoient jamais leurs prières
qu'avec un parent de *Moyse*. *Omer*, applau-
dissant à cet avis, monte en chaire avec *Abas*,
oncle du Prophète, le fait asseoir à côté de
lui, et profère ces paroles : *O mon Dieu* (1),
nous recourons à toi, avec l'oncle de ton Pro-
phète, etc. A peine eut-il fini sa prière, qu'une

(1) *Allah'ummé netewessele'ileyk bi-amm'i nebïke.*

forte

forte pluie répandit la joie dans le cœur de tous les fidèles.

Cette prière n'étant pas dans la forme d'un *Namaz*, n'exige ni *rik'ath*, ni *Khouthbé*, ni la réunion des fidèles dans le temple; il faut qu'ils se rassemblent dans une place publique, où chaque individu doit, en son particulier, implorer la miséricorde divine sur soi et sur le reste du genre humain.

C. On se conforme par-là aux ordres du Prophète et aux pratiques qu'il observa lui-même. Ainsi le peuple entier, grands et petits, maîtres et esclaves, riches et pauvres, tous doivent se réunir dans une place publique, à pied, vêtus de vieux habits, la tête inclinée vers la terre, l'esprit humilié, le cœur contrit, et les yeux baignés de larmes. Cette pénitence doit encore être précédée d'aumônes, d'actes de contrition, et de marques authentiques d'une réconciliation sincère avec le prochain; mais il faut s'associer la généralité du peuple, d'après ces paroles du Prophète : *Sans les enfans encore à la mamelle , sans les animaux qui broutent l'herbe , et sans les pêcheurs convertis à Dieu , les calamités fondroient sur vous* (1). *Sans les pauvres ; sans les foibles qui se trouvent parmi vous , vous ne seriez ni assistés , ni pourvus de biens* (2).

V. Les *Imaméïnns* admettent, en ces occasions fâcheuses , et un *Namaz* de deux *rik'aths*, et le *Khouthbé*, et la réunion des fidèles dans le temple , et la prière particulière de l'*Imam* sur la chaire même , en s'appuyant de la main droite sur un sabre , sur un arc , ou sur un bâton pastoral.

Cette pénitence publique doit durer trois jours ; jamais au-delà. Le Souverain est le maître de la faire précéder par un jeûne aussi de trois jours, qui devient alors obligatoire pour tout le peuple Musulman.

Il n'est permis ni à l'*Imam* souverain,

---

(1) *Lewla sibyann redâ ve behhaim rettâ ve ibad' ullah reka li savé aleyk'um'ul-azab sabba.*

(2) *Hel tensarouné ve terzakouné illa bi-zouâfaik'um.*

ni à l'*Imam* prêtre, ni à aucune autre personne , de retourner à cette occasion son manteau ou son habit (1), en signe de ses vœux et de ses désirs pour le changement de temps, objet de cette pénitence publique.

C. Cependant le Prophète en a usé ainsi quelquefois ; mais cette action étoit réservée à lui seul , vu son auguste caractère et sa mission divine.

V. L'Imam *Mohammed* le permet , mais au seul Souverain , en sa qualité de vicaire et de lieutenant du Prophète.

Enfin les *Zimmys*, les sujets non-Musulmans ne doivent pas concourir avec les fidèles à cette pénitence, parce que leurs prières ne sont pas toujours efficaces , et que , loin de mériter les graces et la miséricorde du ciel , leur infidélité ou leur perversité ne peut au

_____

(1) *Vela tekallebé erdetihhim.*

contraire attirer sur eux qué sa malédiction et ses fléaux.

C. Leur exclusion est décidée , et par ces
paroles divines : *La* (1) *prière des infidèles
n'est pas prière , mais égarement ;* et par ces
paroles du Prophète : *Je me retire* (2), *je
détourne mon visage de toute société où les
fidèles sont mêlés avec les infidèles.*

V. L'Imam *Malik* les admet , s'ils y concourent
d'eux-mêmes et de leur propre mouvement : il s'appuie sur plusieurs exemples de cette nature qui eurent lieu sous les règnes des premiers Khaliphes.

OBSERVATIONS.

Ces prières extraordinaires à l'occasion des
évènemens naturels , ou des calamités publiques , se font rarement. Celles qui sont prescrites pour les éclipses de soleil ou de lune,
et dont l'objet est de rassurer les peuples contre l'effroi de ces phénomènes , ont été dictées,
non par ignorance des principes astronomiques,

---

(1) *Ve ma doa'el-keafiriné illa fi zalal.*
(2) *Ena beriy'unn má Muslim men muschrik.*

mais dans la vue d'écarter des esprits les idées superstitieuses, les pronostics et les illusions accréditées de tout temps par les astrologues et les devins. Plus les Mahométans ont avancé dans les connoissances astronomiques, plus ils s'éclairent, plus ils reviennent des préjugés dont ils ont hérité des anciens Arabes, et plus aussi ils voient d'un œil tranquille ces phéno-mènes célestes, sans recourir aux prières pres-crites par la loi : prières depuis long-temps abandonnées au vulgaire.

L'Etat ne les ordonne que dans les temps de calamités. Ce fut sous le règne de *Mou-rad III* que ces prières, en forme de péni-tence publique, eurent lieu pour la première fois dans l'Empire Othoman. Ce Sultan, alar-mé de la position de l'Empire, alors ébranlé par les dissentions civiles, les guerres et les ravages sans exemple, que faisoit la peste dans la capitale, ordonna des prières publi-ques pour fléchir le ciel. Elles se firent dans la plaine *Ock-Meïdany* 3 Zilhidjé 1000. (11 Septembre 1592), *Vézirs, * Ministres, *Oulé-mas, Scheyhk, * officiers de tous les ordres,

Q iij

les grands , le peuple , tous s'y rassemblèrent avec un zèle empressé. A la suite d'un discours analogue aux circonstances , prononcé par le prédicateur ordinaire de *Sainte-Sophie ,* on implora la miséricorde divine et l'intercession du Prophète : les assistans prosternés , et baignant la terre de leurs larmes , faisoient retentir l'air de leurs gémissemens et de leurs sanglots. *Mourad III* fit immoler le même jour un grand nombre de victimes , en répandant des sommes considérables dans le sein des pauvres et des familles honteuses. Il ouvrit les prisons publiques , et rompit les chaînes d'une infinité de malheureux , même des criminels d'Etat enfermés au château des *sept tours.* On renouvela , dix jours après , ces prières sur le mont *Alem-Daghy.*

Sous le règne non moins désastreux de *Mohammed III ,* les mêmes circonstances engagèrent ce Monarque infortuné à recourir à ces secours spirituels. La cour et la ville allèrent de nouveau prier et gémir dans la plaine *Ock-Meidany.* Trois mois après on répéta cette pénitence , d'abord dans la même plaine, ensuite dans la mosquée *Sultan-Mo-hammed*, à cause des revers successifs qu'es-suyoient les armes Othomanes en Hongrie, et de la désolation de la capitale, alors cruel-lement affligée par la sécheresse et la famine. Mais le ciel paroissant inexorable, *Moham-med III*, désespéré, attribue tant de cala-mités à la corruption générale du peuple, qui attiroit sur lui et sur l'Etat le courroux de Dieu et de son Prophète. Il fulmine contre le vice et la crapule; fait mettre à mort plu-sieurs citoyens convaincus d'irréligion et de mauvaises mœurs; par son ordre, on arrête toutes les femmes publiques, qui sont étran-glées et jetées dans la mer : il publie enfin un édit terrible contre le vin ; il fait détruire tous les cabarets, et défoncer, dans tous les magasins les tonneaux remplis de cette liqueur proscrite par l'Islamisme.

Forcé par les circonstances de marcher en personne à la guerre, ce Monarque écri-vit, quelques semaines après son départ, de *Constantinople*, au *Caim-mécam Hassan Pascha*, qu'ayant le projet d'aller droit à

Q iv

Egra, il devoit ordonner de nouvelles priè-res pour le succès de ses armes contre les ennemis de la religion et de l'Etat. Aussitôt ce gouverneur de la capitale fit fermer les boutiques, les magasins, les marchés, et or-donna des prières publiques pour huit jours consécutifs. Elles se firent d'abord dans la plaine *Ock-Meïdany*, ensuite dans les mos-quées de *Sainte-Sophie*, de *Sultan-Moham-med*, *Sultan-Bayézid*, *Sultan-Sélim*, *Sultan-Suleyman*, et *Schahzadé-Sultan-Mohammed*: on finit par celle d'*Eyub*. Le chant des en-fans, les hymnes des *Muezzinns*, les pleurs et les sanglots de tant de milliers d'hommes et de femmes, offroient, dit l'historien natio-nal, un spectacle difficile à dépeindre. Le *Caïm-mécam* enjoignit ensuite à chaque fa-mille de se réunir les mardis et jeudis, pour faire en corps ces mêmes prières, afin de ren-dre le ciel propice au peuple Musulman.

Depuis cette époque, on n'a ordinairement recours à ces prières qu'en temps de guerre; sur-tout lorsqu'elle est malheureuse; elles ne se font même que par la bouche des enfans,

comme on l'a vu dans la dernière guerre avec
la Russie. Chaque *Khodjea ,* ou recteur des
écoles publiques ; parcourt un ou deux faubourgs de la ville, à la tête de tous les enfans
dont l'éducation lui est confiée. L'un d'entre
eux fait des vœux pour la prospérité des armes
Othomanes , et les autres répondent tous ensemble , *Aminn , Aminn.* A la suite de l'office
public , on fait aussi pour le même objet des
prières dans toutes les mosquées de l'Empire,
mais sur-tout à la *Mecque* et à *Médine.*

Le point qui concerne les prières des Chrétiens et leur inadmission dans l'assemblée des
Mahométans , répond à la maxime : *Non
communicare in divinis.* Il ne doit être envisagé que sous ce rapport seul , et non sous
celui de la non-efficacité des prières des non-
Musulmans, puisque la doctrine mahométane,
selon le cinquante-quatrième article de foi
déclare que leurs vœux et leurs prières peuvent être exaucés par le ciel. Divers exemples sous les anciens Khaliphes prouvent
même que cette opinion étoit très-accréditée
dans les premiers siècles du Mahométisme.

Nous en citerons ici un trait digne de re-marque.

Au rapport d'*Ibrahim Haleby*, on éprouva à *Baghdad* une cruelle disette d'eau, sous le règne d'*Abd'ullah III*, dit *Méemounn*. Ce Khaliphe ordonna une pénitence publique, et sortant de la capitale à la tête de tout le peuple Musulman, il fit, en pleine campagne, les prières prescrites par la loi, sans que le ciel exauçât ses vœux. Il les renouvela jusqu'à trois fois, toujours sans effet. Pressé enfin par l'excès alarmant de cette calamité, il ordonna que tous les sujets non-Musulmans, soit Chrétiens, soit Juifs, eussent à concourir à cette pénitence; et le jour même, le ciel propice à leurs vœux, accorda une pluie très-abondante. Le Khaliphe, frappé de surprise et ébranlé dans sa foi, assembla les *Oulémas*, et leur demanda l'explication de ce mystère. Personne ne sut lui répondre; mais un vieillard aussi pieux que savant, et sans doute inspiré par le ciel, continue l'auteur, lui dit, d'un ton d'assurance, que cet évènement n'avoit rien d'extraordinaire ni de contraire à la

sainteté de la religion de *Mohammed*. Dieu,
ajouta-t-il, aime tellement les Musulmans ;
son peuple élu, leurs prières et leurs vœux
lui sont si agréables, qu'il tarde quelquefois
à les exaucer, pour les obliger à les renouveler : au contraire, il hait tellement les infidèles, et leurs prières lui sont si désagréables,
que souvent il se hâte de les exaucer, pour
qu'ils ne reviennent plus à la charge. Nonobstant toute l'absurdité d'un raisonnement aussi
fanatique, le même auteur semble y applau-
dir, et ajoute que cette réponse enchanta le
Khaliphe, calma ses agitations et dissipa ses
doutes.

Ces opinions, jointes à l'énoncé de la loi,
qui interdit toute société religieuse entre les
Mahométans et les non-Mahométans, tendent
à effaroucher les esprits foibles et superstitieux, et influent même sur l'état civil de la
nation. Elles éloignent tout esprit de commerce et de sociabilité entre elle et les
autres peuples. Il existe cependant dans sa
législation, comme on le verra par la suite
des passages qui renferment et inspirent des

principes opposés. Il ne dépend donc que de la politique, et d'une administration prudente et habile, d'incliner les esprits vers l'opinion la plus conforme à l'humanité, et vers le système le plus utile à l'Etat. On le répète, un Sultan éclairé trouveroit, dans la loi même et dans la conduite des anciens Khaliphes, de quoi combattre ces préjugés, élever les Othomans au-dessus des siècles qui les ont vu naître, et leur faire adopter les sages maximes qui ont contribué à la gloire de tant d'autres nations, aussi distinguées aujourd'hui par leurs qualités sociales, que par la profondeur et l'étendue de leurs connoissances.

CHAPITRE IX.

De la Prière des Militaires au moment du combat, Salath'ul-Khawf (1).

CETTE prière est prescrite aux militaires, à tous les fidèles qui, en temps de guerre, marchent en corps d'armée contre les ennemis de la religion et de l'Etat. Elle est d'une obligation imitative, ayant été constamment pratiquée par le Prophète, par ses disciples, et par les Khaliphes ses successeurs.

V. L'Imam *Ebu-Youssouph* ne la donne que pour une prière surérogatoire.

Cette prière est un *Namaz* d'un ou de deux *rik'aths*, selon la marche de l'armée et le moment de sa rencontre avec l'ennemi. La marche des Musulmans, lorsqu'elle est de quelques jours, ne

_____

(1) Ce mot signifie proprement, oraison contre la crainte, contre le danger.

fût-ce que de trois, les assimile aux
voyageurs, et n'exige qu'un *rik'ath*;
mais si elle est moindre de trois jours,
les combattans sont alors envisagés
comme des hommes en demeure fixe,
et par-là même tenus à deux *rik'aths*.
Dans l'un et l'autre cas, ils sont également obligés à deux *rik'aths*, si la rencontre de l'ennemi se fait sur le soir,
pas autrement. Cette prière est nécessaire au moment où les fidèles se
voient en présence de l'ennemi. Ils doivent alors se diviser en deux corps, et
s'en acquitter séparément et successivement, sous l'*Imameth* et la présidence
du Sultan lui-même ou de son vicaire.
L'un des deux corps doit être posté
devant l'ennemi pour l'observer; et le
Sultan, placé à la tête du second, doit
commencer la prière. Aussitôt qu'elle
est terminée, la seconde division doit

prendre la place de la première, afin que celle-ci s'acquitte également de la prière sous l'*Imameth* du Souverain. Si la prière n'est que d'un *rik'ath*, le Sultan qui en auroit fait deux, c'est-à-dire, un à la tête de chaque corps, peut, à la fin du *Namaz*, donner le salut de paix à droite et à gauche. Aucun fidèle de l'armée ne doit l'imiter, parce que n'ayant assisté qu'à un seul *rik'ath*, il n'a fait qu'une prière incomplète. Malgré l'obligation de faire cette prière en corps, au moment où l'on est en présence de l'ennemi, on peut cependant s'en dispenser, si on est dans la nécessité d'agir et de combattre sur le champ. En général, dans toute occasion pressante et périlleuse, le fidèle est dispensé des *Namaz*s, même des cinq heures canoniques du jour.

C. Et cela à l'exemple du Prophète, qui,

dans la journée de *Khandak* , remit jusqu'à quatre des *Namazs* du jour , dont il s'acquitta la nuit suivante , en lançant contre les enne- mis cet anathème : *Que Dieu remplisse* (1) *de feu , et leurs maisons , et leurs cœurs , et leurs tombeaux , en punition de ce qu'ils nous ont détournés des devoirs de notre culte.*

Enfin, s'il est impossible de faire cette prière en corps, le militaire doit s'en acquitter seul ; et, soit fantassin, soit cavalier, en marche, en action, dans ses postes, au milieu même du combat, tous doivent faire ce *Namaz* , en figu- rant, comme les malades, les inclina- tions et les prosternations, par le seul mouvement de la tête, sans être même tenus de se tourner vers le *Keabé* de la *Mecque*, parce que Dieu est par-tout, et que par-tout et en tout temps il re- çoit la prière de ses élus.

_____

(1) *Mela Allah'u , beyoutihhim ve couloubihhim ve cou- bourihim nar'enn kema schefjuna an'essalath.*

OBSERVATIONS.

Les gens de guerre sont extrêmement attentifs à s'acquitter de cette prière en commun, sur-tout lorsqu'ils peuvent la faire sans
inconvénient. Si leur position ou des circonstances hasardeuses ne le permettent pas, alors
tout combattant a soin de la faire en son
particulier, dans les momens qui précèdent
l'action.

Comme la loi impose à tout Mahométan
l'obligation de faire la guerre aux peuples
non-Mahométans, que la religion promet
la couronne du martyre à ceux qui meurent
les armes à la main, et que toutes les guerres
sont envisagées comme des guerres de religion, dont l'objet principal est de défendre
ou de propager l'Islamisme, on sent à quel
point cette idée échauffe l'enthousiasme, n'on-
seulement des militaires, mais encore de toutes les classes de la nation. C'est pour soutenir
cette ardeur et l'enflammer de plus en plus,
que la cour Othomane, à l'exemple des anciens
Khaliphes, a toujours soin de faire marcher

à la suite des armées, les plus enthousiastes, soit des ministres de la religion , soit des *Scheykhs* et *Derwischs* des différens ordres. La veille d'une action, ils passent ordinairement la nuit en prières et en larmes : parcourant ensuite tous les rangs de l'armée , ils exhortent et les officiers et les soldats , par les motifs les plus puissans de la religion , à bien remplir leur devoir , et leur parlent des biens temporels et spirituels promis par le Prophète à tous ceux qui combattent ou meurent pour la défense de la foi. C'est alors qu'ils relèvent cette maxime, non moins politique que religieuse : *Ou la gloire du triomphe , ou la couronne du martyre ; Ya ghazy , ya schehhid :* enfin pendant l'action , les uns chantent divers passages du *Cour'ann ,* mais plus ordinairement celui de *Vedjeahhid'u fi sebil'illah : Combattez dans la voie du Seigneur , etc. ;* et les autres unissant leur voix à celle des combattans , répètent sans cesse le nom de Dieu , *Allah , Allah ,* avec des cris et des hurlemens affreux.

Autrefois , lorsque les Sultans comman-

doient en personne leurs armées , ils étoient
en usage aussi de passer toute la nuit en prières. Quelques-uns même , au moment du combat , se jetoient, au milieu de leur tente, la
face contre terre , et faisoient dans cette attitude, les plus ferventes prières. Voici , selon le
Mouphty historien , celle que fit *Mourad I* , la
nuit qui précéda la fameuse bataille de *Kéoss-
Owa* , ou *Cassovie* en 791 (1389.). » Grand
» Dieu ! s'écrioit-il , les mains élevées vers
» le ciel et les yeux baignés de larmes; Grand
» Dieu ! auteur et conservateur de l'univers ,
» l'appui des humbles et le soutien des foibles,
» assistez-nous dans cette importante rencon-
» tre. Ne permettez pas l'opprobre de mon
» nom , l'avilissement de votre serviteur. Ne
« souffrez pas que les drapeaux Musulmans
« tombent au pouvoir des infidèles : que votre
» sainte grace soit notre guide et notre bou-
» clier : protégez-nous, défendez-nous , assis-
» tez-nous, Grand Dieu ! je vous en conjure
» par tout ce qu'il y a de plus saint et de plus
» sacré , par la splendeur de votre Prophète ,
» par la gloire de l'Islamisme, par le sang des

» martyrs de la fatale journée de *Kerbela*,
» par les larmes de toutes les ames saintes,
» par les sanglots que poussent les fidèles
» dans la voie de votre saint amour, par
» la douleur enfin qu'expriment les cœurs
» contrits et affligés dans le sentier de la péni-
» tence. Soyez donc le défenseur du peuple
» Musulman ; arrêtez le bras de nos ennemis ;
» émoussez leurs armes ; terrassez leurs géné-
» raux et leurs soldats : oubliez nos péchés,
» nos crimes, nos iniquités, pour ne faire
» attention qu'à nos larmes et à nos gémisse-
» mens. Ne permettez pas, ô Dieu des armées,
» la défaite des Musulmans, la ruine des com-
» battans de votre sainte religion. Ne permet-
» tez pas que le fruit de tant d'années de
» travaux, que la gloire de tant d'exploits,
» s'évanouissent en un seul jour ; ne souffrez
» pas que les Etats Musulmans soient foulés
» aux pieds des infidèles ; que l'éclat des mos-
» quées cède à l'obscurité des églises, et que des
» pays éclairés par la lumière de l'Islamisme,
» retombent dans les ténèbres de l'erreur et du
» mensonge. Si une victime vous est néces-

» saire, frappez ma personne, tranchez le fil
» de mes jours, et que mon sang soit un sa-
» crifice agréable dans le glorieux sentier de
» la religion, pour le salut du peuple Musul-
» man ; de ce peuple élu que vous avez comblé
» de vos bienfaits, et que vous devez protéger
» pour l'accomplissement de votre ouvrage,
» et des vues adorables tracées dans vos dé-
» crets éternels. «

En 849 (1445) *Mourad II* fit à-peu-près
la même prière dans la journée de *Dobridjé-
Sahhrassy*, près de *Varna*, journée si funeste
à *Ladislas*, roi de Pologne, et à cette fameuse
confédération qui menaçoit alors la puissance
Othomane. Des *Vézirs*, des *Paschas*, des *Se-
rarskers*, et autres généraux Mahométans, ont
donné, dans ces occasions, les mêmes marques
de piété et de confiance en la protection divine.
On voit dans les annales de l'Empire, qu'au
moment du combat, ils descendoient de cheval, se prosternoient le visage contre terre, faisoient une courte prière, et après avoir imploré
les secours du ciel et du Prophète, remon-
toient à cheval, et marchoient droit à l'ennemi.

Quelques-uns se frottent même la barbe avec de la terre trempée de leurs larmes. D'autres font bénir leurs armes par des *Scheykhs*, ou autres personnages réputés saints, tirent leur sabre, en frappent l'air à droite et à gauche, le présentent trois fois à l'ennemi, le remettent dans le fourreau, et donnent à l'instant même le signal du combat. D'autres enfin se recommandent aux saints auxquels ils ont le plus de dévotion, visitent leurs tombeaux, et se ceignent de leur sabre sur la fosse même, comme un pronostic heureux de leurs succès contre les ennemis de l'Etat.

A la suite d'une victoire, les camps des Mahométans retentissent de ces paroles du *Cour'ann*, *Nassr minn' Allah'i*, *La victoire vient de Dieu*, etc., et de plusieurs hymnes consacrées à ces évènemens. Ces prières, qui répondent en quelque sorte à notre *Te Deum*, se renouvellent ensuite dans toutes les mosquées de l'Empire, et sont presque toujours accompagnées de sacrifices, d'aumônes et d'illuminations publiques, dans la capitale comme dans toutes les grandes villes de la Monarchie.

On doit observer ici qu'en général tous ces actes religieux, soit publics, soit particuliers, qui précèdent, accompagnent et suivent les expéditions militaires, sont l'effet d'une véritable piété, et de la persuasion où sont presque tous les peuples Mahométans, que Dieu seul, d'après ses arrêts éternels, décide du sort des batailles et de la destinée des nations. La valeur du soldat, la confiance avec laquelle il marche contre les ennemis de sa religion, sont soutenues par cette opinion commune, que les armées Musulmanes sont toujours protégées par des légions d'anges, qu'ils appellent *Djounoud'ul-Ghaïb*, *Ridjeal'ul-Ghaib*, *Ridjeal-Ullah*, ou *Ghaïb-Erennler*, c'est-à-dire, les esprits célestes, ou les êtres invisibles. Cette opinion est appuyée, et sur les prétendus miracles du Prophète, qui fut secondé, dit-on, par ces légions célestes, dans les différens combats qu'il livra à ses ennemis, et sur ces paroles du *Cour'ann* : *Ton Dieu* (1) *te soutiendra avec mille anges trans-*

_____

(1) *Yumidrek'um rebbik'um bi elf'i minn' el-melaiketihh'i mussewweminn.*

R iv

figurés ; et ces autres : *Il vous assiste* (1),
il vous renforce avec des légions invisibles.
Tous les docteurs accréditent cette croyance,
et y ajoutent même, que les combattans, sur-
tout lorsqu'ils sont animés par des sentimens
d'une piété sincère, qu'ils ne marchent d'ailleurs qu'à une guerre juste et légitime, et
n'ont d'autre objet que de défendre et de propager l'Islamisme, sont assistés et conduits
par le Prophète lui-même, à la tête de toutes
ces légions célestes.

Lorsque les évènemens de la guerre trom-
pent leurs espérances, lorsqu'ils essuient des
revers, ces docteurs, ainsi que tous les zéla-
teurs du Musulmanisme, ne manquent jamais d'attribuer leurs désastres au courroux
de Dieu et de leur Prophète, en punition des
vices qui déshonorent la nation en général,
et des iniquités qu'elle se permet contre la
religion et les lois. On apperçoit ici et les avantages et les inconvéniens de cette opinion dans
la conduite des affaires publiques, puisqu'elle

---

(1) *Ve eyedik'um bi djeeunoud'i lem le rewehha.*

sert, d'un côté, à diriger le peuple et les milices au gré des circonstances, et de l'autre,
à couvrir bien souvent sous le voile du fatalisme, tout ce qu'il y a de vicieux et de répréhensible dans les projets des ministres comme
dans les opérations des généraux. Nous en
parlerons plus au long dans le corps de l'ouvrage, sur-tout dans le Code Militaire.

CHAPITRE X.

Des Prières à faire dans le Kéabé, Salath f'il-Kéabé.

LE *Kéabé* de la *Mecque* admet indistinctement toutes les prières des fidèles,
sans égard, ni au lieu, ni à la position,
ni à l'heure, ni à la nature du *Namaz*,
soit canonique, soit satisfactoire, soit
surérogatoire.

C. Cette loi est fondée sur l'exemple du
Prophète, qui, le jour de la conquête de
cette cité sainte, fit sa prière à une heure

non canonique , et dans le centre même du *Kéabé*.

V. L'Imam *Schafiy* et l'Imam *Malik* n'y admettent, que les prières surérogatoires ; et d'autres *Imams*, même *Hanefys*, ne permettent absolument aucun *Namaz* dans l'intérieur de ce sanctuaire.

Comme le *Keabé* est le point central du culte Mahométan, et que générale-ment tous les fidèles répandus sur la terre sont dans l'obligation de diriger vers ce lieu saint leurs prières et leurs adorations, le Musulman peut faire le *Namaz*, placé comme bon lui semble , dans cet auguste sanctuaire. Il est même permis de s'y tenir le dos tourné contre celui de l'*Imam;* mais jamais face à face, de peur d'indiquer par cette posture, que la prière s'adresse à l'*Imam* lui-même. Lorsqu'un corps de fidèles s'acquitte du *Namaz* dans le *Kéabé*, ceux qui se trouveroient dans l'enceinte extérieure , seroient toujours censés tenir au même corps, et participer à la même prière : il suffit que les portes en soient ouvertes. Enfin, de tous les lieux du *Keabé*, il n'y a que le toit où il ne soit pas permis au fidèle de faire la prière.

C. D'après la défense du Prophète, les chemins publics, les boucheries, les réservoirs d'immondices, les tombeaux des fidèles, les cabanes des chameaux, et les bains, soit publics, soit particuliers, sont également des lieux interdits pour la prière.

Observations.

Par le détail de ces prérogatives attachées au *Kéabé* de la *Mecque*, on voit qu'il est honoré comme le premier et le plus auguste de tous les temples Mahométans. Cependant, depuis plusieurs siècles, le *Namaz* en commun y est interdit. Ce sont les *Schérifs* de la *Mecque* qui ont fait cette défense avant l'époque de la soumission de cette cité à la maison Othomane. Elle avoit pour motif la religion

même , la sainteté du temple , souvent pro-
fané par les excès que la gradde affluence
du peuple occasionnoit, sur-tout les vendredis
et les deux fêtes de *Beyram*. Depuis ce temps ,
le *Kéabé* fut constamment fermé. Il ne s'ouvre que six fois l'an , trois jours pour les hommes et trois pour les femmes ; encore les uns
et les autres n'y font-ils leurs prières qu'en
particulier, toujours au gré et à la volonté
de chaque individu. Les cinq *Namazs* du jour
se font en commun , dans les quatre stations
établies autour du *Kéabé* , et consacrées ,
comme autant de chapelles différentes à chacun des quatre rits orthodoxes de l'Islamisne.
Nous en parlerons dans le discours qui termine le pélerinage de la *Mecque*.

CHAPITRE XI.

Des différentes Prières de dévotion.

INDÉPENDAMMENT des *Namazs* canoniques , auxquels tout fidèle est absolument tenu , il en est aussi dont il doit

s'acquitter par dévotion, et qui sont à son égard autant d'actes louables et méritoires. Les voici : 1°. Un *Namaz* de deux *rik'aths*, aussitôt que l'on entre dans la mosquée, avant de se ranger en ligne avec les autres fidèles, pour faire en commun celui d'une des cinq heures canoniques. Cette prière a pour objet d'honorer la sainteté du temple de Dieu. 2°. Un *Namaz* de quatre *rik'aths*, entre le lever du soleil et midi, dans la première des quatre parties du jour. 3°. Un de deux, immédiatement après l'ablution, pour remercier Dieu de ce que l'on a recouvré la pureté légale. 4°. Un de deux ou de quatre *rik'aths*, à la suite de la prière canonique de l'après-midi. 5°. Un de six, immédiatement après celle du soir. Et 6°. Un de huit, après la cinquième prière dominicale du jour.

CHAPITRE XII.

Des Prierès Surérogatoires, Salath-
Tetawwû, *ou* Salath-Nafilé.

LES prières surérogatoires sont absolument arbitraires : on peut en faire
et le jour et la nuit, et en autant de
rik'aths que l'on veut, mais en observant
de les faire doubles, et de terminer
chaque second ou quatrième *rik'ath* par
un salut de paix. On doit encore avoir
l'attention d'y faire des pauses, et même
les plus longues possibles, parce que
la récitation de divers chapitres du
Cour'ann, faite debout pendant ces pauses, prévaut en mérites devant Dieu sur
le nombre même des *rik'aths*.

Toute prière de surérogation deve-
nue invalide par une souillure, exige
d'être renouvelée et acquittée par une
prière satisfactoire.

C. C'est qu'il est d'une maxime générale et

constante, que toute prière ou toute œuvre surérogatoire une fois commencée par le fidèle, devient à son égard un acte obligatoire.

V. L'Imam *Schafy* n'admet pas ce principe.

On peut faire des prières surérogatoires sur son séant, ce qui n'est pas permis dans les *Namaz* canoniques ; mais si l'on commence la prière debout, et que l'on s'asseye après, la prière, quoique toujours valide, n'en est pas moins blâmable.

Enfin tout fidèle qui monté à cheval ou sur un chameau, etc. commence une prière surérogatoire, peut la continuer en mettant pied à terre : mais s'il monte à cheval après avoir commencé sa prière debout, il ne peut plus la continuer, il faut qu'il la recommence.

CHAPITRE XIII.

Des Vœux Religieux.

Les vœux qui sont relatifs à la prière, au jeûne ou à toute autre pratique religieuse, demandent un accomplissement exact. S'ils portent sur un jour fixe et indiqué, dans le quel il surviendroit quelque empêchement légitime, le fidèle reste dans l'obligation d'y satisfaire un autre jour.

C. Si donc une femme qui auroit fait vœu de jeûner ou de faire telle prière dans un tel jour, vient à perdre ce jour-là même sa pureté légale par ses infirmités ordinaires, ou par ses couches, elle n'est pas pour cela dégagée de son vœu. Elle est toujours tenue de le remplir dans un autre temps, après le retour de sa pureté légale. L'accomplissement de ce vœu a pour lors le caractère d'un acte satisfactoire.

Mais

Mais si le jour ou l'époque indiquée est un temps interdit par la loi pour tout acte religieux, alors le vœu est réputé nul, et par-là non obligatoire.

C. Comme l'est, par exemple, le vœu que feroit un fidèle de jeûner dans les fêtes de *Beyram*, ou bien celui que feroit la femme de faire telle prière à l'époque de ses couches, etc.; ces temps n'admettent ni l'une ni l'autre de ces pratiques.

CHAPITRE XIV.

Des prosternations auxquelles tout Musulman est tenu, lorsqu'il lit, récite ou entend différens passages du Cour'ann, Sedjoud'ut-telawéth.

Ces prosternations sont relatives à différens passages du *Cour'ann*, qui sont consacrés sous le nom d'*Ayath-sedjhdé*, et consistent en quelques versets de quatorze chapitres de ce saint livre.

C. Ces chapitres sont intitulés *Araf, Râd, Nahhl, Jssrâ, Meryém, Hadjh, Furkann, Némel, Elém-tenzil, Sath, Fussiléth, Nédjm, Jnnschak,* et *Alack* (1).

Le fidèle qui en fait la lecture ou la récitation, est tenu de se prosterner, en signe de componction, d'humilité et d'anéantissement aux yeux de son Créateur. Cette pratique est d'obligation canonique.

V. Selon l'Imam *Schafiy*, elle n'est que d'obligation imitative.

On doit accompagner la prosterna-

---

(1) Ce sont les septième, treizième, seizième, dix-septième, dix-neuvieme, vingt-deuxième, vingt-cinquième, vingt-septieme, trente-deuxième, trente-huitieme, quarante-unieme, cinquante-troisième, quatre-vingt-quatrieme et quatre-vingt-seizième chapitres.

tion de deux *Tekbirs* (1). Le fidèle ne doit la faire qu'en état de pureté légale, et toujours tourné vers le *Kéabé* de la *Mecque*.

Comme la lecture ou la récitation de chacun de ces passages exige une prosternation, le fidèle qui en liroit ou en réciteroit trois, quatre, cinq, etc. seroit tenu à autant de prosternations. Il y est également obligé, s'il récite le même passage en différentes sessions ou en différens lieux. Mais si dans la même session, gardant toujours la même place, il lit ou récite plusieurs fois le même passage, il n'est alors tenu qu'à une seule prosternation.

Le fidèle qui entend lire ou réciter ces passages, soit volontairement, soit involontairement, soit qu'il les com-

---

(1) *Allah'u-ekber*, *Allah'u-ekber*, Dieu très-haut, Dieu très-haut.

prenne ou non, est également tenu aux mêmes prosternations , à moins que ce ne soit une personne encore en minorité, ou une femme en état d'impureté naturelle. Mais au contraire, si ces passages sont lus ou récités par une personne mineure ou impure, par une personne ivre ou endormie, ou par un infidèle même, le Musulman qui les entendroit est toujours obligé à ces prosternations. S'il entend réciter plusieurs de ces versets, ou si pendant que l'on en récite un seul, il se lève et s'assied plusieurs fois, il est également tenu à autant de prosternations, sans avoir égard à l'attitude, au repos ou au mouvement de la personne qui lit ou qui récite ces passages sacrés.

Si au milieu d'un *Namaz* l'*Imam* en récite quelques-uns, les fidèles assistans sont pareillement tenus à cette prosternation, quand même ils n'entendroient ni la voix de l'*Imam*, ni aucun mot de ces passages.

C. C'est que l'*Imam* qui s'en acquitte, impose par-là le même devoir à tous les fidèles assistans, qui sont obligés de se conformer en tout, pendant la prière, au chef spirituel de l'assemblée.

Le fidèle qui, dans la prière, ou hors de la prière, récite les chapitres qui contiennent ces versets, ne doit jamais les omettre dans la vue de se dispenser des prosternations qu'ils exigent; ce seroit un péché grave, même un crime d'infidélité.

Mais si, en récitant l'un de ces versets, il omet le reste du même chapitre, cette omission ne fait pas un péché.

C. Il est cependant louable de commencer par un ou deux des versets qui les précèdent; c'est une disposition préparatoire à tout ce que ces *Ayeths* sacrés ont de grand, d'effrayant, de terrible pour l'esprit humain.

Tous ces versets doivent être lus ou récités à voix basse plutôt qu'à haute voix, afin d'éviter d'être entendus par d'autres fidèles qui, se trouvant par hasard en état d'impureté légale, seroient obligés de recourir aussitôt aux ablutions, pour pouvoir s'acquitter des prosternations requises. Enfin, si, au lieu de lire ou de réciter ces passages, on en épèle seulement les lettres, on n'est pas tenu alors à ces prosternations.

CHAPITRE XV.

Du Cour'ann *à réciter par cœur.*

Il est louable et méritoire pour tout Musulman d'apprendre par cœur le *Cour'ann* en entier.

C. Ceux qui savent ce saint livre, sont

obligés de le réciter tous les quarante jours.
Ils doivent profiter de cet avantage, pour mé-
diter sans cesse sur les grands mystères de la
religion, approfondir de plus en plus les com-
mandemens de Dieu et se perfectionner dans
l'observance de ses lois.

OBSERVATIONS.

Tout l'énoncé de ces cinq derniers chapitres, est observé par les Mahométans avec
la plus scrupuleuse attention. Indépendamment des *Namazs* qui sont d'obligation divine
ou canonique, un grand nombre de citoyens
de tout état et de toute condition, se font encore un devoir de faire, tous les jours, ou
trois ou quatre fois la semaine, des *Namazs*
de dévotion et de surérogation dans les termes prescrits par la loi. Les plus dévots y
ajoutent encore des hymnes, des cantiques,
et le chapelet, qui est ordinairement de quatre-vingt-dix-neuf grains ; ce nombre est analogue à celui des attributs que l'Islamisme
donne à l'Être suprême. Les laïques le tiennent à la main ou dans la poche par pure

dévotion, mais les *Derwischs* le portent à la
ceinture par état, ·selon les règles de leur
institut. Lorsqu'ils prient, le chapelet à la
main, ils ne font communément, les uns et
les autres, que proférer, à chaque grain, le
nom de Dieu ou l'un de ses attributs, *Allah,*
Hou, etc.

Ces actes de dévotion ne se bornent pas à
des prières : plusieurs les accompagnent encore d'aumônes et de jeûnes dans différens
jours de l'année : d'autres visitent les tombeaux de leurs saints, entreprennent même
des voyages pour cet objet, sur·tout celui de
la *Mecque,* où un grand nombre de Mahométans font trois, quatre, et même jusqu'à
cinq pélerinages de surérogation.

Comme dans toutes les prières, sur-tout
dans les cinq *Namazs,* on est obligé de réciter quelques versets du *Cour'ann,* il n'est point
de Mahométan de l'un et l'autre sexe, qui
n'en sache par cœur plusieurs chapitres. Ils ne
récitent ou n'entendent jamais aucun des versets qui exigent des prosternations, sans
s'en acquitter aussitôt avec la plus grande

ferveur. Quelques uns même apprennent par
cœur le *Cour'ann* en entier , et portent alors
le nom distingué de *Hafiz* , qui fignifie, hommes sachans de mémoire. Les ames dévotes,
dans tous les ordres de l'Etat , s'en font un
devoir. Plusieurs des Khaliphes et des Sultans Othomans ont eu également cette ambition. Le Grand Seigneur aujourd'hui régnant
est de ce nombre. Tous ces *Hafizs* en général
sont attentifs à réciter en entier le *Cour'ann*,
une fois les quarante jours , dans l'espoir d'accumuler sur eux des mérites pour cette vie
et pour l'autre. *Ahmed I* avoit coutume de
faire réciter en sa présence , toutes les semaines, la nuit du jeudi au vendredi , différens chapitres de ce livre par douze de ces
Hafizs , tous officiers de sa maison. Enfin,ceux
qui se soumettent à réciter régulièrement chaque jour une partie du *Cour'ann* , joignent
encore au surnom de *Hafiz* celui de *Dewr-
khann* , c'est-à-dire , récitateurs exacts , ou de
tous les jours.

CHAPITRE XVI.

De l'attention du Musulman à ne pas suivre
les pratiques des non-Musulmans.

LES fidèles doivent être attentifs à ne
jamais suivre en rien les pratiques des
infidèles. En conséquence, ils ne doivent célébrer ni le jour de l'équinoxe
du printemps, *Newrouz*, ni celui de
l'équinoxe d'automne, *Mihhr-djeann*. Ils
ne doivent même faire aucun sacrifice,
aucune offrande, aucune aumône, aucun don, aucun présent, en l'honneur
de ces jours équinoxiaux, qui sont en
si grande vénération chez les peuples
ignicoles.

C. Le docteur *Eb'u Houfaz Kébir* est d'avis
que le Musulman qui auroit accumulé sur sa
tête cinquante années de bonnes œuvres , en
perdroit tout le mérite, et se rendroit même
coupable d'infidélité, si , aux équinoxes, il

donnoit un œuf seulement à un pyrolâtre ou à un infidèle, par respect pour ces jours-là. Il appuie son opinion sur cette parole du Prophète : *Celui qui imite un peuple* (1) *et suit ses pratiques , est censé luï appartenir.*

OBSEVRATIONS.

Les dispositions de ce chapitre ont pour objet principal de proscrire l'usage où étoient dans les trois premiers siècles de l'*Hégire* différens peuples Musulmans, de célébrer à l'imitation des anciens Perses, les deux équinoxes, sur-tout celui du printemps , par des feux, des divertissemens publics , des jeux et des présens mutuels. Le Khaliphe *Ahmed III ;* dit *Mœutézid-b'illah ,* abolit, en 282 (895), ces fêtes superstitieuses par un édit rigoureux ; et pour en faciliter l'exécution , il substitua à ces pratiques une espèce de fête civile, appelée de son nom *Newrouz-Mœutézidy ,* et fixée au onze de juillet. De tous les anciens usages, il ne conserva que celui des présens mutuels. Cette fête ne passa pas jusqu'aux Othomans.

_____

(1) *Mén teschbeh'u cawm'enn fehhuwe minh'um.*

La loi, qui défend d'imiter en rien les nations étrangères, n'est relative qu'aux pratiques du culte extérieur ; cela est énoncé d'une
manière encore plus claire et plus précise
dans l'article de l'*Ezann*. Cependant le fanatisme lui donne une plus grande extension : il
y comprend tout ce qui a rapport à l'ordre
moral, civil et politique. De-là ces fausses
opinions qui tyrannisent les Mahométans, et
les éloignent de tout usage étranger à leurs
mœurs, ou, pour mieux dire, de tout ce
qui n'est pas la production du génie, des
arts et de l'industrie des Musulmans. Ces
préjugés arrêtent, d'une part, le développement des maximes et la perfection des dé-
couvertes que la nation a déja adoptées : de
l'autre, ils intimident les esprits sur la recherche de ce que l'Europe chrétienne leur
fourniroit d'utile pour les réformes nécessaires dans les différentes parties du gouver-
ment. Mais les lumières d'un grand homme,
redisons-le encore, soutenues par l'autorité,
armées par le glaive seul de la loi religieuse,
peuvent vaincre ces obstacles, renverser ces

barrières, détruire ces opinions funestes, qui mettent une si grande distance entre les Mahométans et les Européens.

CHAPITRE XVII.

De la Circoncision, Sunneth.

TOUT Musulman doit être circoncis. Cet acte est d'obligation imitative. On peut cependant s'en dispenser en cas de danger ou d'empêchement naturel.

C. Ainsi l'enfant qui seroit mal conformé, ou l'infidèle qui embrasseroit l'Islamisme dans un âge avancé, peut se dispenser de cette opération, qui, d'après l'avis des médecins, pourroit le mettre en danger. L'âge requis n'est pas déterminé par la loi ; cependant le plus convenable , d'après l'opinion de quelques-uns des anciens *Imams* , est celui de sept ans.

OBSERVATIONS.

L'Islamisme, ainsi qu'on l'a vu plus haut dans la cosmogonie, regarde Abraham comme l'instituteur de la circoncision. Cet acte, de pure pratique imitative, fondée sur l'exemple des disciples, et non du Prophète lui-même, que l'on prétend être né circoncis, ne peut être envisagé comme absolument nécessaire pour acquérir le caractère de l'Islamisme. Ainsi tout homme qui n'a pas été circoncis dans son enfance, se dispense sans scrupule de cette opération, sur-tout si elle est jugée dangereuse : mais les médecins, que l'on est obligé de consulter, doivent toujours être nationaux. Ce principe est général pour tous les objets qui concernent le culte religieux, et cela d'après les *Fethwas*, ou décisions légales de divers *Mouphtys*.

Malgré les modifications que présente la loi relative à cette cérémonie, les parens sont très-attentifs à s'en acquitter, sur-tout ceux dont les enfans sont voués à l'état militaire. Ils craindroient de les exposer à être privés

de la sépulture, des lotions et des prières funèbres, si, venant à être tués à la guerre, on
les trouvoit sur le champ de bataille confondus
avec les cadavres des ennemis : on ne les distingue alors de ceux-ci que par la marque de
la circoncision. D'ailleurs les Musulmans non-
circoncis semblent porter une sorte de réprobation aux yeux des autres Musulmans. On
les appele *Aklef*, et dans différentes matières,
soit civiles, soit criminelles, leur témoignage
n'est jamais recevable. C'est ordinairement à
l'âge de sept ans, que l'on fait subir aux enfans cette opération : elle se fait avec le rasoir,
par des hommes exercés et connus sous le nom
de *Sunnethdjys*. La plupart sont des barbiers
publics. La cérémonie a toujours lieu dans
la maison paternelle, entre parens et amis.
L'*Imam* de la mosquée y assiste, récite des
prières et fait des vœux pour la prospérité de
l'enfant et de ceux à qui il appartient. Dans
les familles distinguées, ce jour est une occasion de bienfaisance et de libéralité. On réunit à l'enfant de la maison ceux des personnes
qui y sont attachées, et souvent même ceux

des familles indigentes : tout se fait alors aux frais de la même maison. Pour profiter de ces occasions, les uns retardent et les autres accélèrent l'époque de la cérémonie ; de sorte que l'on voit des enfans de tout âge soumis, dans un même jour, au glaive de la circoncision.

Pendant huit ou dix jours, les parens n'oublient rien auprès des nouveaux circoncis pour faire diversion aux douleurs qu'entraîne cette opération. Parés magnifiquement, le turban garni de fils d'or ou d'argent, et surmonté de panaches ou d'aigrettes, on leur fait visiter parens et amis, on les promène même comme en pompe dans toutes les places publiques. Voyez la planche 20.

L'acte est presque toujours accompagné d'aumônes et d'holocaustes. Les animaux destinés à l'immolation, agneaux, boucs, etc. sont ordinairement décorés de banderolles, de clinquant, de plumes de héron, de colliers, etc., comme ceux que l'on immole dans la fête des sacrifices. On tigre aussi leur peau avec une teinture rouge. Voyez la planche 21.

On

On célèbre cet acte religieux par des banquets et des fêtes domestiques: chez les grands, sur-tout dans les maisons souveraines, on y met l'appareil le plus fastueux. Les Khaliphes et tous les Princes des différentes Dynasties Mahométanes étaloient, dans ces occasions, la plus grande magnificence. Les Sultans Othomans en font de même. Ceux cependant qui s'y distinguèrent le plus , furent *Mahommed II , Suleymann I* et *Mourad III.* Ce dernier prit un an d'avance pour faire les préparatifs de la fête qu'il destinoit à *Mohammed* son fils et son successeur. Ce jeune Prince fut circoncis, en 990 (1582) à l'âge de seize ans. Il est d'usage d'envoyer , en ces occasions, des lettres circulaires aux *Paschas ,* aux Gouverneurs, aux Intendans, aux Magistrats de toutes les provinces et de toutes les grandes villes de l'Empire. Par ces lettres, le Sultan leur fait part de la cérémonie, et les invite à s'y trouver. Ils y assistent en effet par des substituts qui , ce jour-là , les représentent à la Cour, et font en leur nom de riches présens au jeune Prince , en signe d'hommage et de servitude. Nous rapporterons ici la lettre circulaire que *Mourad III* adressa à cette époque aux Grands de son Empire. Elle est digne de remarque par son style et par ses métaphores singulières.

A U P L U S I L L U S T R E, etc.

» Nous vous faisons savoir par cette pièce
» impériale, décorée de notre monogramme,
» *Toughra,* très-noble et très-auguste, qu'é-
» tant d'un devoir sacré et indispensable pour
» le peuple élu, pour le peuple béni, pour
» le peuple Mahométan, mais particulière-
» ment pour les Sultans, les Monarques, les
» Souverains, comme pour les Princes du
» sang de leur auguste maison, de suivre en
» tout les lois et les préceptes de notre saint
» Prophète, le Coryphée de tous les Patriar-
» ches et de tous les Envoyés célestes, et
» d'observer religieusement tout ce qui est
» prescrit dans notre saint livre, où il est dit:
Suis les traces d'Abraham ton Père, de qui
tu tiens le grand nom de Musulman; » Nous
» avons conséquemment résolu d'accomplir

» le précepte relatif à l'acte de circoncision,
» dans la personne du Prince *Mohammed* no-
» tre fils bien aimé; de ce Prince qui, couvert
» des ailes de la grace céleste et de l'assistance
» divine, croît en félicité et en bonne odeur
» dans le glorieux sentier du trône impérial;
» de ce Prince en qui tout respire la noblesse,
» la grandeur et la magnificence; de ce Prince
» qui, honoré du même nom que notre saint
» Prophète, fait l'objet de la plus juste admi-
» ration de notre haute et sublime cour ; de
» ce prince qui est la plus belle des fleurs du
» parterre de l'équité et de la souveraine puis-
» sance ; le rejeton le plus précieux du jardin
» de la grandeur et de la majesté ; la perle
» de nacre la plus fine de la monarchie et de
» la félicité suprême ; l'astre enfin le plus lu-
» mineux du firmament de la sérénité, du
» calme, et du bonhenr public.

» Ainsi l'auguste personne de ce prince, la
» jeune plante de son existence, ayant déja eu
» d'heureux accroissemens dans le potager de
» la virilité et de la force, et le tendre arbris-
» seau de son essence faisant déja un superbe

T ij

» ornement dans la vigne des prospérités et
» des grandeurs, il est nécessaire que le vigne-
» ron de la circoncision porte sa serpe tran-
» chante sur cette plante nouvelle, sur ce
» rosier charmant, et qu'il la dirige vers le
» bouton végétatif qui est le principe des fa-
» cultés reproductives, et le germe des fruits
» précieux et des rejetons fortunés dans le
» grand verger du Khaliphat et de la puis-
» sance suprême.

» Cette auguste cérémonie aura donc lieu,
» sous les auspices de la Providence, le prin-
» temps prochain, au retour d'une saison où
» la nature rajeunie et embellie, offre aux
» yeux des humains les beautés du paradis,
» et nous fait admirer les merveilles du Tout-
» Puissant. C'est à l'exemple de nos glorieux
» ancêtres, qui ont toujours été dans l'usage
» de publier ces solennités dans toute l'étendue
» de l'Empire, d'y convier tous les Grands de
» l'Etat, et généralement tous les officiers
» constitués en charge et en dignités, que
» nous vous expédions le présent ordre su-
» prême, par N. N., pour vous faire les mêmes

» notifications, et pour vous inviter à venir participer à l'honneur et à la joie de cette » fête, qui sera célébrée au milieu des plus » grandes réjouissances. Que l'Être suprême » daigne en bénir le commencement et la » fin, etc.! «

Au rapport de *Petschéwy*, l'un des meilleurs auteurs nationaux, *Mourad III* adressa aussi de ces lettres à différentes cours de l'Europe, nommément à celles de *Vienne* et de *France*, ainsi qu'aux républiques de *Venise* et de *Raguse*. Plusieurs Khaliphes, des Monarques Mahométans, des Sultans même de la maison Othomane, n'ont été circoncis qu'après leur avénement au trône. De ce nombre sont *Ahmed I*, qui étoit dans sa quinzième année le jour de sa proclamation; *Mohammed IV*, qui n'avoit que sept ans lorsqu'il succéda à l'infortuné *Ibrahim I* son père, etc. Rien n'égale la somptuosité et la bizarrerie des fêtes et des réjouissances publiques qui accompagnent ordinairement cette cérémonie : nous en donnerons le détail dans le Code Politique : nous nous bornons ici à l'acte seul de la circoncision.

En Arabie le sexe y est également soumis : l'opération consiste en une foible incision qu'une femme fait avec le rasoir dans les parties naturelles de l'enfant, quelques semaines après sa naissance. Cependant cet acte, pour l'un et l'autre sexe, ne peut, sous aucun rapport, être comparé au baptême. Le jour de la circoncision n'est pas celui où l'on donne un nom au nouveau Musulman. Cette cérémonie se fait dans les premiers quarante jours de la naissance de l'enfant, soit mâle, soit femelle; elle a lieu le plus communément le jour même qu'il est mis au monde. Il est d'usage de laisser écouler les trois premières heures canoniques qui suivent le moment de la naissance. Le père seul, ou à son défaut le tuteur naturel, a le droit de procéder à cet acte, et de donner à l'enfant le nom qu'il lui plaît. Cependant il se fait presque toujours substituer par l'*Imam* de la mosquée. On est d'ailleurs obligé de consulter la mère, et de prendre aussi son avis sur le nom que portera le nouveau-né

Cette cérémonie est très-simple. Du moment

que le nom est donné à l'*Imam*, ce ministre s'approche de l'enfant, et profère les paroles de l'*Ezann* à son oreille droite, et celles de l'*Ikameth* à son oreille gauche. Adressant ensuite la parole à l'enfant même, *N.* lui dit-il, *est ton nom*. Les deux annonces canoniques tiennent lieu de profession de foi, et sont comme une exhortation à l'enfant d'être toujours fidèle à sa croyance, et attentif à la prière comme à tous les autres devoirs de la religion. Elles se rapportent aussi, par anticipation, à la prière funèbre réservée à l'époque de sa mort. C'est par cette raison que l'on ne récite jamais les paroles de ces deux annonces dans aucune prière funèbre : elles sont censées avoir été faites à l'époque de la naissance de tout Musulman de l'un et l'autre sexe. Enfin ni la nomination de l'enfant, ni sa circoncision, n'exigent point de parrains comme dans les actes matrimoniaux.

CHAPITRE XVIII.

Des Prières pour les Agonisans et les Morts.

Un fidèle agonisant, prêt à recevoir la visite de l'ange de la mort, *Melek'ul-mewth*, doit être couché sur son dos, le côté droit tourné vers le *Kéabé* de la *Mecque;* c'est aussi dans cette position qu'il doit être enseveli. Les assistans doivent lui lire le *Suré-y-yassinn* (1), et réciter la confession de foi, *Telkinn*, sans exiger du mourant qu'il la récite avec eux, dans la crainte de le porter, en ces momens d'angoisses, à des mouvemens d'impatience qui pourroient effacer en lui le caractère de l'Islamisme. Il suffit que le malade s'unisse à eux d'intention.

C. Cette récitation met le sceau au salut

_____

(1) C'est le trente-sixième chapitre du *Cour'ann.*

éternel, selon cet oracle du Prophète : » Ce-
» lui (1) dont ces paroles, *La Illahhy il' Allah*
» (*Il n'y a point de Dieu sinon Dieu*) , sont
» les dernières que sa bouche profère, a cer-
» tainement le Paradis pour partage. « Les
dernières que le Prophète prononça, furent
celles-ci : » *Seigneur , fais - moi miséri-*
corde (2) , *et place-moi au rang de ceux que*
tu as élevés en grace et en faveur. «

Aucune femme, en état d'impureté
naturelle, ne doit s'approcher d'un
homme agonisant; on ne doit respirer
dans son appartement que des aromates et des parfums; il faut lui poser un
sabre sur le ventre, tenir ses jambes
tendues, et au moment qu'il expire,
lui fermer les yeux et lui lier le men-
ton et la barbe.

C. C'est à l'imitation de ce qui a été pratiqué

_____

(1) *Ménn keané akhir ul-kelam la ilahy il'allah dakhel*
'el-djennéth.

(2) *Reb aghferly v'el hakny b'ir-refik 'il-âla.*

par le Prophète , à l'égard d'*Eby-Sélémé* , son disciple chéri.

On ne doit pas différer la sépulture d'un fidèle décédé.

C. Et cela en vertu de ces paroles divines : *Hâtez-vous* (1) *d'inhumer vos morts , pour qu'ils puissent jouir aussitôt de la béatitude éternelle , s'ils sont décédés dans la vertu et dans l'élection ; et qu'au contraire , s'ils sont morts dans le vice et dans la réprobation , vous écartiez loin de vous des ames condamnées au feu de l'enfer.*

Les obsèques d'un fidèle se réduisent, 1°. à la lotion funéraire, 2°. aux linceuls, 3°. à la prière funèbre, et 4°. à la sépulture.

C. Ces pratiques sont fondées sur l'exemple même du premier père des hommes , d'après le témoignage de notre saint Prophète. C'est

_____

(1) *Aadjelou mewtakum fe enn yek khayr'enn mutemewehou iléyhh ve ennyek scherr'enn fe beud'enn li ehhel' in-nar.*

de lui que nous tenons, qu'*Adam* agonisant,
eut la visite d'une légion d'anges, qui appor-
tèrent du ciel des aromates et un linceul d'une
seule pièce, dont ils l'enveloppèrent à sa
mort, après l'avoir lavé trois fois avec de
l'eau et des feuilles de *sidir*. L'ange *Gabriel*
fit ensuite, pour le repos de son ame, la
prière funèbre dans le *Kéabé* même.

ARTICLE Ier. *De la Lotion funéraire,*
Ghassl-djénazé.

La lotion funéraire consiste à laver le
cadavre en entier, soit homme, soit
femme, soit enfant.

C. Cette pratique est, comme la prière funèbre, d'une obligation divine. Elle est fondée sur
l'un des préceptes généraux, *Farz-Kifayéth,*
qui sont imposés à toute la société des fidèles; de sorte qu'à la mort d'un Musulman,
si l'on ne remplit pas à son égard les devoirs
de la lotion et de la prière funèbre, tout le
corps des fidèles est censé participer aux peines spirituelles attachées à la transgression

de la sainte loi. Elle fait d'ailleurs l'un des principaux devoirs de société recommandés par le Prophète à ses disciples, savoir : de se saluer affectueusement lorsqu'on se rencontre ; d'agréer mutuellement les invitations les uns des autres ; de ne pas refuser ses conseils à ceux qui les demandent ; de saluer celui qui éternue par ce mot : *Dieu* (1) *te fasse miséricorde*, de visiter les malades, de laver les morts et d'assister à leurs funérailles.

Pour cet effet, le corps doit être nu, hors les parties naturelles, depuis le nombril jusqu'aux genoux : cette loi de pudeur, qui est la même pour les morts comme pour les vivans, exige que les hommes soient lavés par les hommes, et les femmes par les femmes.

V. L'Imam *Schafiy* exige que les morts soient lavés dans leur chemise même, à l'exemple de ce qui a été observé envers le Prophète. Mais nos Imams *Hanefis*

_____

(1) *Yerhham' ek' Allah'u.*

n'admettent pas cette pratique : ils croient qu'elle étoit réservée au Prophète , comme ayant été ordonnée, par une voix céleste , à ses disciples , dans un sommeil mystérieux , au milieu des incertitudes où ils étoient sur le dispositif de cette lotion funéraire à l'égard de leur maître.

La lotion funéraire n'exige le lavement ni de la bouche, ni des narines, comme l'ablution qui regarde les vivans.

V. L'Imam *Schafy* prescrit l'une et l'autre pratique.

Cette lotion doit se faire avec une décoction d'aromates *sidir* et *hurd ;* à leur défaut on peut se servir d'eau pure. La tête et la barbe du mort doivent être lavées avec des fleurs de *Khitmy* , ou avec du savon. On doit commencer par le côté droit, en appuyant le corps sur le côté gauche ; laver ensuite le côté gauche en tournant le corps du côté droit ; après cela, coucher le mort sur son dos, pour lui frotter le bas-ventre d'une main douce et légère.

C. *Aly* s'acquitta lui-même de ce devoir envers le Prophète ; et comme il ne sortoit de son corps aucune mal-propreté , *vif* (1) *ou mort , s'écria-t-il , il fut toujours net et pur.*

A la suite de cette lotion , il faut bien essuyer le corps avec un linge propre, pour qu'il n'y reste aucune humidité. On doit enfin couvrir d'aromates , *Hounouth*, la tête et la barbe, et frotter de camphre les huit parties du corps qui participent essentiellement à la prière , *Namaz*.

C. Savoir, le front, le nez , les deux mains, les deux pieds et le deux genoux, lesquels, sanctifiés par la prière , attendu qu'ils touchent la terre dans les prosternations du *Namaz ,* exigent cette onction pour les préserver des vers , et en retarder la corruption.

---

(1) *Tayib haï'enn ve meuth'enn.*

Il n'est pas nécessaire de peigner les cheveux et la barbe, ni de couper les ongles et le poil à aucun corps mort.

V. L'Imam *Schafiy* l'exige.

La circoncision n'est pas non plus nécessaire; cet acte est pour les vivans, en non pour les morts.

A R T I C L E 2. *Des Linceuls,* Tekfinn.

Immédiatement après la lotion funéraire, il faut procéder à l'enveloppement du corps : il est de deux espèces pour les deux sexes. L'un est l'enveloppement imitatif, *Sueneth-kefnn ;* l'autre est l'enveloppement suffisant, *Kefayeth-kefnn.*

Le premier consiste, pour les hommes, en trois pièces ; une chemise, *Camiss,* un grand voile, *Izar,* et un sous-voile , *Lifafé.* La chemise doit couvrir le corps depuis les épaules jusqu'aux genoux; les voiles, depuis la tête jusqu'aux pieds. A l'égard des femmes, il consiste en cinq pièces: une chemise, *Der'y ;* un voile pour couvrir le sein, *Khirca;* un autre pour couvrir la tête, *Khimar;* le grand voile, *Izar,* et le sous-voile, *Lifafé,* pour envelopper tout le corps depuis la tête jusqu'aux pieds.

Le second consiste, pour les hommes, dans les deux grands voiles; pour les femmes, dans les trois dernières pièces, *Khimar, Izar* et *Lifafé.* On ne doit jamais en employer moins, hors les cas d'impossibilité de s'en pourvoir à temps : alors une seule pièce seroit suffisante. Il ne faut point de turban à l'homme mort.

C. Cela ne peut être permis qu'aux *Oulémas ,* comme docteurs de la loi.

La

La femme doit avoir ses cheveux sur son sein, par-dessus la chemise, et séparés en deux flocons.

Les linceuls, soit des hommes, soit des femmes, doivent être noués par les deux bouts, à moins qu'ils ne soient assez larges pour couvrir et envelopper tout le corps. Ils doivent être de toile, ou d'une étoffe dont l'usage soit permis aux vivans, mais toujours blancs, jamais d'aucune autre couleur, et constamment d'une seule pièce.

Avant d'envelopper le corps, il est nécessaire de parfumer les linceuls, et la bière destinée à le recevoir, ou une fois, ou trois, ou cinq, ou sépt, toujours à un nombre impair.

C. Nombre agréable à la divinité, selon cette parole du Prophète : *Certes* (1) *Dieu étant unique, impair, aime l'unité, l'imparité.*

(1) *Inn' Allah'i witr youhibbé witr.*

Tout fidèle décédé ne doit proprement être parfumé que trois fois ; au moment qu'il expire, au moment qui suit la lotion funéraire, et à celui de son enveloppement.

Ses funérailles, sa sépulture même, ne demandent point de parfum.

C. Cette défense, comme celle de suivre le corps avec des pleurs et des sanglots, sont fondées sur ces paroles sacrées (1) : *Ne suivez pas le mort, ni avec des pleurs , ni avec du feu.*

A r t i c l e 3. *De la Prière funèbre,* Salath' ul-djenazé

Après avoir enveloppé et mis le corps dans la bière, on doit procéder à la prière funèbre. Elle n'a lieu que pour les Musulmans, et jamais pour aucun infidèle.

C. Cette loi est fondée sur cette parole divine : *Ne priez pour aucun de ces morts* (2)

---

(1) *La tétébéou'l-djenazé bi sawt'inn ve la nar'inn.*

(2) *Ve la tessalli ala ahhad minhum maté ebca'enn vé la tekamé ala kabréhu ennehimme keferu b'illah'i ve ressoul'ihi.*

dont la mort est éternelle , et ne mettez pas
le pied sur la tombe de ces hommes infidèles
envers Dieu et son Prophète.

Cette prière ne doit jamais avoir lieu qu'après la lotion funéraire, la pureté légale et corporelle étant aussi nécessaire dans la personne du mort, que dans celle des fidèles qui s'assemblent pour remplir ce devoir religieux. On doit s'en acquitter sous l'*Imameth* du Sultan, en sa qualité d'*Imam* suprême. A son défaut, ce droit appartient au *Cady*, comme magistrat; après lui à l'*Imam'ul-haïh* (le curé), ensuite au tuteur naturel du mort, ou à son plus proche héritier, le père devant toujours avoir la préférence sur le fils. Nul autre ne peut, dans cette prière, remplir l'office de l'*Imameth*, sans la permission expresse du tuteur naturel, qui, dans ce cas, seroit le maître d'exercer son droit par la répétition de la même prière. Si tout autre s'en acquitte après lui, sa prière ne peut qu'être surérogatoire, à moins que ce ne soit le Sultan lui-même, vu l'excellence et la supériorité de ses droits.

Le corps doit être placé à la tête de l'assemblée, et l'*Imam* doit se tenir devant la poitrine du mort, comme étant le siége du cœur et des lumières de la foi, *Nour-imann*.

Si un fidèle est enseveli sans cette prière, on peut alors s'en acquitter sur sa tombe même; mais elle ne doit jamais avoir lieu que dans les trois premiers jours de sa sépulture, avant la corruption du cadavre et la dissolution de ses membres.

Cette prière funèbre consiste en quatre *Tekbirs* (1), qui répondent aux

_____

(1) *Allah'u ekber*, Dieu très-haut, etc.

quatre *rik'aths* de la prière de midi. Le premier doit être suivi du *Séna* ; le second du *Salawath* (1) ; le troisième de l'oraison consacrée pour les morts.

C. La voici : » O mon Dieu ! faites miséri-
» corde aux vivans et aux morts, aux présens
» et aux absens, aux petits et aux grands, aux
» mâles et aux femelles d'entre nous. O mon
» Dieu ! faites vivre dans l'Islamisme ceux
» d'entre nous à qui vous avez donné la vie,
» et faites mourir dans la foi ceux d'entre
» nous à qui vous avez donné la mort. Distin-
» guez ce mort par la grace du repos et de la
» tranquillité, par la grace de votre miséri-
» corde et de votre satisfaction divine. O mon
» Dieu ! ajoutez à sa bonté s'il est du nombre
» des bons, et pardonnez sa méchanceté s'il est
» du nombre des méchans. Accordez-lui paix,
» salut, accès et demeure auprès de votre
» trône éternel : sauvez-le des tourmens de la
» tombe et des feux de l'éternité : accordez-

---

(1) Voyez le *Séna* et le *Salawath*, dans la prière dominicale, chapitre IV, art. 3.

» lui le séjour du Paradis en la compagnie
» des ames bienheureuses. O mon Dieu ! con-
» vertissez son tombeau en un lieu de délices
» égales à celles du Paradis, et non en fosse
» de souffrances semblables à celles de l'en-
» fer. Faites-lui miséricorde, ô le plus misé-
» cordieux des êtres miséricordieux ! «

Cette oraison est la même pour les deux
sexes, mais elle diffère pour les enfans et
les insensés, attendu leur innocence et la
certitude de leur béatification. Voici la prière
qui les concerne. » O mon Dieu ! que cet en-
» fant soit le précurseur de notre passage à
» la vie éternelle : ô mon Dieu ! que cet inno-
» cent soit le gage de notre fidélité et de votre
» récompense céleste, comme aussi notre in-
» tercesseur auprès de votre clémence divine ! «

Le quatrième *Tekbir* doit se terminer
par un salut de paix à droite et à gauche, avec une légère inclination de
tête.

Il ne faut point de chant, ni la récitation de l'introït *Fatihha*, et l'*Imam* ne

doit hausser les mains que dans le premier *Tekbir.*

V. L'Imam *Schafiy* admet le *Fatihha* au commencement de la prière, et le haussement des mains dans les quatre *Tekbirs* également.

Il ne faut jamais porter le corps à la mosquée, ni faire la prière funèbre dans le temple du Seigneur, qui est pour les vivans, et non pour les morts.

V. L'Imam *Schafiy* permet l'un et l'autre, en s'appuyant de l'exemple d'*Aische*, qui avoit fait porter le corps de *Sâd-Ibn-Wekass* à la mosquée, où elle fit elle-même la prière funèbre avec les autres veuves du Prophète. Mais cette action, hautement censurée par tous les fidèles de ce temps, fut également blâmée par tous les Imams *Hanefys*, qui, sur ce point, s'en tiennent à cette parole du Prophète : *Celui qui prie* (1) *dans la mosquée pour les morts, n'a aucun mérite.*

Cette prière, ni la lotion funéraire, ne doivent jamais avoir lieu pour une partie du cadavre, à moins que la tête

_____

(1) *Ménn sally âla djenazé f'il-mesdjid fela edjerlohu.*

ne soit avec la moitié du corps, ou au défaut de la tête, la majeure partie du corps.

V. L'Imam *Schafiy* admet et la lotion et la prière funèbre pour une partie du corps moindre que la moitié.

Elle ne doit pas non plus avoir lieu pour un mort dont le corps n'est pas présent;

V. L'Imam *Schafiy* l'admet.

Ni pour un enfant mort-né.

C. A moins qu'il n'ait donné, au moment de la naissance, quelque signe de vie.

Cette prière est cependant admise pour l'enfant né dans l'infidélité, de père et de mère non-Musulmans, et mort en bas-âge, après que le père et la mère, ou l'un des deux, auroient embrassé le Musulmanisme.

C. C'est que l'enfant est pour lors réputé Musulman, d'après cette maxime constante établie par le Prophète : que tout (1) enfant encore mineur, est censé suivre la foi de celui du père ou de la mère dont la condition est la plus heureuse, c'est-à-dire , la plus distinguée en fait de religion.

ARTICLE 4. *De la Sépulture ,* Défnn.

Le corps doit être porté pour le moins par quatre hommes.

C. Il est louable et méritoire que tous les fidèles assistans qui forment le convoi, le portent alternativement, et cela d'après cette parole du Prophète : *Celui* (1) *qui porte un corps mort l'espace de quarante pas , se procure l'expiation d'un grand péché.*

Chacun doit le porter successivement des quatre côtés de la bière, en commençant toujours par l'épaule droite du mort. Il doit ensuite passer

---

(1) *El'weled'u yetbâ khaïr 'ul ebeweïnn din'énn.*

(2) *Ménn hamélé djenaƭeťh erbâinn khaiweth keffereth ann'hou kebiréth.*

à l'épaule gauche, de là au pied droit, et enfin au pied gauche.

C. Le fidèle qui porte un mort, et passe ainsi successivement aux quatre côtés de la bière, s'il fait chaque fois quarante pas, expie quarante péchés.

Le corps doit toujours être porté en hâte, en diligence, à pas précipités.

C. Et cela en vertu de cette parole du Prophète : *S'il* (1) *est du nombre des élus, il est bon de le faire parvenir en diligence à sa destination ; et s'il est du nombre des réprouvés, il est également bon de vous en décharger.*

Il ne faut point de chant ni aucune prière à haute voix ; chacun peut prier en son particulier, à voix basse. Dans le convoi, il est plus louable et plus

_____

(1) *Fe enn yékiuné khaïr 'enn adjeletemeuwehou ve enn yékiuné scherr'enn vazâtemewehou ann rekabik'um.*

méritoire de suivre la bière que de la précéder.

C. C'est à l'imitation même du Prophète, qui, dans les obsèques de *Sâd-Ibn-Méâz,* marcha toujours après le corps.

V. L'Imam *Schafiy* est d'opinion qu'il est mieux de précéder que de suivre la bière.

Il est également méritoire d'accompagner le corps à pied plutôt qu'à cheval. Tout doit se passer dans un silence religieux, le visage triste et morne, mais sans pleurs, sans gémissemens, sans lamentations. On ne doit point admettre en ces cérémonies l'usage impie de se frapper la tête ou le visage, et de déchirer ses vêtemens. On ne doit pas non plus permettre qu'aucune femme soit du convoi.

Le corps déposé à terre, doit être mis sur le champ dans la fosse, le visage tourné vers le *Keabé* de la *Mecque.* On doit y procéder en proférant ces paroles : *Au nom de Dieu* (1), *et au nom du peuple soumis au Prophète de Dieu.*

Dans l'inhumation des femmes , il faut voiler la fosse tout autour, pour ne rien exposer aux regards des assistans.

Personne ne doit s'asseoir que le corps n'ait été inhumé, et la fosse comblée, toujours de mottes de terre ou de roseaux , jamais de bois ni de briques ; elle doit même s'élever d'une palme, en forme de dos de chameau, *Tessnim.*

V. L'Imam *Schafiy* exige qu'elle soit au niveau de la terre.

On ne doit jamais élever sur les tombes, des mausolées, ni en bois , ni en chaux, ni en briques, ni en marbre.

C. Ces monumens , érigés dans l'esprit d'une vaine gloire et d'une immortalité mondaine , ne sont pas compatibles avec la nature du

_____

(1) *B'issm'illahi ve âla milleth ressoul'ullah*

tombeau , qui est tout à-la-fois l'asyle des morts , le symbole et le terme de la fragilité de la vie.

La même tombe ne doit pas réunir deux corps, à moins de nécessité : dans ce cas même, il faut les séparer par une couche de terre.

On ne doit jamais exhumer un corps, à moins que le lieu de la sépulture ne soit une terre , ou usurpée , ou aliénée, ou réclamée par retrait vicinal, *Schuf-à* ; on ne doit pas même ouvrir une fosse, à moins qu'il ne soit question de remplacer les linceuls qui auroient été volés, ou que l'on n'ait oublié quelque effet, quelque habit, quelque argent, etc. Si des voleurs ont l'impiété d'exhumer un mort pour enlever les linceuls, ses héritiers sont obligés d'y pourvoir de nouveau à l'instant même.

C. C'est-a-dire , si le corps est encore frais,

mais non en cas de corruption et de dissolution de ses membres.

On ne doit jamais marcher sur un
tombeau, ni s'y asseoir, ni s'y endor-
mir, ni y faire aucun des cinq *Namazs*
du jour.

Si une femme chrétienne meurt enceinte d'un enfant qu'elle auroit eu d'un
Musulman, elle peut être enterrée dans
les cimetières des fidèles, son fœtus
étant réputé Musulman.

V. L'Imam *Mohammed* n'est pas de cette opinion.

Il n'est jamais permis d'ouvrir un
cadavre, quand même le mort auroit
avalé la perle la plus précieuse, et qui
ne lui appartiendroit pas. Ce procédé
ne peut avoir lieu que dans le cas d'une
femme morte enceinte, et dont l'enfant donneroit quelque signe de vie : il
faut alors que l'opération se fasse au
ventre, et du côté gauche.

Tout fidèle mort dans un navire, en pleine mer, exige la même lotion funéraire, les mêmes linceuls, et la même prière; après quoi on peut jeter le corps dans la mer, le déposer au milieu de l'océan.

ARTICLE 5. *Des obsèques des Martyrs*, Schéhhid.

Les Martyrs sont ceux des fidèles qui ne meurent pas de mort naturelle, mais qui la reçoivent de la main d'autrui.

C. Ils sont distingués sous le nom de *Schéhhid* (présens), parce que des légions d'anges sont présentes à leur mort, et qu'eux-mêmes sont aussi regardés, au moment qu'ils expirent, comme présens dans le Paradis, et devant le trône de l'Eternel.

Il en est de deux sortes : les uns sont les Martyrs militaires, les autres les Martyrs civils.

C. Les premiers sont les combattans morts

à la guerre, dans la voie (1) du Seigneur, pour la défense de la religion et de l'Etat. Les seconds sont les fidèles qui perdent la vie par la main, ou d'un rebelle, ou d'un brigand, ou d'un citoyen, quel que soit au reste, pour les uns et les autres, le genre de leur mort, soit par le fer, soit par le feu, soit par l'eau, etc.

Le véritable Martyr militaire est celui qui, au milieu même de l'action, tombe mort sur le champ de bataille, ou qui ne survit que quelques instans à ses blessures, sans avoir ni la force, ni l'esprit, ni la volonté de s'occuper d'aucun objet temporel et mondain.

C. Si donc un fidèle, blessé à la guerre, mange ou boit, s'il se permet le moindre trafic pour acheter ou vendre quelque chose, s'il fait la moindre disposition testamentaire, s'il vit au-delà de la moitié d'un jour, s'il est transporté encore vivant dans sa tente, il n'est plus

_____

(1) *Maktoul fi sebil 'illah.*

censé

censé Martyr aux yeux des hommes, mais seulement aux yeux de la Divinité.

Le Musulman trouvé mort au milieu du champ de bataille, est également regardé comme Martyr.

C. C'est-à-dire, s'il a quelque blessure sur le corps, ou s'il se trouve noyé dans son sang ; mais il faut que ce sang vienne des yeux ou des oreilles, ce qui seroit l'effet des coups reçus à la tête. Il ne peut pas être regardé comme Martyr, si le sang provient du nez ou des parties inférieures du corps, parce qu'il pourroit être l'effet d'une hémorrhagie accidentelle, etc.

Les funérailles d'un Martyr doivent être différentes de celles des fidèles décédés de mort naturelle. Un Martyr n'a besoin ni de lotion funéraire, ni de linceuls : le sang dont il est couvert, lui tient lieu de lotion et de purification légale ; et c'est dans son habit même qu'il fant l'envelopper, et lui donner la sépulture, toujours à la suite de la prière funèbre.

C. Et cela en vertu de cette parole du Prophète : *Inhumez-les* (1) *comme ils sont, avec leur habit, leurs blessures, leur sang ; ne les lavez pas :* et de cette autre : *Ne les lavez pas* (2)*, car toute blessure en eux sentira le musc au jour du jugement.*

V. L'Imam *Schafy* porte la dispense jusqu'à la prière funèbre, attendu la certitude de leur félicité.

Il faut cependant leur ôter les pelisses, les habits cotonnés, les bottes et les armes.

V. L'Imam *Schafy* s'en tient à la lettre du texte, et ne permet pas qu'on leur ôte rien.

Si un Martyr est mort atteint de quelque souillure majeure, ou si c'est

_____

(1) *Zemmeluhum bi kelumihhim ve demaihhim ve la taghselouhum.*

(2) *La taghselouhum fe enn kull'u djearhh misskenn yewm 'ul-kiyameth.*

un enfant encore mineur, ou un insensé, ou une femme morte dans ses
jours d'impureté naturelle ; alors les
purifications sont nécessaires, non pas
dans la forme d'une lotion funéraire,
mais dans l'esprit d'une lotion ordinaire, *Ghoussl*, telle qu'elle est prescrite
aux fidèles vivans , lorsqu'ils sont en
état d'impureté.

V. Les *Imaméinns* n'admettent dans aucun cas cette
lotion, qu'ils envisagent comme absolument inutile.

Le Martyr civil est celui qui meurt
victime innocente de la méchanceté de
son meurtrier. Le coupable légalement
mis à mort, le criminel exécuté par
autorité de justice, ne peut jamais être
regardé comme Martyr.

C. Les voleurs de grand chemin, les rebelles, les séditieux, qui ont été mis à mort,
loin d'être regardés comme martyrs, doivent
même être privés de la prière funèbre, parce
que tout criminel public est envisagé comme

exclu du corps de la société des fidèles. C'est
que les délits et les attentats publics surpas-
sent en énormité les crimes particuliers et per-
sonnels, comme sont, par exemple, ceux que
commettent les assassins, les adultères, les
suicides même, auxquels la loi cependant ne
laisse pas d'accorder la prière funèbre, avec
toutes les autres pratiques relatives aux obsèques des fidèles.

V. L'Imam *Ebu-Youssouph* n'accorde pas au suicide
la prière funèbre, pas même la lotion funéraire.

On peut aussi ranger dans cette
classe des Martyrs civils, quoique dans
un degré inférieur, les fidèles morts,
ou de peste, ou de dysenterie, ainsi
que ceux qui périssent en mer, ou
sous les ruines d'un édifice.

C. Tous les Martyrs, militaires ou civils,
sont censés incorporés dans la légion des
fidèles tués dans la funeste journée d'*Uhud.*
Le sort de ces premiers Martyrs de l'Islamisme a été prédit par le Prophète, qui, se
trouvant un jour avec *Ebu-Békir*, *Omer*,

Osman, Aly, Talha, et Zubéyr, sur la montagne d'*Uhud* tremblante sous ses pieds : *Arrête,* lui dit-il (1), *ô Uhud! car tu portes le Prophète de Dieu, le disciple certificateur (Ebu-Békir), et des martyrs.* L'événement vérifia cette prédiction, puisque tous ces disciples, excepté le seul *Ebu-Békir,* reçurent depuis la couronne du martyre.

OBSERVATIONS.

Ces lois funéraires s'observent avec l'attention la plus scrupuleuse chez tous les peuples Mahométans. Ce sont toujours les mêmes lotions, les mêmes enveloppes, les mêmes parfums, les mêmes prières, la même célérité dans l'inhumation.

Malgré le silence des anciens *Imams* sur les personnes qui ont droit à la lotion mortuaire, tous les docteurs modernes sont d'opinion qu'il appartient, comme celui de la prière funèbre, au Sultan, en sa qualité

---

(1) *Esskenn ya uhud éhed fema aleïké illa neby ve siddik ve schehhid.*

d'*Imam* suprême; après lui, c'est aux magistrats, aux *Mollas*, *Cadys* et *Naïbs*, à l'exercer ; ensuite au tuteur naturel du mort, au
père, au fils ou à son plus proche parent. Ce
n'est qu'au défaut de ceux-ci, que ce droit
est dévolu aux *Imams-Khatibs*, droit qu'ils
sont censés transmettre aux curés, *Imam'ul-
haïhs*. Ces derniers s'en acquittent ordinairement par eux-mêmes, ou par les *Muezzinns*
et les *Caïyims* de la même mosquée. A l'égard
du sexe, ce devoir est toujours rempli par des
femmes, qui y sont spécialement préposées
sous le nom de *Ghassalé*, c'est-à-dire, *laveuse*.
Cependant, dans les cas d'absolue nécessité,
s'il s'agissoit, par exemple, d'une femme
morte à bord d'un navire, etc., il est permis
à l'homme de faire ces lustrations; mais alors
les plus proches parens, *Mahréms*, ont seuls
le droit d'exercer cet acte religieux, le fils
étant même préféré au mari, ce qui est ex-
pressément statué et détaillé dans la collection
des *Féthwas* du *Mouphty Behdjé Abd'ullah
Efendy*.

Selon l'historien *Admed Efendy*, le corps

de *Mohammed* fut lavé par ses parens et ses principaux disciples, *Aly*, *Abas*, *Fazl*, *Cassém*, *Ussamé*, *Schakrann*, etc. Celui d'*Ebu-Békir*, par sa femme *Essma*. Presque tous les Khaliphes ses successeurs reçurent ces lotions par les plus proches de leur famille. Cependant les Sultans Othomans, et tous les Princes de leur maison, ne sont ordinairement lavés, à leur mort, que par les *Hunnkear-Imamys*, qui sont les aumôniers du Sérail.

Aucun Musulman n'est inhumé sans ces lustrations. Les fastes du Mahométisme n'offrent qu'un seul exemple du contraire, dans la fille même du Prophète. *Fathima*, femme d'*Aly*, qui ne survécut que six mois à son père, ordonna, en mourant, de n'employer à son égard ni les lotions funéraires, ni les linceuls; de ne pas découvrir son corps, et de l'enterrer avec ses habits : ces dispositions furent respectées.

La prière funèbre qui suit les lustrations diffère du *Namaz* ordinaire; en ce qu'elle n'exige ni inclinations, ni prosternations, ni

même les annonces *Ezann* et *Ikameth*, qui,
comme on l'a déja dit, sont censées acquit-
tées à l'époque de la naissance du mort, dans
la cérémonie de l'imposition de nom. Cette
prière se fait dans la maison du défunt, soit
homme, soit femme.; par les parens et les
amis, toujours sous la présidence de l'*Imam*
de la paroisse. A l'égard des souverains, il
étoit anciennement d'un usage assez général,
sur-tout parmi les Khaliphes, que le nouveau
Monarque s'acquittât de ce devoir religieux
envers le Prince auquel il succédoit. C'étoit
à l'imitation d'*Omer*, qui, à la mort d'*Ebu-
Békir*, fit la prière funèbre à la tête de toute
la maison de ce premier des Khaliphes. Chez
les Sultans Othomans, c'est ordinairement
l'*Imam-Ewel*, premier aumônier du Sérail,
ou bien le *Mouphty* lui-même, ou, à leur défaut, le *Scheykh* de *Sainte Sophie*, qui remplit cette fonction à la tête des principaux
Oulémas et des premiers officiers de la cour.
Le *Scheykh* de *Sainte Sophie*, que l'on regarde comme le doyen de tous les ministres
de la religion, a encore le droit d'exercer cet

office , et même celui des lustrations, à la mort du *Mouphty* et du *Grand Vézir*, comme étant les deux vicaires et les représentans du Souverain, l'un pour le spirituel, l'autre pour le temporel.

Dans toutes les classes de la nation, les obsèques se font toujours avec autant de simplicité que de précipitation. Cette loi fut établie d'après l'exemple du Prophète, qui, selon ses dispositions testamentaires, fut inhumé sans pompe et sans faste quelques heures après son décès. Ainsi, le jour de la mort d'un Mahométan est aussi celui de sa sépulture, quels que soient son sexe, son état et sa condition. On ne peut sans doute attribuer qu'à la chaleur du climat, ce dangereux empressement. Il n'est pàs douteux que l'humanité ne soit quelquefois victime de cet usage , uniforme dans toutes les saisons comme dans toutes les régions Mahométanes. On n'y déroge que dans des cas extraordinaires, et seulement pour les Souverains ou pour les personnes du plus haut rang. Le Khaliphe *Osman I* ne fut inhumé que le troisième jour de sa mort, et dans le plus grand secret, afin de dérober son corps aux fureurs du parti qui avoit attenté à ses jours. Tous les Souverains, tous les Sultans morts à la guerre, ou hors de leur capitale, y ont été transférés et inhumés plusieurs jours après leur décès.

La célérité prescrite pour la marche du convoi funèbre, n'est pas moins religieusement observée que celle des obsèques : on porte toujours les morts à pas redoublés. Les parens et les amis sont les seuls qui se chargent de la bière, quatre, six ou huit à la fois, en se relevant successivement. Ce sont les derniers honneurs que l'on rend au sang ou à l'amitié. Autrefois les Sultans eux-mêmes portoient quelques pas le corps de leurs prédécesseurs, avec les Grands et les premiers personnages de l'Etat.

Les bières sont toujours couvertes d'une simple étoffe, et ordinairement garnies à moitié jusqu'à la tête, d'un morceau du voile consacré au *Kéabé* de la *Mecque*. C'est un drap de soie, fond noir, entièrement brodé en lettres qui représentent différens passages du *Cour'ann*.

L'usage en est cependant plus général pour les femmes et les enfans. Plusieurs ne le permettent pas pour eux-mêmes, parce que toute étoffe de soie est défendue aux hommes. Ils sont, sur ce point, plus scrupuleux à leur mort que durant leur vie. Un grand nombre de familles ont soin d'acquérir à prix d'or ces voiles révérés comme des reliques, et employés à ce seul usage. Les mosquées en pourvoient ceux qui en manquent. C'est la seule chose qu'elles fournissent aux enterremens.

On porte la bière la tête en avant, et cette partie est ornée du turban du mort. Celle des femmes ne présente jamais rien. Le convoi des uns et des autres se fait sans cierges, sans flambeaux. Il n'y a ni chant, ni encens. Ce n'est que dans les obsèques des Souverains, ainsi que des princes et des princesses du sang, que les *Muezzinns* chantent, mais à voix basse. On porte aussi devant leur cercueil des espèces d'encensoirs, *Boukhourdann*, en or ou en argent, fumans d'ambre gris et de bois d'aloès. Cette dérogation à la loi est réservée, comme une distinction, à la famille royale. Les femmes n'assistent jamais au convoi ; et les proches , qui en ces momens combattent les sentimens de la nature , ne versent aucune larme , pour ne pas manquer à l'esprit de la loi. Ce sentiment est d'ailleurs conforme , et à l'extension que l'on donne au dogme du fatalisme , et à la gloire que se fait chaque Musulman de suivre en tout l'exemple de *Mohammed* , fondatenr de sa religion.

Cet homme extraordinaire montroit la plus parfaite résignation à tous les revers, soit domestiques, soit publics. L'histoire cite, entre autres exemples , celui de la mort de *Roukiyé* sa fille , mariée à *Osman. Mohammed* étoit alors à sa fameuse expédition de *Bedr-Œuzma* contre les Mecquois. Il reçut cette nouvelle, avec un sang-froid étonnant; et d'un œil sec, il proféra ces paroles remarquables : *Rendons graces à Dieu* (1), *et agréons, comme un bienfait, la mort même et la sépulture de nos filles.*

D'après ce principe de résignation, qui

_____

(1) *Elhamd'u-l'illah defn'ul-benaté min'el mukerremath.*

interdit au Musulman toute marque extérieure de douleur, personne ne porte le deuil.
Anciennement les Arabes le prenoient. Le
noir étoit d'ailleurs la couleur adoptée par
les Khaliphes Abassides. Plusieurs maisons
souveraines, sur-tout les *Beno-Bouyé*, qui
ont régné en Perse et à *Baghdad*, ainsi que
les *Fathimites* d'Egypte, avoient coutume de
prendre le deuil à la mort du Monarque. Cet
usage n'étoit cependant pas général dans la
nation ni dans toutes les cours Mahométanes.
Sous les premiers Sultans Othomans, on ne
prenoit le deuil que pour le Souverain, les
Princes du sang, et quelquefois pour les
Validé-Sultanes ; il n'étoit même jamais que
de trois jours. Les seuls grands officiers du
Sérail et de la Cour le prenoient avec le nouveau Sultan ; et quelques-uns même ne faisoient que couvrir leur turban d'une mousseline noire, ce que l'on appeloit *Schemlé.*
Mohammed III porta aussi le deuil du grand
Vézir *Lala Mohammed Pascha*, pour qui
il avoit une affection singulière, et qui mourut le dixième jour de sa nomination. Il alla

même visiter son tombeau , et répandit de grandes largesses au sein des pauvres : honneurs que nul Sultan n'a jamais rendus à la mémoire d'aucun de ses ministres ni de ses favoris. Le deuil fut aboli à cette Cour, sous le règne d'*Ibrahim I.*

Tout homme étranger à la religion de *Mohammed*, ne peut assister aux funérailles d'un Musulman , et jamais un Musulman ne se permet d'assister à celles d'une personne qui seroit morte dans un culte différent. Ils croiroient, dans l'un et l'autre cas, souiller la religion et avilir la majesté du Musulmanisme : cependant l'histoire offre sur ce point un exemple digne de remarque.

Sous le règne de *Melik-Schah*, surnommé *Djelal'ud-Dewleth*, le quatrième roi de la dynastie *Seldjoukienne*, qui occupa environ un siècle et demi le trône d'*Issfahan* en Perse, *Nizam'ul-Mulk* son premier ministre , étoit si puissant , dit *Ahmed-Efendy*, que dans l'Empire tout plioit sous ses volontés comme sous celles de ses favoris et de ses créatures. Ce ministre constitua *Mouhassil*, ou receveur général des droits publics de *Bassora*, un juif nommé *Ibn-Allam*, qui se fit tellement craindre et respecter dans cette ville, qu'à la mort de sa femme, en 467 (1074) tous les officiers publics et tous les citoyens Mahométans, excepté le seul *Cady*, honorèrent de leur présence les obsèques de cette Israélite. L'historien Mahométan rapporte ce trait avec les expressions du plus grand étonnement.

Tous les morts, hommes, femmes et enfans, sont enterrés, le côté droit tourné vers la *Mecque*. Immédiatement après l'inhumation, l'*Imam*, assis sur ses genoux à côté de la tombe, fait la prière *Telkinn*. Il commence par appeler trois fois le mort par son nom et par celui de sa mère : il n'articule jamais celui du père. En cas d'ignorance du nom de la mère, il substitue, pour les hommes, celui de *Marie*, en l'honneur de la Sainte Vierge, et pour les femmes celui d'*Eve*, en l'honneur de cette mère commune des hommes. Cette loi s'observe même à l'égard des Sultans, et de tous les Princes et princesses de la maison impériale. L'*Imam* appelle ainsi le mort : *Ya*

Ahmed Ibn Méryém! ô *Ahmed* fils de *Marie!*
Ya Fathima binté Hewa ! ô *Fathima* fille
d'*Eve!* Il récite ensuite le *Telkinn*, qui consiste en ces paroles : « Rappelle-toi du mo-
» ment où tu as quitté le monde en faisant
» cette profession de foi : Certes, il n'y a point
» de Dieu sinon Dieu ; il est seul, il est uni-
» que, il n'y a point d'association en lui : certes,
» *Mohammed* est le Prophète de Dieu ; certes,
» le paradis est réel ; certes, la résurrection est
» réelle ; certes, le jour du jugement est réel,
» il est indubitable ; certes, Dieu ressuscitera
» les morts, il les fera sortir de leurs tom-
» beaux ; certes, tu as reconnu Dieu pour ton
» Seigneur, l'Islamisme pour ta religion,
» *Mohammed* pour ton Prophète, le *Cour'ann*
» pour ton *Imam*, le *Kéabé* pour ton *Kiblé*
» (c'est-à-dire, le sanctuaire de la *Mecque*
» pour ta direction dans ta prière), et les
» fidèles pour tes frères. Dieu est mon Sei-
» gneur, il n'y a point d'autre Dieu que lui ;
» il est le maître de l'auguste et sacré trône
» des cieux. O N*....., dis que ton Dieu est
» ton Seigneur (ce qu'il répète trois fois)
                              » ô N......

» ô N..... dis qu'il n'y a point de Dieu sinon
» Dieu (ce qu'il répète aussi trois fois), ô N.....
» dis que *Mohammed* est le Prophète de Dieu,
» que ta religion est l'Islamisme, et que ton
» Prophète est *Mohammed*, sur qui soit le
» salut de paix et la miséricorde du Seigneur.
» O Dieu, ne nous abandonne pas ; tu es le
» meilleur de tous les héritiers. » L'*Imam*
termine cette prière par le *Fatihha*, premier
chapitre du *Cour'ann*.

Il est des occasions où la même prière sert
pour différens morts, comme en temps de
guerre et dans les grandes mortalités, lorsque les *Imams* ne peuvent inhumer les cadavres avec la célérité prescrite par la loi : dans
ces cas seuls, il seroit permis d'en réunir plusieurs à une même cérémonie funéraire.

Comme la loi défend non-seulement la sépulture, mais encore la prière funèbre dans
les mosquées, on porte les corps toujours en
droiture de la maison aux cimetières publics.
Ils sont tous hors des villes, et la plupart
présentent le tableau d'un parc. Ils sont plantés de toutes sortes d'arbres, de tilleuls,

d'ormes., de chênes, mais sur-tout de cyprès, arbre favori des Mahométans. Les principaux cimetières de *Constantinople* sont 1°. , ceux d'*Eyub*, à cause du corps de ce saint, l'un des premiers apôtres du Mahométisme, et qui se trouve inhumé dans le faubourg qui porte son nom ; 2°. ceux d'*Aiwann-Sérach*, où reposent les cendres de vingt-six autres disciples du Prophète, morts sous les murs de *Constantinople*, dans les premières expéditions des Mahométans contre cette ville, sous le Khaliphat de *Muawiyé I* ; et 3°. ceux de *Scutary* en Asie, faubourg séparé de *Constantinople* par le Bosphore de Thrace. Presque tous les *Oulémas*, les Seigneurs de la cour, et les citoyens les plus distingués, se font inhumer de préférence dans les cimetières de *Scutary*, comme faisant partie du continent où sont situées les deux cités réputées saintes de l'Arabie. C'est autant par un sentiment de piété, que par un effet de cette opinion presque générale dans la nation, que l'Asie est la seule et véritable patrie des Mahométans, que c'est le continent de prédi-

lection réservé à l'Islamisme par une grace
spéciale de la Providence, et que les cendres
des Musulmans y sont par conséquent beaucoup plus en sureté que dans les terres Européennes, où, par un esprit moins politique
que religieux, on envisage la domination
Othomane comme moins durable que dans
les contrées Asiatiques.

Généralement toutes les tombes sont couvertes de terre, et élevées au dessus du sol,
pour empêcher que personne n'y marche,
et ne foule aux pieds les corps des Musulmans. Il n'y a ni plaques de marbre, ni aucun monument sur la fosse même; on n'y
voit que des fleurs ou des boules de myrte,
d'if, de buis, etc. Celles du peuple ne présentent que deux socles de pierres plates ou
ovales, toujours plantés verticalement, aux
deux extrémités de la fosse. Les tombeaux
des citoyens aisés et des gens d'un certain
rang, se distinguent par la nature de ces socles : ils sont de marbre fin, et celui qui est
du côté de la tête est surmonté d'un turban
aussi de marbre. La forme de cette coiffure

indique l'état et la condition du mort, parce que les différentes classes des citoyens sont distinguées autant par le turban que par le reste du costume. Les tombeaux des femmes ne diffèrent de ceux des hommes, qu'en ce que les deux socles sont uniformes, plats, et terminés en pointe.

On lit sur les uns et sur les autres, des épitaphes gravées en caractères d'or : elles ne renferment communément que le nom du mort, sa condition, le jour de son décès, et une exhortation aux passans de réciter l'introït *Fatihha*. Il en est aussi en distiques, en quatrains et en stances plus ou moins considérables. Les unes retracent la caducité du monde, la durée de l'éternité, et contiennent des vœux pour la félicité éternelle du mort. Elles sont conçues en ces termes : *Que l'Eternel daigne envelopper son ame dans un nuage de miséricorde et d'alégresse , et couvrir son tombeau de l'éclat d'une lumière permanente.* Les autres représentent la mort comme le terme des misères de l'homme dans cette vie passagère et fugitive, félicitent le défunt de son bonheur, et comparent son ame à un rossignol du paradis, *Djenneth-bulbuly.* D'autres parlent de ses vertus, de son attachement à la religion, et exhortent les passans à prier pour le repos de son ame, afin de mieux mériter, au jour du jugement, l'intercession du Prophète auprès du trône de l'Eternel. Quelquefois elles ne consistent qu'en ces deux vers : *Ce monde est caduc* (1) , *il n'est pas durable ; Aujourd'hui pour moi, demain pour toi.* Sur ceux des enfans de l'un et de l'autre sexe, on dépeint assez communément la douleur des parens par des lamentations contre le sort, qui a eu la cruauté, y est-il dit , *d'enlever la rose du jardin des charmes et de la beauté, d'arracher un tendre rejeton du sein maternel, et de laisser un père et une mère infortunés dans les brasiers ardens de la douleur et de l'amertume.*

Les tombeaux des seigneurs dans les différens ordres de l'Etat, sont beaucoup plus distingués. Ils sont entourés de marbre en forme

---

(1) *Bou dunnya baky deyil fenadir ; bou gunn bana issé yarinn sana dir.*

de caisse, la partie de la tête et celle des pieds
toujours plus élevées. La planche 22, qui représente une partie des cimetières d'*Eyub*,
avec trois convois funèbres, et la planche 23,
qui montre le tombeau de M. de Bonneval,
inhumé dans le cimetière d'un couvent des
Derwischs Mewlewys, attenant à l'hôtel des
ministres de Suède dans le faubourg de *Pera*,
donnent une idée de ces différens tombeaux
et de la sépulture des Musulmans. Cependant quelques *Vézirs* et autres seigneurs du
premier rang, ont mis dans ces monumens
une certaine ostentation, contre l'esprit même
de la loi. Leurs tombeaux sont décorés d'une
espèce de dôme à jour, soutenu par de belles
colonnes, et entouré d'un grillage de fer,
dont tous les pommeaux sont dorés. Quelques-
uns de ces mausolées sont élevés d'après les
dispositions testamentaires de ces seigneurs,
d'autres par la volonté seule de leurs héritiers et de leurs parens, comme un hommage
à leur mémoire. On en voit plusieurs dans
Constantinople, sur des terrains attenans
à de grands hôtels. Celui du *Grand-Vézir*

Raghib Pascha est superbe. On peut le voir dans la planche 24. Il est placé à côté de la bibliothéque publique, qui est de sa fondation. Ceux des plus grands saints du mahométisme sont des espèces de citadelles, élevées par la piété des Monarques ou des personnes opulentes. Les maisons distinguées, sur-tout parmi les *Oulémas,* sont aussi dans l'usage d'avoir des espèces de caveaux qui servent de tombeaux de famille. On les appelle *Turbé,* mot qui répond à chapelle sépulcrale. Ils ont à-peu-près la forme de ceux des Sultans ; édifices superbes qui s'élèvent autour des mosquées impériales. Nous en donnerons la description plus bas, dans le chapitre qui traite des temples Mahométans.

Ces mausolées en général sont les seuls monumens élevés à la gloire des Monarques et des plus grands hommes de l'Etat. Les statues, les trophées de marbre, les figures symboliques, ces grands morceaux de sculpture qui décorent la plupart des villes et des églises de l'Europe, sont inconnus chez les Musulmans. C'est une suite naturelle de l'ex-

tention que l'on donne à la défense de peindre
des hommes et des animaux ; article que nous
traiterons dans la partie morale.

On n'a pas moins de respect pour la loi qui
défend d'inhumer un non-Mahométan dans
les cimetières de la nation , pas même la
femme légitime , soit chrétienne, soit juive,
d'un Musulman , à moins qu'elle ne soit morte
enceinte : et encore; selon les *Fethwas* du
Mouphty Behdjé Add'ullah Efendy , elle
ne peut être enterrée que dans un coin de
ces cimetières , séparée des corps Mahométans , et le dos tourné vers la *Mecque* , afin
que le fœtus ait le visage vers ce sanctuaire
de l'Arabie. Quoique privée des honneurs funèbres , on peut cependant , dit le même
Mouphty , laver son cadavre , non par forme
de lotion religieuse , mais de simple lavage ,
tel qu'il est requis pour un habit , ou pour
tout autre objet souillé ; l'envelopper ensuite
dans un linceul , et le déposer dans la fosse,
sans autre appareil. La rigueur de la loi sur ce
point est telle , qu'elle refuse toute cérémonie
funèbre à une personne inconnue , qu'on trou-

veroit morte dans un lieu écarté, ou un faubourg non habité par des Musulmans. Dans
l'incertitude sur l'état et la religion de la personne décédée, la loi ne permet pas que l'on
exerce à son égard aucune des pratiques or-
données pour les cadavres Musulmans. Mais
si de deux personnes qui périroient dans un
accident quelconque, l'on savoit positivement
que l'une étoit de la foi Musulmane, alors,
dans l'impossibilité de la reconnoître et de la
distinguer de l'autre, la loi permet, selon le
même *Mouphty*, de rendre aux deux corps
à-la-fois les honneurs funèbres, en les attri-
buant toujours mentalement à celui des deux
qui seroit mort dans l'Islamisme. L'un et l'autre corps cependant seroient inhumés dans un
coin des cimetières Mahométans, mais la
surface de leur tombe égale dans toutes ses
parties, sans élévation, sans dos de chameau,
afin d'empêcher par-là, que les passans n'y
fissent des prières, qui, dans cette incertitude,
pourroient s'appliquer au non-Musulman plutôt qu'au Musulman.

On observe encore très-scrupuleusement la

défense d'exhumer les morts. Cette loi n'a été enfreinte que dans les premiers siécles du Mahométisme, par la passion et la hainè de divers Princes contre leurs ennemis. L'histoire en offre différens traits qui font horreur à l'humanité. En 127 (745) *Merwan II*, le dernier des Khaliphes Ommiades, fit exhumer et pendre le corps de *Yezid III*, pour venger le meurtre de *Welid II.* Le Prince *Abd'ullah ibn Aly*, oncle d'*Abd'ullah Seffah*, le premier des Khaliphes Abassides, s'étant rendu maître de Damas, où il traita avec la plus grande barbarie tous les Princes du sang des *Ommiades*, porta sa fureur jusqu'à faire ouvrir les tombeaux de tous les Khaliphes de cette maison. On les trouva tous réduits en poussière, excepté le corps de *Huscham I*, qui fut exhumé, flagellé, brûlé, et ses cendres jetées au vent. Quatre siécles après, ces traits de férocité furent renouvelés par *Hassan Ala'ed-dinn*, sixième roi de la maison de *Ghawrs*, qui occupoit le trône de *Firouz-Keouhh* en Perse. A la suite de ses succès contre les Sultans *Sebuktékiens*, et de la conquête de *Ghazné* leur capitale , il fit exhumer les ossemens de tous les rois de cette maison in-'fortunée, et les jeta dans un brasier ardent, ce qui lui attira le surnom *Djihann-souz*, qui veut dire , l'incendiaire du monde.

Les Mahométans ne connoissent pas non plus l'usage d'embaumer et de conserver le cœur d'un mort , puisque la loi défend d'ou-vrir aucun cadavre. Ici l'on apperçoit les véri-tables causes qui retardent chez eux les progrès de l'anatomie et de la chirurgie. Aussi ont-ils très-peu de médecins habiles, et de chi-rurgiens en état de faire des opérations. Des Européens et des Grecs du pays, qui vont étu-dier en Italie , exercent ces fonctions de l'art, soit dans les villes , soit dans les armées , où beaucoup de militaires blessés périssent assez souvent, faute de secours, avec la douleur même de ne pas mériter le surnom de martyr.

D'après l'énoncé de la loi, ce surnom n'est accordé qu'à ceux qui tombent , les armes à la main, sur le champ de bataille. Aussi tous les militaires peuvent également prétendre à cet honneur. Dans les annales de la monarchie, des *Vézirs*, des *Paschas*, des officiers de tout rang et de tout grade, même de simples soldats tués à la guerre, sont distingués par le surnom de *Schehhid*; comme le sont par celui de *Hadjy*, tous ceux qui ont fait le pélerinage de la *Mecque*.

Ce point, beaucoup plus politique que religieux, fut le sujet d'un entretien assez remarquable entre le célèbre *Timour* et les *Oulémas* d'*Alep* en Syrie. Lorsque ce héros Tatar prit cette ville d'assaut en 802 (1399), il la livra à la fureur de ses soldats, et ne montra lui-même d'humanité qu'envers les ministres de la loi et de la religion. Il les protégea, les traita avec bonté, et s'entretint même avec eux sur différens points de doctrine et de morale. Entre autres questions savantes qu'il leur fit, sur-tout au *Mouphty Ibn Schahhné Efendy*, une étoit relative aux martyrs Mahométans. » Je voudrois savoir, *Efendy*, lui » dit-il, quels sont les vrais martyrs de cette » foule de militaires, des miens ou des vôtres, » tués avant-hier sous les murs de cette ville. » Je ne puis là-dessus, dit le *Mouphty*, vous

» donner d'autre réponse que celle qui a été
» rendue par notre saint Prophète à un Arabe
» très-instruit qui lui avoit fait la même de-
» mande. Cet Arabe croyoit que tous les Ma-
» hométans morts à la guerre les armes à la
» main, obtenoient la couronne du martyre,
» qu'ils étoient cependant rangés en différentes
» classes, les unes plus distinguées que les au-
« tres, selon les motifs qui les animoient et
« les conduisoient à la guerre, puisque les uns
» ne s'armoient que par zèle pour la religion,
» les autres par un sentiment de valeur et d'in-
» trépidité, d'autres par ambition, d'autres
» enfin par intérêt. Le Prophète le désabusa, en
» lui déclarant que le Prophète ne reconnois-
» soit d'autres martyrs que ceux qui marchoient
» à la guerre pour la défense de la foi, pour
» le soutien de la cause de Dieu, pour l'exalta-
» tion de sa parole, *Ila'y-kelimeth' Ullah*. »
Timour, ajoute l'histoire, parut pleinement
satisfait de cette réponse. Il applaudit à la prudence et à la doctrine du Prélat, l'assura de sa
protection, et le combla en effet, lui et les autres *Oulémas*, de distinctions et de présens.

Cependant les anciens *Imams*, comme on l'observe dans le texte, dirigés par les principes d'une saine politique, promettent indistinctement la couronne du martyre à tous ceux qui meurent à la guerre pour la défense de la religion et de l'Etat. De tous les Sultans Othomans, *Mourad I* est le seul préconisé sous le titre de *Schehhid*, quoiqu'il n'ait pas été tué au milieu de l'action, mais assassiné dans le champ de bataille, par une main ennemie, à la suite de la fameuse journée de *Cassovie*. Les auteurs nationaux lui donnent ce titre, sur-tout le *Mouphty* historien *Sad'eddinn Efendy*, qui, en parlant de sa mort, dit que l'ame bienheureuse de ce Sultan, décoré à-la-fois des glorieux titres de victorieux et de Martyr, *Ghazy we Schehhid*, s'envola avec l'oriflamme de félicité, à la tête de tous les Martyrs Musulmans de ce jour, dans les plus hautes régions de la béatitude éternelle.

Nous aurons encore occasion de revenir sur ces matières, soit dans le Code Militaire, soit dans l'Hisoire de la maison Othomane.

DISCOURS

Sur quelques autres Pratiques ou Institutions qui entrent dans le culte public des Mahométans.

Après avoir exposé tout ce que prescrit la législation religieuse sur la prière, comme formant la partie la plus essentielle du culte extérieur de l'Islamisme, nous donnerons une idée des différentes pratiques de dévotion sur lesquelles la loi ne prononce rien, et qui sont envisagées comme de pure institution humaine : elles portent le nom de *Bid'ath-hasséné*, qui signifie innovations agréables ou louables. Quoiqu'elles n'aient aucun caractère d'obligation canonique, on se persuade néanmoins qu'elles procurent à ceux qui les observent, beaucoup de mérites spirituels : telles sont, 1°. diverses prières de surérogation; 2°. les prêches dans les mosquées; 3°. le respect particulier que l'on a pour sept différentes nuits de l'année; et 4°. la vénération des peuples pour les reliques du Prophète.

§. Iᵉʳ.

De diverses Prières de surérogation.

Ce sont l'Es-salath, le Sala, le Temdjid, et la fête du Mewloud ou nativité du Pro-phète.

1°. L'*Es-salath* est un cantique que les *Muezzinns* de presque toutes les mosquées chantent sur le haut des minarets une heure avant l'aurore, ou l'heure canonique de la prière du matin. Il consiste en ces trois vers en l'honneur de *Mohammed :* » Salut et paix » à toi, ô l'Envoyé de Dieu (1)! Salut et paix » à toi, ô l'ami de Dieu! Salut et paix à toi, » ô le Prophète de Dieu! « Quelques *Muez-zinns* y ajoutent à leur gré les vers suivans : » Salut et paix à toi, ô la plus heureuse des » créatures de Dieu (2)! Salut et paix à toi, » ô la meilleure des créatures de Dieu! Salut

---

(1) *Es-salath'u v'es-selam aleïké ya ressoul 'ullah, ya habib'ullah, ya nebiy'ullah.*

(2) *Ya khaïr khoulk'ullah, ya ahhssénn khoulk' ullah, ya azam khoulk'ullah, ya nour arsch'ullah.*

» et

» de Dieu ! Salut et paix à toi , ô la lumière
» du trône de Dieu ! «

2°. Le *Sala ,* est une espèce d'hymne que
les *Muezzinns* de toutes les grandes mosquées
chantent aussi sur le haut des minarets une
fois la semaine , les vendredis , et toujours à
dix heures du matin. Il consiste en ces vers :

» Hâtez-vous de venir à la prière avant que
» le temps soit écoulé. Hâtez-vous de venir à
» la pénitence avant que la mort vous sur-
« prenne (1).

» Seigneur Dieu ! en ce jour, ni biens ni en-
» fans ne sont d'aucune utilité, hors le retour
» en Dieu avec un cœur droit et sincère.

» Seigneur Dieu ! la victoire vient de Dieu,
» le triomphe est accordé par lui : ô *Moham-*
» *med ,* donnes-en la bonne nouvelle aux vrais
» croyans.

» Salut à toi, qui es le prince des anciens et
» des modernes : salut au plus auguste de tous

---

(1) *Adjelu b'is-salath'ï cabl'el-fewth , ve adjelu b'itteubé
cabl'el-mewth, etc. etc.*

TOME II.   Z

» les Prophètes et de tous les Envoyés céles-
» tes ; et louanges à Dieu, maître souverain
» de l'univers. «

On fait encore usage de ce *Sala* à la mort des
Sultans, des *Schahzadés* ou princes du sang,
du *Grand Vézir* et des *Oulémas*, depuis le
Mouphty jusqu'aux *Muderriss* du dernier
grade, comme formant le corps de la hiérar-
chie Mahométane. Nul autre ne jouit de cette
distinction, pas même les *Paschas* à trois
queues, qui composent le premier ordre de
l'Etat. Mais à l'exception du Monarque, pour
qui l'on chante ce *Sala* sur l'un des minarets de
Sainte-Sophie et de *Sultan Mohammed*, il n'a
lieu autrement que sur l'une des flèches de
cette dernière mosquée.

3°. Le *Temdjid* est un cantique consacré
aux trente nuits de la lune de *Ramazann*.
Ce sont encore les seuls *Muezzinns* qui le
chantent à minuit précis, sur le haut des
minarets dans toutes les mosquées de l'Empire. Mais à *Sainte Sophie*, qui en est la
principale, ce cantique a lieu dès le premier
de la lune de *Redjeb*, soixante jours avant

le *Ramazann*. On appelle toute cette période, *Utsch-aïlar,* ou les trois mois par excellence.

Ce cantique consiste en ces vers :

» O grand Dieu (1) ! ô Seigneur des Sei-
» gneurs ! la clémence est ton partage : tu es
» seul, tu es unique en prescience et en gran-
» deur.

» Qu'il est étonnant de voir ses amis, ses
» adorateurs, dans les bras du sommeil !

» Lève-toi, ô mortel endormi ; c'est trop se
» livrer au sommeil : l'homme dont le cœur
» est plein de l'amour de Dieu, ne dort jamais.

» O Dieu clément, ô Dieu éternel ! ô soùve-
» rain Seigneur, ô roi immortel !

» C'est à toi qu'appartient toute souverai-
» neté, toute puissance.

» La caducité n'a point d'accès en toi.

» O mon Dieu, ô l'arbitre souverain des mi-
» séricordes et des vengeances célestes !

---

(1) *Ya haʒreth-mewla : ya mewl'el-mewaly ent'elkerim ya Allah, ent'el-leʒi teferredé b'il-faʒl, v'el-ala. Adjeb'enn l'il muhhib kcïfé yenamé, coum ya naim kemtenam'é aschık' Allah'u la yenamé, etc.*

» O le maître suprême du cœur et de l'esprit
» des humains !

» Sauve-nous des tourmens de la tombe et
» du feu éternel !

» Il n'y a point de Dieu sinon Dieu, Seigneur
» Dieu. «

Dans chaque mosquée, quatre ou cinq *Muez-zinns*, d'entre ceux qui ont l'organe le plus doux et le plus mélodieux, l'entonnent régulièrement : tous ensemble montent sur un même minaret, et chacun, à tour de rôle, psalmodie l'un de ces vers, auquel les autres répondent d'une même voix : *Ya Hazréth-Mewla,* O Seigneur Dieu !

Dans un des couvens des *Derwischs Djelwelys* à *Scutary*, on récite ce même *Temdjid* pendant toute l'année, toujours à minuit, pour la consolation des malades tourmentés d'insomnie. Les *Derwischs* eux-mêmes font alternativement cet exercice sur le haut du minaret de leur chapelle. On doit cet établissement à la piété d'un *Molla* très-riche, *Khoudayi Mahmoud-Efendy*, qui, en 1620, quitta la magistrature et le monde, pour entrer dans cet ordre de solitaires, à qui il fit donation de tous ses biens.

A la suite de ce *Temdjid*, les *Muezzinns* des grandes mosquées chantent aussi à leur gré un ou deux *Ilahys*, qui sont des poèmes spirituels composés par des *Scheykhs* ou des *Derwischs* morts en odeur de sainteté. Ils roulent sur les attributs de la Divinité, sur le bonheur du ciel, sur le néant du monde, et sur l'obligation où sont les mortels de se dépouiller de tout amour temporel, pour ne s'attacher qu'à Dieu et à son Prophète, afin de mériter la béatitude éternelle. Quelques *Muezzinns* y ajoutent aussi la profession de foi, qu'ils répètent dix, quinze ou vingt fois de suite, en faisant à chacune, mention d'un des Patriarches ou des Prophètes les plus révérés par l'Islamisme. C'est ordinairement en ces termes : *Il n'y a point de Dieu sinon Dieu, et* Adam *est le pur en Dieu. Il n'y a point de Dieu sinon Dieu, et* Abraham *est l'ami de Dieu. Il n'y a point de Dieu sinon Dieu, et* Ismaël *est le sacrifié en Dieu. Il n'y a point de Dieu sinon Dieu, et* Moyse *est la parole de*

Dieu. Il n'y a point de Dieu sinon Dieu, et Jésus-Christ *est l'esprit de Dieu. Il n'y a point de Dieu sinon Dieu,* et Mohammed *est le Prophète de Dieu,* etc. Chaque *Muezzinn* chante à son tour l'un de ces vers ; et les autres répondent d'une même voix, *Ya Hazréth-Mewla,* O Seigneur Dieu

4°. Le *Mewloud* est une fête qu'institua *Mourad III* l'an 996 (.1588), en l'honneur de la nativité du Prophète. On célèbre cette solennité le.12 de la lune de *Rebiy'ul-ewell,* par un sermon, ou plutôt par un panégyrique sur la vie de *Mohammed,* sur ses miracles, et sa mort. Mais elle n'est que pour la cour et non pour le peuple. Les cérémonies qu'on y observe, mélange de pratiques religieuses et de cérémonies civiles et politiques, s'écartent même de l'esprit du culte public de l'Islamisme.

Ce *Mewloud* se célèbre toujours, comme les deux fêtes de *Beyram,* dans la mosquée *Sultan Ahmed,* par la commodité qu'offre au cortége du Sultan la place immense de l'hippodrome, qui est en face. Elle a lieu vers les dix heures , entre lé *Namaz* du matin et celui de midi. Les différens ordres de l'Etat se rendent séparément à la mosquée ; chaque Seigneur est suivi des officiers de sa maison et de son département. Ils sont tous en demi-gala; mais celui qui se montre ce jour-là avec le plus de pompe ,.est le *Kizlar-Agassy* ,.chef des eunuques noirs du Sérail. C'est aussi le seul jour de l'année où il lui soit permis de paroître en public avec éclat , car il ne sort jamais du Sérail qu'à la suite du Sultan , toutes les fois que S. H. se rend publiquement à la mosquée. Il fait les honneurs de la fête en sa qualité de *Nazir* ou inspecteur général des deniers sacrés des deux cités de l'Arabie. Ce jour-là il sort du palais une demi-heure avant le Sultan , et se rend au temple avec un nombreux cortége composé de tout le corps des eunuques noirs et de celui des *Baltadjys* en uniforme.

L'ordre et le rang des grands officiers de l'Etat à la mosquée sont réglés dans cette fête par une étiquette particulière. Le *Grand Vézir* et le *Mouphty* se placent devant l'autel, le premier à droite, le second à gauche, tous deux assis sur de hauts coussins en forme de tabourets. A la droite du *Grand Vézir* sont le *Capoudan-Pascha*, l'*Agha* des janissaires, et le *Defterdar Efendy* ou ministre des finances, à la tête de tous les *Khodjéakeanns* ou gens de plume, qui prennent séance après lui, chacun selon son grade. Ces officiers forment une longue file qui occupe la partie inférieure de la tribune de Sa Hautesse. Ils sont tous assis sur des *Ihhrams* ou petits tapis de Barbarie. L'aile gauche du côté du *Mouphty* est occupée par les *Oulémas* du premier rang. Cette file est continuée sous le *Minnber* ou chaire des *Imams-Khâtibs*, par les *Oulémas* subalternes, qui forment une seconde ligne parallèle jusqu'au *Kursy* ou chaire des *Scheykhs* prédicateurs. Derrière cette ligne, les *Muderriss* en forment une troisième : tous ces gens de loi sont assis sur des coussins. Au milieu des deux premières lignes, qui présentent la forme d'un quarré long, se tiennent le *Reïss-Efendy* et le *Tschawousch-Bâschy*, ministres d'Etat. Chacun d'eux est assis sur un *Ihhram*, tournés,

non vers l'autel , mais vers la tribune de S. H.
Le *Nakib'ul-Eschraf* , qui est le chef des
Emirs , jouit ce jour-là d'une distinction particulière : il a un siége séparé de tout le reste
des *Oulémas* , dont il est en même temps l'un
des premiers membres. Il se tient sous une tente
verte , dressée vers la chaire des *Scheykhs* , et
entourée d'une troupe de ses *Tchawouschs* ,
tous également *Emirs* , et décorés du turban
vert. Le *Teschrifatdjy Efendy* , grand maître
des cérémonies , et le *Cara-coulak* , officier
particulier du *Grand Vézir* , se tiennent debout derrière ce premier ministre , le dos
contre l'autel. Le *Zaghardjy - Baschy* , et le
Samsondjy-Baschy , officiers de l'état major
des janissaires , couverts l'un et l'autre de
leur bonnet de cérémonie à grands panaches ,
se tiennent aussi debout vers la chaire des
Imams-Khatibs. Enfin toute cette cour est
séparée du peuple par deux rangs des janissaires en bonnets d'uniforme. Voyez la planche 25.

C'est au milieu de cette ordonnance , que le
Sultan paroît à la mosquée avec son cortége

ordinaire , composé des seuls officiers de sa
maison en demi-gala. Au moment où S. H.
entre dans sa tribune , ce qu'elle fait toujours
par une porte dérobée , l'un des premiers
gentilshommes de sa chambre annonce son
arrivée en ouvrant les jalousies. Alors toute
l'assemblée se lève ; le *Grand Vézir* et le
Mouphty font quelques pas vers la tribune ;
et au moment que le Sultan laisse entrevoir
une partie de sa tête, ou plutôt de son turban ,
ces deux premiers personnages de l'Etat lui
font une profonde révérence ; et comme les
jalousies se referment dans l'instant même , ils
vont du même pas reprendre leur place , ce
que fait également le reste de l'assemblée.

   La cérémonie commence par un panégyrique divisé en trois parties. Chacune est pronon-
cée successivement par trois prélats; savoir ,
1°. par le *Scheykh* de *Sainte-Sophie,* comme le
premier de tous les prédicateurs des mosquées
Impériales ; 2°. par celui de la mosquée où
se célèbre la fête; et 3°. par l'un des *Scheykhs*
des autres mosquées Impériales, qui jouissent
annuellement et alternativement de cette

distinction , chacun à tour de rôle , suivant
le rang de leur mosquée. Pendant le panégyrique, le *Silihdar-Agha* et le *Tschocadar-Agha*,
qui sont les deux premiers gentilshommes de
la chambre du Sultan, lui présentent trois fois,
au milieu du discours de chacun des trois
Sheykhs , du *Scherbeth ,* de l'eau de rose et du
parfum de bois d'aloès. Dans les mêmes momens une soixantaine de *Zulufly-Baltadjys ,*
officiers du Sérail, font les mêmes honneurs,
à trois différentes reprises , à toute l'assemblée des *Oulémas* et des officiers. On commence par le *Grand Vézir* et par le *Mouphty.*
A mesure que chacun des trois *Scheykhs* finit
son discours et descend de la chaire , il est reçu
sur les derniers degrés, par le *Yazidjy-Efendy*
et le *Baltadjiler-Kehayassy ,* deux grands
officiers du Sérail , subordonnés au *Kizlar-*
Aghassy. Ils soutiennent ces prélats sous les
bras , par distinction , et les décorent d'une
fourrure de zibeline au nom du Sultan.

A la suite du panégyrique , les *Muezzinns* de
la mosquée entonnent du haut de leur tribune
le *Nâth-Schérif ,* hymne à la louange du

Prophète. Quinze autres chantres appelés *Muwéschihs*, et placés derrière un siége portatif, consacré à la cérémonie du jour, chantent ensuite un des cantiques *Ilahhy*. Après cela, trois ministres, que l'on nomme *Mewloud-khanann*, montent sur ce siége, et psalmodient successivement le *Mewloudiyé*, espèce d'hymne en vers Turcs, sur la nativité du Prophète. Alors les *Baltadjys* du Sérail, au nombre d'environ deux cents, s'avancent tenant en mains de grands cabarets, garnis les uns de confitures sèches, les autres de dix à douze vases de porcelaine ou de cristal, pleins de *Scherbeth* de nature et de couleurs différentes. Le *Zaghardjy-Baschy* et le *Samsondjy-Baschy* quittent aussitôt leur place, et vont poser de leurs mains deux de ces plateaux devant le *Grand-Vézir*, et autant devant le *Mouphty*. Les administrateurs et les commis des différens bureaux relatifs à la régie des biens *Wakfs* des deux cités de l'Arabie, vont en même temps présenter deux de ces cabarets à chacun des *Oulémas* et des grands officiers qui forment l'assemblée.

Rien de plus riche que ceux qui sont destinés pour le Sultan : le *Silihdar-Agha* a seul le droit de les poser à côté de Sa Hautesse.

Dès que le premier des trois chantres a fini la première partie de l'hymne *Mewlou-diyé*, il descend de la chaire, et cède sa place au second, qui continue. Au moment où celui-ci profère les paroles qui annoncent la nativité du Prophète, toute l'assemblée se lève, et on procède à la cérémonie de la réception d'une lettre d'office du *Schérif* de la *Mecque* pour le Sultan. Cette lettre est la réponse à celle que Sa Hautesse adresse tous les ans au Prince de l'Arabie, au sujet de la sureté des pélerins, et de différens autres objets relatifs au pélerinage.

La lettre du Sultan est remise entre les mains du *Surré-Éminy*, le jour qu'il part de *Constantinople* avec les deniers sacrés pour la *Mecque;* la réponse du *Schérif* est confiée au *Muzdedjy-Baschy*, qui, retournant à *Damas* avec le *Pascha* de cette province et la caravane des pélerins, prend toujours les devans, pour arriver à *Constantinople* quelques jours avant la célébration du *Mew-loud.* Cet officier se tient ce jour-là dans la mosquée , du côté des *Baltadjys* , revêtu d'un *caftan* le turban entouré d'une mousseline noire et décoré d'un plumet. Sur l'invitation du *Cara-coulak ,* qui pour cet objet quitte alors sa place , ce député s'approche en tenant à main haute la lettre du *Schérif* enveloppée dans une bourse de satin vert , et la présente au *Grand Vézir.* Ce premier ministre la remet au *Reïs-Efendy ,* qui d'un pas grave se rend à la tribune du Súltan , précédé du *Tschawousch-Baschy ,* du grand-maître des cérémonies, et du même *Muzdedjy-Baschy.* Le *Kizlar-Aghassy* reçoit la lettre vers la porte de la tribune , la présente au Sultan , qui la lui redonne après l'avoir parcourue ; le *Kizlar-Aghassy* la rend aussitôt au *Reïs-Efendy ,* pour être , selon l'usage , déposée dans la Chancellerie Impériale.

Au même instant le *Kizlar-Aghassy* est honoré d'une fourrure de zibeline, dont il se revêt en la présence du Monarque ; de son côté , ce chef des eunuques noirs fait décorer

de *caftans* le *Reïs-Efendy* et les trois officiers.
Pendant cette cérémonie, le *Mewloudiyé* se
continue; et aussitôt cette hymne finie, les
trois ministres *Mewloud-Khananns* reçoivent
aussi chacun un *caftan* d'honneur. L'office se
termine par une courte prière de toute l'assemblée. Alors les deux officiers généraux
des janissaires s'avancent vers le *Grand-Vézir*
et le *Mouphty*, enlèvent de devant eux leurs
cabarets, et les remettent à leurs valets-de-
pied pour les porter à l'hôtel de leur maître.
Les gens des *Oulémas* et des autres Seigneurs
en font de même, ce qui occasionne un mouvement général dans la mosquée.

Le sultan rentre au Sérail avec le même
cortége. Il fait ce jour-là, comme aux deux
fêtes de *Beyram*, des libéralités au peuple.
Le *Tschocadar-Agha* jette à la multitude de
l'argent monnoyé. Le *Grand-Vézir*, ni aucun
officier de la cour ne suit alors le Sultan au
Sérail. Le *Kizlar-Aghassy* même ne l'accompagne pas. Il ne rentre qu'un quart-d'heure
après Sa Hautesse; et au sortir de la mosquée,
l'*Agha* des janissaires l'accompagne à pied,

et fait devant son cheval plus de cinquante pas. Tous les honneurs de la fête, censés faits par ce chef des noirs, sont aux dépens de la caisse de cette même mosquée, toujours régie par le *Voïvode* de *Ghalata*, à titre de *Muté-wely* ou administrateur perpétuel. Il a pour les frais de cette cérémonie une somme fixe de sept mille cinq cents piastres, qui font environ dix-sept mille livres tournois.

Cette fête se célèbre aussi dans les autres mosquées Impériales, mais à jours différens, et ordinairement dans le cours de la même lune ou de la lune suivante, toujours au gré du *Mutéwely* de chaque mosquée, qui prend jour avec le *Yazidjy-Effendy*, avec les commis et tous les officiers préposés à la régie des *Wakf-Harémëïnns*, sous l'inspection générale du *Kizlar-Aghassy* ; eux seuls assistent à cette fête, qui dans les autres mosquées, se célèbre toujours sans éclat, avec très-peu de peu de cérémonies.

§. II.

§. II.

Des Prêches dans les Mosquées.

Les fondateurs de tous les temples Maho-
tans ne manquent jamais de les doter, et d'é-
tablir à perpétuité les revenus nécessaires à
l'entretien, soit de la mosquée, soit des ministres destinés à la desservir. Parmi ces ministres
est ordinairement un prédicateur sous le nom
de *Schéykh* ou de *Vaïz.* Il est obligé de prêcher chaque vendredi, toujours après l'office
solennel de midi, afin de ne gêner personne,
et de laisser à chacun la liberté de suivre à son
gré les mouvemens de son zèle.

Selon *Ahmed Efendy ,* dans les premiers
siècles du Mahométisme, peu de mosquées
avoient des prédicateurs. Les Khaliphes eux-
mêmes, à la suite du *Khouthbé* des vendredis,
faisoient au peuple une espèce d'exhortation
qui tenoit lieu de prêche. Le Khaliphe *Ah-
med-IV,* l'un des plus savans de son siècle,
avoit composé un ouvrage qui traitoit som-
mairement des dogmes et des pratiques les

plus essentielles du culte Musulman. Par ses
ordres on en faisoit la lecture les vendredis,
après l'office public, dans toutes les mosquées
de son Empire, sur-tout dans celles de *Baghdad.* Cet usage fut aboli depuis, et l'on y
substitua par-tout les sermons des *Schéykhs.*

Peu de ces ministres prononcent leur discours de mémoire : ils ne prêchent ordinairement que sur les dogmes, le culte et la
morale ; rarement touchent-ils les points de
controverse. Les plus zélés, les plus hardis
de ces *Schéykhs* se permettent aussi d'exposer
dans leurs sermons les devoirs des ministres,
des magistrats, des chefs de la nation, du
Sultan même. Ils s'élèvent contre le vice, le
luxe et la corruption des mœurs. Ils fron-
dent sans ménagement, et le plus souvent
avec impunité, l'injustice, la vénalité, l'op-
pression, la conduite des tyrans qui foulent
aux pieds la loi, la religion et les peuples.
Les Sultans assistent quelquefois à ces sermons; ils sont même dans l'usage de gratifier
alors le prédicateur de vingt, trente,ou quarante ducats, qu'on lui remet en cérémonie,

au nom de Sa Hautesse, au moment qu'il dés-
cend de la chaire.

Dans des temps de calamités et de troubles, la liberté avec laquelle ces ministres
s'expliquent sur les désordres de l'Etat et les
abus de l'autorité arbitraire, a souvent des-
sillé les yeux des Monarques, des *Vézirs*, des
favoris, sur l'état périlleux et de leur personne et des affaires publiques. On connoît les
désastres qui affligèrent le règne de *Moham-*
med III, et les refus opiniâtres de ce Prince
foible et voluptueux, de marcher en personne
à la guerre. Un sermon cependant opéra ce
que n'avoient pu faire les remontrances de
sés ministres, les sollicitations de ses courti-
sans, les cris de la nation entière. Le *Schéykh*
de *Sainte Sophie*, le fameux *Meuhy 'ed-dinn*
Efendy, après avoir fait dans son discours un
tableau touchant des calamités de l'Etat, des
malheurs de la guerre, et des tristes circonstances qui exigeoient du maître de l'Empire
de marcher à la tête de ses armées contre les
ennemis de l'Islamisme, s'écria : » Où est donc
» de nos jours le zèle de la religion, et

» l'amour des fidèles pour le plus auguste des
» Prophètes? « *Cany ghaireth dinn ve muhab-
beth ressoul guzinn* ? Ces paroles, qui arra-
chèrent des larmes et des sanglots à tout
l'auditoire, firent une si vive impression sur
l'esprit de *Mohammed III*, qu'il se déter-
mina aussitôt à quitter le Sérail, et à conduire lui-même ses armées en Hongrie.

Indépendamment de ces sermons prononcés
tous les vendredis, il en est d'extraordinaires
dans les autres jours de la semaine : comme
les premiers, ils ne se font jamais qu'à la
suite du *Namaz*, et seulement dans les deux
prières de midi et de l'après-midi. Ainsi chaque mosquée a quatre, huit, dix, jusqu'à
quatorze sermons par semaine ; ce qui est déterminé suivant les chartres de fondation, et
la volonté des ames pieuses, qui ajoutent à
ces libéralités, en établissant à perpétuité
un traitement honnête pour des prédicateurs
surnuméraires, qui s'acquittent de cette fonction dans les jours et les heures marqués par
les instituteurs mêmes.

Nous parlerons du rang, de la distinction,

des prérogatives de tous ces *Schéykhs* prédicateurs des temples Mahométans, dans le
discours général qui termine ce premier Code,
où nous donnerons le tableau des *Oulémas*
et des ministres de la religion.

§. III.

Des sept Nuits saintes, Léïlé-y-Mubareké.

Les Mahométans ont consacré à la vénération publique sept nuits, que l'on regarde
comme les plus saintes et les plus augustes
de toute l'année. C'est par cette raison qu'on
les appelle *Leïlé-y-mubareké.* Ces nuits,
comme on le voit dans un fameux ouvrage
théologique intitulé *Ferkann,* ont été instituées en mémoire des plus grand mystères
et des plus grandes vérités du Musulmanisme. Ce sont, dans l'ordre de leurs époques
lunaires,

1°. La nuit de la nativité du Prophète: C'est
le douzième de la lune de *Rebiy'ulewel,* ou
pour mieux dire, la nuit du 11 au 12, parce
que ces peuples, comme nous l'avons déja dit,

-comptent les jours civils, les vingt-quatre heures du jour, d'un coucher du soleil à l'autre.

2°. La nuit de la conception du Prophète, *Leileth ul'-reghaïb :* c'est celle du premier vendredi de la lune de *Redjeb.*

3°. La nuit de sa prétendue assomption, *Leileth 'ul-miradjh,* le 27 de la même lune. Le Sultan la célèbre ordinairement dans la mosquée *Aghaler-djéamissy* du Sérail, à la suite du quatrième *Namaz* du jour, qu'il fait avec tous les officiers de sa maison, et avec deux des quatorze *Schéykhs* des mosquées Impériales, qui jouissent alternativement de cette distinction. Les prières analogues à la solennité de cette nuit, se terminent par une offrande de lait que l'on fait au Monarque et à toute l'assemblée, en mémoire de celle qui, selon les traditions nationales, fut faite à *Mohammed* la nuit de son assomption : elles portent que les anges lui offrirent du lait, du miel et du vin, et que le Prophète ne goûta que du lait.

4°. La nuit *Leïleth 'ul-béraeth :* on la célébre le 15 de la lune de *Schabann,* toujours

avec des sentimens de crainte et d'effroi ;
parce qu'on la regarde comme une nuit terrible, où les anges *Kiramenn-keatibinn*, postés
sur les deux côtés de l'homme, pour écrire
ses bonnes et ses mauvaises actions, déposent
leurs livres, et en reçoivent de nouveaux pour
continuer le même office. On croit encore que
dans cette nuit, l'archange *Azraïl*, qui est
l'ange de la mort, dépose aussi le sien, et en
reçoit un autre, où sont marqués les noms
de tous les hommes prédestinés à la mort
dans le courant de l'année suivante.

5°. La nuit *Leileth'ul-cadr*. On l'envisage
comme étant spécialement consacrée à des
mystères ineffables, ce qui la met fort au
dessus de toutes les autres. C'est une opinion
commune, appuyée sur l'autorité du même
docteur, que mille prodiges secrets et invisibles s'opèrent dans cette nuit ; que tous les
êtres inanimés y adorent Dieu ; que toutes
les eaux de la mer perdent leur salure et deviennent douces dans ces momens mystérieux ;
qu'enfin telle est sa sainteté, que les prières
faites dans cette nuit seule, équivalent en

mérites à toutes celles que l'on feroit pendant mille lunes consécutives. » Il n'a cependant » pas plu à Dieu, ajoute le même auteur, de » la révéler aux fidèles : nul Prophète, nul » saint n'a pu la découvrir ; de sorte que l'on » ignore encore cette nuit si auguste, si mys- » térieuse, si favorisée du ciel. « On la sup- pose cependant dans une des nuits impaires du *Ramazann* ; c'est pourquoi on la célèbre tous les ans le 27 de cette lune de jeûne et de pénitence.

Enfin les deux dernières, *Leïleth-ul-id*, sont celles qui précèdent les deux fêtes de *Beyram*, l'une le 1ᵉʳ de *Schewal*, et l'autre le 10 de *Zilhidjé*.

Les Mahométans célèbrent ces nuits comme celles du *Ramazann*, par l'illumination des minarets et des mosquées. Ces temples sont ouverts ; et quoiqu'il n'y ait aucune obligation canonique de s'y rendre, d'y faire des prières particulières, la dévotion néanmoins y attire beaucoup de monde de tout état et de toute condition. Les ames les plus religieuses gardent même dans ces sept nuits la plus grande continence. Les maris ne se permettent pas de coucher avec leurs femmes, ni les patrons avec leurs esclaves, dans la crainte d'avoir des enfans estropiés ou défectueux ; une opinion assez générale faisant regarder tous les enfans nés contrefaits, comme conçus dans l'une de ces sept nuits saintes. Le Sultan est censé exempt de cette continence, mais seulement pour la nuit *Leïleth-ul-cadr*, le 27 de *Ramazann*. C'est la seule de toute l'année où le Monarque sorte du Sérail pour aller à la mosquée de *Sainte Sophie*. A son retour il est éclairé par une infinité de fanaux de différentes couleurs, dont la nation en général se sert ordinairement la première nuit des noces. Cette cérémonie est relative à l'usage où sont les Sultans de coucher alors avec une esclave vierge de leur *Harém*. Si elle a le bonheur de concevoir, c'est un heureux pronostic pour la félicité de Sa Hautesse, de sa maison et de son Empire. Ainsi la même opinion qui fait envisager à la nation entière comme un péché toute cohabitation quelconque dans les sept nuits réputées saintes, semble inviter dans celle-ci le Sultan lui-même, en sa qualité de Khaliphe et de premier *Imam*.

Indépendamment des sept nuits, tous les peuples Mahométans, mais sur-tout les *Der wischs*, honorent encore chaque semaine d'une manière particulière celle du jeudi au vendredi, et celle du dimanche au lundi, en mémoire, l'une de la conception, et l'autre de la nativité de leur Prophète.

§. I V.

De la vénération des Mahométans pour différentes Reliques.

La nation Musulmane a un respect profond pour les choses qui ont appartenu au Prophète, et dont la plupart se conservent au Sérail comme autant de reliques précieuses : ce sont,

1°. Le *Sandjeak-Schérif* ou oriflamme sacrée. On le regarde comme le premier des drapeaux de *Mohammed*. Il en avoit plusieurs, dont les uns étoient blancs, les autres noirs. Le principal de ces derniers étoit de simple camelot, et avoit servi de portière à là chambre d'*Aïsché* sa femme. Le Prophète le distingua sous le nom d'*Œucab*, à l'imitation de la grande bannière des *Couréyschs*, qui étoit sous la garde du général perpétuel de la nation. Les *Couréyschs* l'appeloient ainsi *Œucab*, nom, à ce qu'on prétend, d'un oiseau qui devance toujours les autres par la rapidité de son vol.

La grande vénération que lui portoient les Arabes païens, étoit fondée sur celle des anciens Perses pour leur oriflamme sacrée, connue sous le nom de *Direfsch-Keabiyany*. Personne n'ignoré son origine. Elle remonte à *Beyour-Essb*, dit *Dahhak*, le cinquième Roi de la première dynastie des *Pischdadiens*; la mythologie des anciens Perses, qui donné à ce *Dahhak* un règne de 328 ans, le représente aussi comme un monstre de cruauté. Chaque jour il faisoit égorger deux hommes, pour en appliquer la cervelle sur deux ulcérès qu'il avoit aux épaules. Cette cruelle boucherie dura plusieurs années. Un forgeron d'*Isfahann* délivra enfin la Perse de son tyran.

Cet artisan, nommé *Keaby*, voyant ses deux enfans égorgés, fait de son manteau un étendard, et soulève le peuple par ses lamentations et ses gémissemens. *Dahhak* se dérobe à leurs fureurs. Le peuple, dans son ivresse, offre le trône à son libérateur. *Keaby* le refuse généreusement, et fait proclamer *Féridounn*, petit-fils de *Djemschid I*. Les perquisitions rigoureuses du nouveau Monarque font découvrir *Dahhak* à *Démawend*, où ce tyran expie par la mort toutes les horreurs de son règne. Cet évènement ayant eu lieu le jour même de l'équinoxe d'automne, *Feridounn* en fit une grande fête, dont l'anniversaire se célébra depuis dans toute la Perse, sous le nom de *Béyram* ou de *Mihhrdjeann*. La reconnoissance de *Feridounn* éleva, en même temps *Keaby* aux premières dignités de l'Etat. Il enrichit même son drapeau de pierres précieuses, en fit la première bannière de son Empire, et la consacra, sous le nom de *Direfsch-Keabiyany*, qui veut dire, le drapeau de *Keaby*. On le conservoit religieusement comme le symbole de la félicité et de la gloire de l'Etat. C'est ce même drapeau consacré par les hommages de tant de siècles et de tant de générations, qui, l'an 15 (636), sous le Khaliphat d'Omer, tomba au pouvoir du fameux général *Sad-Ibn-Ebu-Wekkas*; dans la journée de *Cadsiyé*, si funeste à *Yezdedjiird III*. L'oriflamme étoit couverte d'or et de pierreries, et enveloppée dans des peaux de tigre.

Les Mecquois avoient pour leur *Œuçab* le même respect que les anciens Perses pour leur *Direfsch Keabiyany*; et ce sentiment se communiqua aux Mahométans pour les enseignes du Prophète. Son premier drapeau fut celui que lui présenta *Sehhmy*, quelques jours après sa fuite de la *Mecque*, avec *Ebu-Bekir* et son fils *Abd'ullah*: « Caché pendant trois » jours, dit l'historien *Ahmed Efendy*, dans » la grotte *Ghar-Sewr*, aux environ de la Mec- » que, il quitte sa retraite le quatrième, et » suivi de ses deux fidèles compagnons, il » prend le chemin de *Médine*, en opérant à » chaque pas de nouveaux miracles. Sa pré- » sence seule frappe et terrasse divers partis

» de *Couréyschs* , qui , à main armée , le cher-
» choient de tous côtés. Les uns le manquent,
» les autres le fuient ; d'autres , éclairés à la pre-
» mière parole qu'il leur adresse , se jettent à
» ses genoux, embrassent sa doctrine, et le sui-
» vent à *Médine*. Dè ce nombre fut *Buréidé-*
» *Sehhmy* , qui s'étoit mis à sa poursuite à la
» tête d'un parti de soixante-dix Mecquois.
» D'ennemi cruel, cet officier devient l'un de
» ses plus zélés partisans. Dans l'ivresse de sa
» joie, *Sehhmy* dénoue son turban, en ôte la
» mousseline , l'attache à sa lance , et en fait
» un drapeau qu'il consacre à la gloire du Pro-
» phète. Ce fut là le premier drapeau de l'Is-
» lamisme. Les enseignes , les porte-étendards
» de tous les Monarques Musulmans ont depuis
» tenu à honneur de se décorer du nom de
» *Sehhmy* , comme étant le premier des en-
» seignes de l'apôtre céleste. «

Du vivant de *Mohammed* , ses généraux
portoient seuls les drapeaux militaires. Ils
combattoient , l'étendard à la main , chacun
à la tête de son corps. Dans la première expédition de *Bedr-oula* , faite par le Prophète en

personne, l'an 2 de l'Hégire, *Hamza*, son oncle, porta sa bannière, et après lui, *Aly* son
gendre, eut le même honneur, le jour de la
conquête de la *Mecque* et de l'entrée triom-
phante du Prophète dans cette première des
cités musulmanes. Après sa mort, *Ebu-Bekir*
fut le premier à donner le plus grand exemple de respect et de vénération pour les enseignes de l'Islamisme. Comme il s'agissoit,
d'après le plan même projeté par *Mohammed*,
d'une nouvelle expédition contre les frontières
de *Syrie*, que le camp étoit déja dressé hors
de la ville, et le grand étendard planté devant la porte du général *Ussamé*, *Ebu-Bekir*
le fait transférer au camp en grande cérémonie, et accompagne le général, marchant à
pied à côté de son cheval. « Ce trait d'humilité
» dit l'histoire, ces démonstrations, ce respect
» pour l'oriflamme sacrée, sous laquelle les
» Musulmans devoient marcher dans la voie
» du Seigneur pour combattre les ennemis de
» la foi, ajoutèrent extrêmement à l'amour
» et à la vénération des peuples pour ce pre-
» mier des Khaliphes. »

De son temps, comme sous ses successeurs, c'étoit ordinairement l'un des généraux ou des premiers officiers de l'armée qui portoit le grand drapeau, lequel, toujours révéré sous les noms d'*Œucab*, et de *Sandjeak-Schérif*, passa successivement des quatre premiers Khaliphes aux *Ommiades* de *Damas*; de ceux-ci, aux *Abassides* de *Baghdad* et du *Caire*, et finalement à la maison Othomane, lors de la conquête de l'Égypte sous *Sélim I*.

Cette oriflamme est couverte d'un autre drapeau dont se servoit particulièrement le Khaliphe *Omer*, et de quarante enveloppes de taffetas, le tout dans un fourreau de drap verd. Au milieu de ces enveloppes sont renfermés un petit livre du *Cour'ann*, écrit, à ce que l'on croit, de la main d'*Omer*, et une clef d'argent du sanctuaire *Kéabé*, la même qui fut présentée par le *Schérif* de la *Mecque* à *Selim I*, en signe d'hommage et de soumission. Cet étendard, long de douze pieds, est surmonté d'une espèce de pommeau d'argent, de forme quarrée, qui contient un autre livre du *Cour'ann* écrit de la main du Khaliphe

Osman.

Osman. Il fut d'abord déposé à *Damas*, dont le *Pascha*, en sa qualité d'*Emir' ul-hadjh*, le faisoit porter tous les ans à la *Mecque*, à la tête de tout le corps des Pélerins, et avec le plus pompeux appareil. Ce n'est que sous *Mou-rad III*, l'an 1003 (1595), que ce *Sandjeak-Schérif* fut transporté d'Asie en Europe, par un effet de la politique du Grand-Vézir *Codjea Sinan Pascha*, qui, alarmé des désordres de l'État et des séditions perpétuelles des milices, imagina d'échauffer leur zèle, et de les rendre plus dociles au commandement militaire, par l'aspect imposant de cette relique. On la porta par *Gallipoly*, et sous l'escorte de mille janissaires des garnisons de la Syrie, au camp de ce généralissime en Hongrie, où en effet elle produisit la plus grande sensation sur l'esprit des peuples et des milices. L'enthousiasme désarma la fureur séditieuse du soldat et lui fit faire des prodiges de valeur.

Sur la fin de la campagne, le *Grand-Vézir* retourna à *Constantinople* avec cette oriflamme, qui fut reçue et déposée au Sérail

avec les plus grandes cérémonies. Au rapport
de l'histoire, depuis la frontière jusqu'à la capitale, on avoit peine à-traverser les villes
et même les chemins publics, par l'affluence
des peuples qui accouroient de tous côtés;
pour voir ce drapeau et lui offrir leurs pieux
hommages. Dans la campagne suivante., le
même *Grand-Vézir* eut le premier l'honneur
de sortir de *Constantinople* avec cette bannière, l'unique fois qu'elle fut déployée. Des
Officiers de Syrie la portoient, et tout autour
une multitude de *Muezzinns*, de *Derwischs*
et d'*Emirs* marchoient à pied, et chantoient
des hymnes en l'honneur du Prophète. La
Cour l'accompagna hors de la ville, et tout
Constantinople étoit en pleurs. Aux appro-
ches de l'hiver, elle fut encore rapportée dans
la capitale; et le printemps suivant; *Mohammed III* allant en personne à la guerre, se
fit précéder par cette oriflamme, qui fut alors
confiée à un corps de trois cents *Emirs*, à la
tête desquels marchoit le *Nakib'ul-Eschraf*
leur chef, avec le *Molla* de *Ghalata :* le
Mir-Alem, chef des chambellans; *Capoudjy-*

Baschys, et dépositaire de tous les drapeaux impériaux, étoit aussi à la tête de sept grands étendards, un blanc, un vert, un jaune, deux rouges et deux bigarrés.

Depuis, ces exemples servirent de loi pour ne faire sortir du Sérail le *Sandjeak-Schérif*, que lorsque le Sultan ou le *Grand-Vézir* conduit en personne les armées contre les ennemis de l'Etat. Alors, une superbe tente est spécialement destinée à recevoir cette oriflamme. On la dresse toujours sur une espèce de support de bois d'ébène, qu'on enfonce dans la terre, et qui est garni de cercles et d'anneaux d'argent, dans lesquels on la passe. A la fin de chaque campagne, lorsque l'armée entre en quartier d'hiver, on a ordinairement soin de la détacher de sa lance, et de l'enfermer, comme on fait au Sérail, dans une caisse richement décorée. On y procède chaque fois avec beaucoup de cérémonies; on y fait des prières, on y brûle des parfums de bois d'*aloès* et d'ambre gris qui se renouvellent tous les jours. Quarante enseignes pris du corps des *Harem-Capoudjilerys* du Sérail, sont, depuis

le siècle dernier , préposés à le porter tour
à tour. Ils sont distingués sous le nom de
Sandjeakdar. Tous les *Zaïms* possesseurs des
fiefs militaires, et les différens corps de cava-
lerie ; sont censés être les gardiens et les dé-
fenseurs de cette bannière, mais sur-tout les
quatre régimens connus sous la dénomination
générale de *Beulukeath-Erbéâ.*

Comme ce *Sandjeak-Schérif* n'est exposé
aux regards du public qu'en temps de guerre,
les esprits s'enflamment à son aspect ; la vénération se change alors en enthousiasme. On
voit des *Emirs* de tout état et de toute condition , des *Derwischs* de presque tous les ordres, une foule de simples citoyens marcher
à la guerre en qualité de volontaires. Ils se
font un devoir de combattre sous ce drapeau
sacré les ennemis de la religion et de l'Etat.
Ceux mêmes de ces volontaires qui ne prennent les armes que dans un esprit de brigan-
dage , ont toujours soin de colorer leurs
démarches de ce motif religieux.

Le fanatisme de la nation pour cette oriflamme , a plus d'une fois opéré des prodiges

de valeur dans les armés Othomanes. Mais il a aussi entraîné quelquefois des excès scandaleux, absolument contraires à l'esprit de la religion et de la loi , et toujours désavoués par le gouvernement. Telle fut entre autres la journée du 27 mars 1769, si funeste à tant de familles chrétiennes, et même à des Européens d'un rang distingué. Ce *Sandjeak-Schérif*, que le *Grand-Vézir Eminn Mohammed Pascha* reçut au Sérail des mains de *Moustapha III*, avec l'appareil le plus brillant, fit verser dans les rues de *Constantinople* le sang de plusieurs infortunés. Ils furent massacrés par une troupe fanatique d'*Emirs*, qui, disoient-ils, vouloient soustraire ce drapeau sacré aux regards profanes des non-Mahométans que la curiosité avoit attirés à cette procession religieuse et militaire.

Cette oriflamme, en temps de paix , est gardée religieusement au Sérail dans une espèce de chapelle, où se conservent en même temps les autres reliques du Prophète.

2°. Le *Hirca'y Shérif*, ou *Burdé'y Schérifé*, robe sacrée. C'est un habit de camelot noir

B b iij

qué portoit *Mohammed*, et dont il revêtit
de sa main, l'an 9 de l'Hégire (630) le fameux
Poète *Kiab Ibn Zehhir*, en récompensé
d'un poème sublime où l'auteur chantoit,
avec les miséricordes de l'Éternel, la grandeur et la gloire immortelle du Prophète.
Muawiyé I acquit depuis à prix d'or, des
enfans de *Kiab*, cette robe, qui, passant des
Ommiades aux *Abassides*, fut trouvée au
Caire avec l'oriflamme dont nous venons de
parler.

Cette robe est enveloppée de quarante
Boghtschas ou sacs, tous des étoffes les plus
riches. On la découvre une fois l'an, le 15
de *Ramazann*. Cette cérémonie se célèbre
avec autant d'appareil que de piété. Le Sultan
s'y rend en pompe, suivi de tous les Officiers
de sa maison. Le *Grand-Vézir*, le *Mouphty*,
les principaux Seigneurs de la Cour y assistent
également. On développe la robe en faisant
les plus ferventes prières ; le Sultan la baise
le premier avec un respect profond. Il assiste
ensuite debout au même acte de dévotion que
fait toute l'assemblée, chacun selon son rang

et son grade, à quoi veille avec la plus grande attention le grand-maître des cérémonies, toujours présent à toutes les fêtes religieuses ou politiques de la cour. Le *Silihdar-Aga*, porte-glaive du Sultan, remplit ce jour-là l'une des fonctions les plus importantes de sa charge. Il se tient à côté de la relique, et à mesure qu'on la baise, il l'essuie avec un mouchoir de mousseline qu'il présente ensuite à la même personne. Auprès de lui se place un officier chargé de tous ces mouchoirs.

A la suite de cette cérémonie, le *Mouphty* et le *Nakib'ul - Eschraf*, chef des *Emirs*, lavent cette partie du manteau, qu'ils trempent légèrement dans un grand bassin d'argent rempli d'eau, très-vénérée, qui porte alors le nom d'*Ab-Hircay-Schérif*, c'est-à-dire, eau de la robe sacrée. La distribution en est réservée au *Kizlar-Aghassy*, qui en fait remplir le même jour une infinité de fioles, toutes scellées de son sceau; et que des *Baltadjys* du Sérail portent à toutes les personnes qui ont assisté à la solennité. Le Monarque, les Princes du sang, les Sultanes et les dames du *Harem* de Sa Hautesse en reçoivent également, ce qui procure toujours aux officiers distributeurs, des présens assez considérables. Cette eau est servie ordinairement à table, les quinze nuits restantes du *Ramazann*. On rompt alors le jeûne avec un verre d'eau, dans lequel on verse quelques gouttes de celle qui est réputée sacrée.

Le jour de cette cérémonie est encore intéressant pour la milice des janissaires. Comme ils assistent à la fête, tous en ordonnance, dans la seconde cour du Sérail, ils reçoivent du Sultan, au moment de la retraite, et par les mains des officiers de sa maison, un certain nombre de grands cabarets de *Baklawa;* c'est une confiture de sucre et de pâte d'amandes douces, qu'ils portent eux-mêmes en grande pompe, dans leurs casernes, où les officiers majors en font la distribution par chambrées ou par régimens.

Le *Hirca-y-Schérif* du Sérail n'est cependant pas la seule robe du Prophète révérée dans la capitale de l'empire; il en existe une autre que l'on croit avoir été léguée par

Mohammed, au moment de sa mort, à l'un de ses plus zélés prosélytes, *Uwéyss'ul Arémy*, dans l'*Yémen*. Ce manteau, d'une étoffe gros-sière de poil de chameau, á été religieuse-ment conservé par les descendans de cet Arabe, qui se trouvent établis à *Constantinople* depuis plus de deux siècles. Le fils aîné de la famille en est toujours le dépositaire, sous le nom de *Hirca-y-Schérid-Scheykhy*; c'est-à-dire, le *Scheykh* du manteau sacré. Le posses-seur actuel se nomme *Seyyih Osman Efendy*. C'est un des premiers *Muderriss* de *Constan-tinople*. Cette relique, enveloppée comme celle du Sérail, dans quarante *Boghtschas* des plus riches, est gardée dans une supérbe chambre qu'il a fait bâtir en pierres, dans son hôtel, situé au faubourg *Essky-Aly-Pascha-Mahallessy*. Il l'expose aux hommages du public, chaque année, dans les quinze derniers jour du *Ramazann*. La dévotion y attire un monde prodigieux; hommes et femmes de tout état et de toute condition s'y rendent avec des offrandes, non pas en argent, mais en étoffes, en bois d'aloès, en ambre gris, en mousselines;

ce qui fait tous les ans un objet considérable pour le dépositaire fortuné de cette robe. Pendant cette quinzaine, deux de ses plus proches parens se tiennent tour-à-tour, la tête baissée, les mains croisées, et dans le recueillement le plus profond, devant cette relique, dont on ne fait voir et baiser que le bord. Une dame de la même famille, le visage voilé, distribue à côté de cette chambre de l'eau sainte, absolument pareille à celle du Sérail. Chacun s'y présente avec de petites fioles, dont on débite ces jours-là une quantité prodigieuse, dans des boutiques établies pour cet objet aux environs de la même maison. L'affluence y est d'autant plus considérable, que le peuple n'a pas l'avantage de visiter les reliques qui se conservent au Sérail; cette partie du palais qui est occupée par le Sultan et par les officiers de sa maison, n'étant jamais ouverte que pour les Ministres et les Grands de l'Etat, et encore dans les seuls jours consacrés à des solennités religieuses ou à des cérémonies politiques.

3°. *Sinn-Schérif* ou dents sacrées. Ce sont

deux des quatre dents que le Prophète perdit dans la journée d'*Uhud* : l'une est gardée au Sérail, et l'autre dans la chapelle sépulcrale de *Mohammed II*, où on l'expose à la vénération du public, la nuit *Léilelul-cadr*, 27 de *Ramazann*.

4°. *Lihhiyé-y-Schérifé*, ou barbe sacrée. On croit que c'est une partie de celle du prophète.

5°. *Cadém-Schérif*, ou pied sacré. C'est une pierre qui porte l'empreinte d'un pied d'homme. Il passe pour être celui de *Mohammed*, qui opéra, dit-on, ce miracle dans les premières années de son apostolat. *Mahmoud I* le fit déposer dans le mausolée d'*Eyub*.

On conserve encore au Sérail des vases, des armes, et d'autres effets que l'on croit également avoir appartenu au Prophète, entre autres, un arc dont il s'armoit dans toutes ses expéditions guerrières. On y voit aussi tous les anciens ornemens du *Keabé* de la *Mecque*. Le commissaire *Hassan-Bey*, qui fut chargé par *Ahmed I* de les renouveler à la suite de la réédification de ce sanctuaire, les envoya à *Constantinople*, l'an 1613, avec une plaque d'or, *kewkéb-durry*, garnie de perles, de rubis et d'émeraudes, qui ornoit le sépulcre du Prophète à *Médine*, et qu'il remplaça par un diamant de grand prix. Il accompagna même ces reliques d'une belle canne, faite avec du bois de l'ancien *Keabé*, et que le pieux *Ahmed I*, disent les annales, reçut avec les plus grands transports de joie.

Indépendamment de ces reliques directement relatives au Prophète, il en est d'autres que l'on honore également comme ayant appartenu à ses disciples. Les principales sont un tapis d'adoration, *Sedjéadé*, du Khaliphe *Ebu'Bekir;* différentes armes des généraux qui ont combattu sous les étendards du Prophète, et le turban du Khaliphe *Omer*. *Ibrahim I* le porta le jour de sa proclamation, comme un heureux présage de la prospérité de son règne.

Anciennement toutes ces reliques étoient déposées dans l'appartement du trône, *Takhth-Odassy :* elles furent ensuite transférées dans une pièce particulière, que la dévotion con-

sacra sous le nóm de *Hirca-y-Schérif-Odassy*;
c'est-à-dire , la chambre de la robe sacrée.
C'est un édifice carré , au milieu duquel s'élève
une espèce de tabernacle , revêtu au dedans
et au dehors d'une étoffe nóire brodée en versets du *Cour'ann*. Dans le centre on voit deux
châsses placées à distances égales des quatre
murs. L'une renferme la robe , et l'autre la
bannière du Prophète, à laquelle on ne touche
qu'à l'avènement d'une guerre , pour la suspendre à une pique , où elle reste toujours
enveloppée dans un fourreau de drap vert.
Au fond de ce tabernacle est une armoire
ménagée dans le mur , et où sont déposées
les autres reliques du Prophète. Les deux
châsses sont environnées de deux grands chandeliers d'or, et de quatre autres d'argent massif.
L'un des premiers et deux des seconds brûlent
toutes les nuits , ainsi que les quatre lampes
d'argent qui y sont suspendués. Cette chapelle
est censée être sous la garde spéciale des gentilshommes de la chambre. Deux de ces officiers
sont obligés tour-à-tour d'y passer vingt-quatre
heures deux fois par semaine , les lundis et

les vendredis, en commençant toujours la
veille au coucher du soleil, et cela par respect
pour les deux nuits dans lesquelles on honore
la conception et la nativité de *Mohammed*.
Voyez les Planches 26 et 27.

Les Sultans sont dans l'usage de visiter fré-
quemment cette chapelle ; ils y font ordinairement l'un des deux derniers *Namás* du jour :
alors on allume tous les cierges, et on brûle
du bois d'aloès ou de l'ambre gris dans une
espèce d'encensoir d'argent. Rien ne ralentit
la dévotion de ces princes. Lors même qu'ils
s'absentent de leur palais pour passer la belle
saison à *Beschik - tasch*, sur la rive septentrio-
nale du Bosphore, vis-à-vis du Sérail, ils y
viennent une ou deux fois la semaine ; et le
plus souvent *incognito*, uniquement pour
faire leurs prières dans cette chapelle, dont
la sainteté semble être à leurs yeux, comme
à ceux du public, au-dessus même de celle
des mosquées.

On peut encore ranger parmi ces reliques,
le voile qui couvre le sépulcre du Prophète
à *Médine*, et celui du *Kéabé* de la *Mecque :*

les rapports qu'ils ont avec l'Islamisme et son fondateur, y attirent également les respects de tous les Mahométans. Nous en parlerons dans le chapitre qui traite du pélerinage de la *Mecque.*

Il n'existe nulle autre part dans l'Empire des reliques du Prophète. Ce n'est pas que des imposteurs n'aient tenté dans tous les siècles du Mahométisme, sur-tout dans les premiers, de mettre à profit la crédulité du public. Mais les Souverains et les ministres de la religion ont toujours été attentifs à prévenir ces abus, non en persécutant les faussaires, mais en leur ôtant des mains, en achetant à prix d'or et d'argent, les objets de leur prétendue vénération. On lit dans *Ahmed Efendy*, que sous le règne du Khaliphe *Mohammed I*, prince très-affable, un homme du peuple pénétra jusqu'à lui, et lui présenta de vieilles sandales, comme étant celles du Prophète. Le Khaliphe les prit; les baisa respectueusement, s'en frotta les yeux; et après avoir renvoyé cet homme avec de l'argent, et gardé la relique, il dit à deux de ses officiers,

qu'assurément, le Prophète n'avoit jamais
porté cette chaussure ; mais qu'il falloit com-
patir aux écarts, de la simplicité ou de l'indigence, prévenir avec sagesse ces abus, et
arrêter les propos indécens que ce vieillard
auroit pu tenir, s'il lui eût fait une autre
réception.

La dévotion des Mahométans pour leurs reliques se borne simplement à les honorer :
l'hommage qu'on leur rend se rapporte tout
entier au Créateur. On ne leur attribue aucune
qualité propre, aucune vertu miraculeuse.
Tout se rapporte à Dieu, comme la source des
graces célestes et le seul dispensateur de tout
bien. D'après cette opinion, qui est conforme
aux vrais principes de l'Islamisme, ils ne se
permettent jamais aucun acte de latrie envers
les reliques des saints. S'ils les invoquent, ce
n'est qu'en qualité d'intercesseurs auprès de
Dieu ; et lorsqu'ils adressent leurs prières à
Mohammed lui-même, ce n'est non plus qu'à
ce titre, comme étant le saint par excellence,
le dernier et le coryphée des Prophètes.

Ce sentiment de vénération pour les objets
qui

qui concernent leurs saints, s'étend à tout ce qui regarde les anciens Patriarches, mais sur-tout à la personne de *Jésus-Christ*. Ils ne se livrent cependant à aucun acte extérieur de dévotion envers l'homme Dieu; mais aussi ne se permettent-ils jamais la moindre irrévé‑ rence, ni même le déplacement d'aucune reli‑ que chrétienne. *Ce seroit*, disent-ils, *attirer sur nous la colère et la malédiction de ce grand Prophète.*

Les annales de l'Orient offrent à ce sujet une anecdote assez remarquable. L'an 331 (942), sous le Khaliphat d'*Ibrahim II*, *Constan‑ tin VII Porphirogenète* envoya à *Baghdad* une ambassade solennelle, dans le but prin‑ cipal de demander une relique que l'on con‑ servoit dans une Eglise de *Rouhha ;* c'étoit un mouchoir sur lequel étoit empreinte l'image de *Jésus-Christ ;* miracle, dit l'auteur, que ce saint Prophète opéra en s'essuyant le visage. Le Khaliphe se fit scrupule d'en ʻdisposer de son chef : il convoqua un conseil extraordi‑ naire, et ce ne fut que d'après l'avis unanime des *Oulémas* de *Baghdad*, qu'il consentit aux désirs du Monarque Grec. Par ses ordres on remit à l'ambassadeur cette relique , qui devint le prix de la délivrance d'un certain nombre de captifs Musulmans , qui languissoient dans les prisons de *Constantinople.*

LIVRE III.

DE LA DÎME AUMÔNIÈRE, Zékiath.

ON divise ce Livre en cinq Chapitres ; le premier traite de la dîme en général ; le second, de l'aumône paschale ; le troisième, du sacrifice paschal ; le quatrième, des fondations ou donations pieuses ; et le cinquième, des temples.

CHAPITRE PREMIER.

De la Dîme en général.

LA dîme aumônière est d'obligation divine. Elle consiste dans le sacrifice d'une partie des biens du fidèle au profit des pauvres Musulmans, soit hommes, soit femmes, soit enfans, de toute famille et de toute tribu quelconque , excepté celle de *Béni-Haschim.*

C. Cette dîme ne peut donc être donnée ni aux Musulmans aisés , ni à aucun infidèle , quel que soit son état d'indigence. La raison qui en exclut indistinctement tous les *Béni-Haschims ,* c'est qu'étant la branche la plus illustre de la tribu des *Couréischs ,* ce seroit les avilir , les dégrader de leur no-blesse , que de les faire participer à la jouissance de cette dîme , comme étant une au-mône que chacun doit faire en expiation de ses péchés et de ses iniquités envers Dieu. Leurs esclaves , et même leurs affranchis non-absolus, ne doivent pas également y participer. Mais, en compensation , cette tribù si distinguée , jouit de la cinquième partie du quint légal qui forme le droit du Souverain sur le butin que l'on enlève en temps de guerre aux ennemis de la foi. Cette concession, si honorable pour eux , est fondée sur ces paroles du Prophète : *O Béni-*Haschim ! *Dieu rend illicite à ton égard la dîme aumônière , cette eau qui lave les mains humaines , et les*

purifie de leurs souillures ; et te donne en
retour le requint légal (1).

Cette dîme étant une aumône religieuse que le fidèle doit faire uniquement pour Dieu, dans les sentimens
d'une charité pure, exempte de toute
vue temporelle et mondaine, ne doit
conséquemment être donnée qu'à des
étrangers, et jamais à des parens ni à
des alliés.

C. On ne doit la donner à aucun parent,
soit de la ligne ascendante, soit de la ligne
descendante, à l'infini. Le mari ne doit pas
non plus en disposer en faveur de la femme,
ni la femme en faveur du mari, ni le patron
en faveur de son esclave, pas même de son
affranchi non-absolu.

Nul fidèle ne doit en disposer en
faveur des pauvres d'une autre cité

---

(1) *Ya Beni-Haschim inn'Allahhé harremé aleïk'um ghas-
saletih'i éyédiy'un-nass ewsakhah'um we iwazik'um minhha
khoums'ul-khoums.*

Cc iij

que celle où il demeure, à moins que
ce ne soit pour des compatriotes
réduits à la dernière misère. Il est
cependant libre à chacun de la distribuer à son gré, mais toujours aux
personnes qui y ont un droit légal,
sans qu'il soit permis à celles-ci d'en
rien demander, supposé qu'elles aient
de quoi vivre pour la journée, parce
qu'un pauvre assuré de sa nourriture
pour le jour même, ne doit jamais
rien mendier pour le lendemain.

Généralement toutes les personnes
qui sont douées de sens, en âge de
majorité, de religion Musulmane, de
condition libre, et dans un état d'aisance, sont obligées à cette dîme
aumônière.

C. Ainsi le mineur et l'insensé n'y sont pas
tenus, en vertu de cette parole du Prophète :
La plume (des deux anges écrivains) n'est
pas en action à l'égard de trois classes

d'hommes : des endormis, jusqu'à ce qu'ils s'éveillent ; des mineurs, jusqu'à ce qu'ils parviennent à majorité ; et des insensés, jusqu'à ce qu'ils recouvrent le bon sens (1).

Le non-Musulman n'y est pas obligé non plus, parce que la loi ne le soumet à aucune des pratiques du Mahométisme. Aussi ce n'est pas leur omission qui le rendra coupable aux yeux de l'Eternel, mais son infidélité, c'est-à-dire, le défaut de croyance aux vérités de l'Islamisme. L'esclave en est également dispensé, parce que, ne pouvant rien posséder en propriété, il ne peut rien donner à personne. Enfin l'état d'aisance exige que le fidèle soit possesseur d'une certaine quantité de biens, au moins de deux cents talens, *Dir'hém ;* mais la possession de ce taux décimal, *Nissab,* doit être libre de toutes dettes civiles , sans égard à celles que la religion auroit pu faire contracter. Tels sont les vœux, l'acte de pélerinage , les peines expiatoires , l'aumône.

_____

(1) *Ref'il-calem'y ânn selassé an én-naïm hata yessti-kazé w: ân 'es-saby hata yuhhtelem, we ân el-medjnoun̄ hata youkâl.*

C c iv

paschale, le sacrifice paschal , etc. Il faut
cependant en excepter les dîmes aumônières
arriérées , qui , comme les dettes civiles, doivent être prélevées sur le montant du taux
décimal. Ce taux doit aussi être indépendant
des premiers besoins de l'homme , maisons,
vêtemens , meubles , bêtes de monture , bêtes de somme , esclaves , armes , outils , instrumens , même les livres de religion , en un
mot, toutes les choses usuelles et nécessaires.
En conséquence, la dîme n'est imposée que
sur les objets de luxe , et sur tous les biens
qui servent au trafic, de quelque nature qu'ils
soient, acquêts , hérédité, legs , biens do-
taux , etc. , excepté néanmoins les biens
fonds , comme sont les terres décimales et
les terres tributaires , parce qu'elles sup-
portent les droits publics de l'*Œuschr* et du
Kharadjh.

V. L'Imam *Schafiy* ne dispense de cette dîme ni les
mineurs ni les insensés : il exige qu'elle soit distribuée aux pauvres par les mains de leurs tuteurs.
Selon lui, cette obligation est aussi indispensable que
celle de pourvoir à la subsistance de leurs femmes ,

et au paiement des droits publics pour leurs immeubles et leurs possessions.

Cette dîme doit être annuelle, et toujours en raison des biens réels et effectifs de chaque Musulman : c'est pourquoi il faut ajouter chaque année aux capitaux les profits de l'année précédente. On doit cependant en excepter les biens qui seroient divertis, égarés, volés, ravis, usurpés, perdus en mer, ou enfouis dans un champ ouvert, dont l'endroit seroit réellement ignoré du propriétaire. Si on les recouvre, la dîme n'en est due alors que du jour de leur recouvrement.

V. L'Imam *Zufer* et l'Imam *Schafiy* la prescrivent du jour même qu'on les a perdus.

Mais si un bien est enfoui dans une maison ou dans un terrain clos, le propriétaire est toujours soumis à la dîme, quand même il en ignoreroit l'endroit, parce qu'il ne dépend que de lui d'employer les moyens nécessaires pour le découvrir.

On n'est cependant obligé à rien pour les biens enlevés de force ou confisqués par autorité souveraine, ainsi que pour toute dette active niée par un débiteur contre qui il n'existeroit aucune preuve testimoniale. Mais si la dette est avouée par le débiteur, quel que soit son état d'opulence ou d'indigence, ou si même étant niée, il existoit des preuves dont l'action judiciaire ne dépendroit que du créancier, alors celui-ci, dans l'un et l'autre cas, est toujours obligé à la dîme, en raison du montant de sa créance.

V. Les *Imameïnns* n'admettent pas cette obligation, si le débiteur est déclaré insolvable par acte juridique.

L'acquittement de cette dîme doit toujours être accompagné de l'intention du fidèle : s'il en manque, il ne

peut être excusable qu'autant qu'il n'auroit disposé que d'une partie de la dîme.
Mais s'il la donne en entier sans avoir
l'intention requise, le paiement de
cette detté religieuse est pour lors réputé nul.

V. L'Imam *Schafiy* admet dans ce cas le non mérite,
mais pas la nullité de l'acquittement.

Enfin le fidèle n'est proprement
obligé qu'au quart de la dîme aumônière (deux et demi pour cent) sur
tous les biens qui y sont légalement
assujéttis.

C. Ces biens, quoique rangés en trois classes principales, qui comprennent les bestiaux,
les métaux et les meubles, forment cependant
cinq articles distincts et séparés, parce que
l'estimation du taux décimal, et l'acquittement de la dîme sur chacun de ces articles,
se font dans un esprit différent.

ARTICLE Iᵉʳ. *De la Dîme sur les Chameaux.*

Pour payer la dîme des chameaux, il faut en posséder cinq, ce qui équivaut à deux cents talens. Cette dîme consiste en un mouton. Neuf chameaux n'en paient pas plus ; mais le nombre de dix doublant la matière imposable ou le taux décimal, on est pour lors obligé de donner deux moutons. D'après cette règle, la dîme aumônière exige pour le nombre

De 15 à 19 chameaux, 3 moutons.
De 20 à 24 .... 4 moutons.
De 25 à 35 .... 1 chamelle de 2 ans.
De 36 à 45 .... 1 chamelle de 3 ans.
De 46 à 60 .... 1 chamelle de 4 ans.
De 61 à 75 .... 1 chamelle de 5 ans.
De 76 à 90 .... 2 chamelles de 3 ans.
De 91 à 120 .... 2 chamelles de 4 ans.
De 121 à 125 .... 2 chamelles de 4 ans et 1 mouton.
De 126 à 130 .... 2 chamelles de 4 ans et 2 moutons.
De 131 à 135 .... 2 chamelles de 4 ans et 3 moutons.
De 136 à 140 .... 2 chamelles de 4 ans et 4 moutons.

De 141 à 145 chameaux, 2 chamelles de 4 ans et une de 2 ans.

De 146 à 150 ....: 3 chamelles de 4 ans.

De 151 à 155 .... 3 chamelles de 4 ans et 1 mouton.

De 156 à 160 .... 3 chamelles de 4 ans et 2 moutons.

De 161 à 165 .... 3 chamelles de 4 ans et 3 moutons.·

De 166 à 170 .... 3 chamelles de 4 ans et 4 moutons.

De 171 à 175 .... 3 chamelles de 4 ans et une de 2 ans.

De 176 à 185 .... 3 chamelles de 4 ans et une de 3 ans.

·De 186 à 200 .... 4 chamelles de 4 ans.

Après ce nombre on recommence sur le même pied.

ARTICLE 2. *De la Dîme sur les Bœufs.*

La possession de trente bœufs forme le taux nécessaire pour en payer la dîme : elle consiste en un veau de deux ans. Trente-neuf bœufs n'en paient pas plus. Ainsi, d'après cette règle, la dîme aumônière exige pour le nombre

De 40 à 59 bœufs,. 1 bœuf de 3 ans.

De 60 à 69 .... 2 bœufs de 2 ans.

De 70 à 79 .... 1 vache de 3 ans et un bœuf de 2 ans.

De 80 à 89 .... 2 vaches de 3 ans.

De 90 à 99 .... 3 bœufs de 2 ans.

De 100 à 109 .... 2 bœufs de 2 ans et 1 vache de 3 ans.

De 110 à 119 bœufs, 2 bœufs de 2 ans et 2 vaches de 3 ans.

De 120 à 129 ...... 4 bœufs de 2 ans, ou 3 vaches de 3 ans.

Après ce nombre on recommence sur le même pied.

C. Les buffles sont censés compris dans cet article des bœufs.

ARTICLE 3. *De la Dîme sur les Moutons.*

Le taux pour les moutons fait une exception à la loi générale de cette dîme, puisque sur quarante il en faut donner un, et rien de plus jusqu'au nombre de cent vingt. De cent vingt-un, jusqu'à trois cent quatre-vingt-dix-neuf, il en faut trois. Les quatre cents en exigent quatre. En partant de ce nombre de quatre cents, on doit ajouter un mouton à chaque centaine de plus ; ce qui, d'après l'ordre exprès du Prophète, réduit cette dîme à un pour cent.

C. La chèvre, le bouc et l'agneau sont également compris dans cet article.

ARTICLE 4. *De la Dîme sur les Chevaux.*

Il faut posséder cinq chevaux pour en payer la dîme, qui est d'un sequin par tête, on bien deux et demi pour cent sur leur estimation réelle, supposé que la valeur de cinq chevaux monte à la somme de deux cents talens.

C. Les jumens, les mulets et les ânes sont censés compris dans cet article.

Toute bête de somme et de monture à l'usage particulier du Musulman, est exempte de la dîme, ainsi que les petits des chameaux, des moutons et des bœufs, à moins qu'il n'y en ait de grands dans le troupeau même. Dans ce cas, un seul suffit pour les soumettre tous à la dîme.

C. Si donc un homme possède quarante moutons, dont trente-neuf seroient encore des agneaux, il est obligé de donner en aumône le quarantième, c'est-à-dire, le seul mouton du troupeau.

Si les biens en bestiaux appartiennent en société à différens particuliers, le taux se règle alors, non sur la masse totale de ces biens communs, mais sur la portion de chaque co-intéressé. Cette dîme sur les bestiaux, comme sur les autres objets, est payable au gré du fidèle, ou en nature, ou en espèces.

Article 5. *De la Dîme sur l'Or, l'Argent et les Effets mobiliers.*

La somme d'argent sujette à la dîme est de deux cents dragmes, et celle de l'or de vingt médicaux. Cette dîme est de deux et demi pour cent sur l'une et sur l'autre.

C. La dragme, *Dir'hém*, est de quatorze karats, *hyraths*; et le médical, *misscal*, de vingt karats, chacun de cinq grains d'orge.

Ce

Ce poids a été ainsi déterminé par le Khali-phe *Omer ;* de l'avis unanime de tous les disciples du Prophète ; attendu la confu-sion des différens poids d'or et d'argent qui avoient cours alors dans toute l'Arabie. Sur les deux cents dragmes d'argent, et sur les vingt médicaux d'or, la loi fait grace de tout ce qui pourroit excéder ces sommes jusqu'à la concurrence de quarante dragmes pour l'ar-gent, et de quatre médicaux pour l'or ; mais tout ce qui est au-delà de ces poids sur l'un et l'autre métal, est soumis à l'entier acquit-tement de la dîme.

Ce taux est le même pour l'or et l'argent, monnoyé ou non, comme pour les ornemens et les bijoux de l'un et de l'autre sexe, bagues, montres, colliers, bracelets, boucles d'oreilles, etc., et pour tous les ustensiles, vases, coupes en or ou en argent, dès qu'ils sont un objet de luxe ou de commerce.

C. Le Prophète voyant un jour deux fem-mes faire leurs tournées, *Tawaf,* autour du

Kéabé de la *Mecque*, toutes deux portant des bracelets d'or, leur demanda si elles, en payoient la dîme : elles lui répondirent que non. *Voulez-vous donc,* répliqua-t-il, *porter au lieu de ces bracelets d'or, des bracelets de feu ? A Dieu ne plaise !* répondirent-elles avec la plus vive émotion. *Eh bien,* continua le Prophète, *soyez attentives désormais à en payer la dîme aumônière.*

Au défaut de la quantité nécessaire dans chacun de ces métaux, le fidèle doit joindre l'or à l'argent ; et même la valeur réelle d'autres effets pour compléter le taux légal, et en donner la dîme aux pauvres. Si l'or et l'argent sont mélangés, il faut pour lors s'en tenir au plus dominant des deux métaux. S'ils ont un alliage de cuivre au dessus de la moitié du poids, ils sont dans ce cas envisagés comme marchandises, et par-là soumis à une juste estimation. Mais si l'or ou l'argent domine

sur le cuivre, alors la monnoie est cen-
séé avoir sa valeur intrinsèque, et la
dîme aumônière en est due comme or
ou comme argent massif.

Observations.

Si les Musulmans sont exemplaires dans
l'exercice de diverses pratiques de leur culte,
ils ne le sont pas moins sur cet article de la
dîme, comme sur tout ce qui tient à la charité, aux actes d'hospitalité, d'humanité, de
bienfaisance. Les personnes les moins aisées,
du moment qu'elles possèdent le taux légal
de deux cents talens, qui font environ 120 liv.
tournois, s'empressent d'en sacrifier une partie en faveur des pauvres, ou de leurs parens
indigens.

Les alliés, tels que le gendre, la belle-
fille, etc. et les collatéraux, les frères même
et les sœurs, peúvent participer à la jouissance de cette dîme. La loi n'en exclut que
les ascendans, les descendans et les conjoints,
parce qu'ils ont le droit, en cas d'indigence,
de réclamer les secours nécessaires à leur

entretien, à titre d'alimens, *Néfaca*. Quant
aux *Béni-Haschims*, également exclus de la
jouissance de cette dîme, on sait que ce sont
les *Emirs* descendans du Prophète et des autres branches du célèbre *Haschim* son bisaïeul.
Les plus indigens d'entre eux, ceux même
qui languissent dans les dernières classes de
la nation, reçoivent des secours, non sous le
nom de dîme, mais à titre d'aumône, *Sadaca*.
A ce mot, la main du Musulman s'ouvre aux
pauvres de toute famille, de toute nation,
de toute religion, de tout pays. On verra dans
la partie morale jusqu'où s'étendent les libéralités et les aumônes qui sont encore prescrites au Musulman.

Quant à la dîme, on ne se règle pas toujours
sur les déterminations de la loi pour s'acquitter
de ce devoir important. On omet les détails d'un
calcul exact et minutieux de ses moyens. On se
contente de faire en gros des charités, toujours
dans l'esprit de la loi, et le plus souvent fort
au dessus des sommes que l'on devroit donner
à raison de sa fortune, de ses revenus, de ses
profits annuels. Ceux même qui pendant leur

vie ont quelquefois manqué à cette obligation,
n'oublient rien pour y satisfaire à la fin de leurs
jours, soit en répandant de grandes aumônes
au lit de mort, soit en disposant, par testament, d'une partie de leurs biens au profit
des pauvres. Ces sentimens de charité et de
bienfaisance ont fait dans tous les temps le
caractère distinctif de ces peuples.

Les annales du Mahométisme en fournissent mille traits édifians. Les hommes les plus
vicieux et les plus avares, les ministres les plus
corrompus, les princes même les plus durs
et les plus cruels, ont toujours respecté ce
grand précepte de l'Islamisme. Le tyran qui
d'une main dépouille les maisons les plus opulentes, pourvoit de l'autre à la subsistance du
pauvre et de l'indigent.

Ces devoirs que la nature impose à tous les
hommes, semblent avoir été plus scrupuleusement observés encore par les princes de
la maison Othomane. On voit dans *Sad'ed-
dinn-Efendy,* qu'*Osman I* ne cessa, pendant
toute sa vie, de répandre des aumônes au
sein des veuves et des orphelins. Tous les

jours on servoit dans son palais plusieurs tables
destinées aux malheureux. Il y assistoit souvent ; il posoit même de sa main les plats
sur la table , et toujours d'un air de bonté et
de satisfaction qui étonnoit les officiers de sa
cour. Par-tout où il rencontroit des pauvres ,
il leur faisoit l'aumône ; et il lui arriva plus
d'une fois , ajoute le même auteur , de leur
donner jusqu'à son manteau. *Mohammed I*
étoit dans l'usage d'en nourrir chaque vendredi
un nombre considérable. Le prince *Emir-
Suleyman ,* fils de *Bayézid I ,* rachetoit tous
les jours un esclave , ou délivroit un captif.
Bayézid II recherchoit de préférence les pauvres des familles distinguées , et tous les ans
il faisoit toucher de grosses sommes aux gouverneurs des provinces, avec ordre de les distribuer aux plus indigens des villes et des campagnes. D'autres Sultans s'attachoient plus particulièrement à ceux de la *Mecque* et de *Médine.*

Enfin les Monarques, les Grands et les personnes opulentes , indépendamment des sommes prodigieuses, qu'ils versent tous les ans
au sein de la misère, se font encore un devoir

d'employer une partie de leurs biens à des fondations pieuses et à des établissemens charitables, pour la subsistance des pauvres et le
soulagement des malheureux. Nous en parlerons plus bas ; à l'article des Temples

CHAPITRE II.

De l'Aumône Paschale, Sadacath'ul-fitr.

L'AUMÔNE paschale est d'une obligation canonique. Elle consiste en une
demi-mesure, *Sâ* (1), soit de bled,
soit de farine, soit de raisins, ou
bien en une mesure entière de dattes.
ou d'orge, que l'on doit distribuer
aux pauvres: On est cependant le maître de faire cette aumône en nature,
ou en argent. Tout Musulman aisé est
soumis à cet acte charitable : il y est
obligé, et pour lui, et pour ses enfans
mineurs s'ils sont indigens, et pour

---

(1) Le *Sâ* est de mille quarante dragmes.

ses esclaves, soit Musulmans, soit non-Musulmans; et même pour ses affranchis non absolus.

C. Il n'y est donc jamais obligé ni pour les enfans mineurs et opulens, ni pour les enfans majeurs, quelles que soient leurs facultés, ni pour les esclaves communaux, ni pour les affranchis absolus, ni même pour sa propre femme.

V. L'Imam *Schâfy* admet l'obligation du mari pour la femme; l'Imam *Zufer*, celle du père à l'égard des enfans mineurs, soit indigens, soit opulens; et les *Imametnns*, celle des co-patrons de l'esclave communal, chacun en raison de son intérêt ou de son droit de propriété sur lui.

L'obligation du fidèle pour cette aumône n'existe que depuis l'aurore jusqu'à l'heure de l'oraison paschale, le 1er de la lune de *Schewal*, jour de la fête *Id-fitr*.

C. D'après cette détermination temporaire, cette aumône ne sauroit faire une dette religieuse pour la personne qui mourroit un

instant,avant l'aurore, ni pour l'enfant qui naî-
troit, ou l'infidèle qui embrasseroit le Musulmanisme un instant après l'oraison paschale.
On est cependant maître de s'en acquitter
avant ou après ce temps prescrit, et même
de faire ces aumônes par anticipation pour
plusieurs années à la fois.

V. L'Imam *Schafiy* fixe le temps de cette obligation
à la veille même de la fête, c'est-à-dire, au coucher
du soleil, dans le dernier jour de *Ramazann* ; au moment qu'expire l'obligation du jeûne canonique de
cette lune.

CHAPITRE III.

Du Sacrifice Paschal, Udd'hiyé.

LE sacrifice paschal est l'immolation
que l'on fait d'un animal, dans la vue
d'honorer l'Eternel le jour de la grande
fête des sacrifices, *Id-ad'hha*. Cet acte
est d'obligation canonique ; ainsi tout
Musulman aisé, de condition libre et
de demeure fixe, est tenu à cette

offrande, qui consiste en un mouton (1)
ou en un bœuf, ou en un chameau. Différentes personnes peuvent s'associer
jusqu'au nombre de sept pour l'immolation du bœuf ou du chameau. Tous
doivent s'unir d'intention à cet acte
auguste, comme étant une œuvre
agréable à l'Eternel ; et tous doivent
être Musulmans, de condition libre,
et y entrer chacun pour un septième,
jamais pour moins.

C. Or si un seul de ces associés y entre
pour une moindre portion, s'il est de condition serve, ou non-Musulman, s'il participe
au sacrifice par pur motif d'intérêt, pour avoir
une partie de la victime, le sacrifice est réputé nul pour tous.

L'acte d'association, fait avant ou
après l'acquisition de l'animal, est

_____

(1) Le bouc, la chèvre et l'agneau y sont censés
compris.

également bon et valide, mais il est toujours plus louable et plus méritoire de le former avant l'achat. L'animal acheté et destiné au sacrifice, ne doit plus être revendu. Le temps consacré à cette auguste offrande, est celui des trois premiers jours de la fête *Id-ad'hha* : il commence à l'aurore du premier jour, et finit au troisième, vers le coucher du soleil.

C. Cependant les momens les plus salutaires sont ceux de la matinée du premier jour de la fête. C'est pourquoi ce jour est consacré sous le nom de *Yewm'un-nahhr* (jour de la mactation ou de l'immolation); et cela depuis le lever du soleil jusqu'à midi, temps distingué sous le nom de *Douhha*, d'où dérive le mot d'*Udd'hiyé*, qui désigne l'acte de ces sacrifices. Les citoyens des villes où les mosquées ont le droit de faire l'oraison paschale, sont même obligés de procéder à ces sacrifices immédiatement après l'office solennel du jour.

Cés, sacrifices doivent être faits pendant le jour. Ceux de la nuit, quoique valides, ne laissent pas d'être blâmables aux yeux de la religion. Après l'expiration du troisième jour, il n'est plus permis d'immoler des victimes, et les animaux qui y seroient destinés, doivent être distribués vivans aux pauvres. Si l'homme aisé ne s'en est pas pourvu, il n'est pas dispensé pour cela de leur en donner la valeur, sur-tout s'il a eu l'intention de se conformer au précepte de la loi. Mais l'homme indigent n'y seroit obligé qu'autant qu'il auroit déjà fait l'acquisition de la bête, car alors il ne peut se refuser à la donner aux pauvres.

Pour être légalement propres à ce sacrifice religieux, les moutons doivent avoir un an complet, les bœufs

deux, et les chameaux cinq. Le défaut de cornes, les vertiges, et la gale
dans les moutons qui seroient d'ailleurs gras et sains, ne sont pas des
vices propres à infirmer la validité du
sacrifice. Les moutons coupés y servent également ; mais s'ils sont bor-
gnes, aveugles, extrêmement maigres,
ou boiteux au point de ne pouvoir
gagner le lieu destiné à leur immolation, ils ne peuvent servir au sacrifice. Il en est de même s'ils ont les
pieds de devant ou ceux de derrière,
mutilés, ou s'il leur manque la majeure partie ou d'une oreille, ou d'une
cuisse, ou de la queue. Si, au milieu
de l'acte même, l'animal vient à s'es-
tropier ou à se blesser, par ses mouvemens et ses efforts, ce vice accidentel
ne sauroit invalider le sacrifice.

Le maître doit immoler la victime

de sa propre main, pour en rendre l'acte encore plus méritoire. Et si, par impuissance, ou par quelque autre motif légitime, il est obligé de se servir d'une main étrangère, il faut toujours qu'il y soit présent, et que celui auquel il a recours, soit aussi Musulman.

C. On pourroit absolument employer la main d'un *Kitaby* (Chrétien ou Juif), mais ce seroit toujours un acte répréhensible.

Celui qui immole une victime, doit en manger une partie, et distribuer le reste à son gré, soit à des personnes indigentes, soit à des personnes aisées; mais cette portion ne doit jamais être au dessous du tiers. S'il est père de famille, il peut alors se dispenser d'en rien donner.

La peau de la victime doit être pour les pauvres, ou ne servir qu'à l'usage du maître. S'il en dispose autrement, ou s'il la donne en échange, il ne peut prendre en retour que des objets qui ont de la résistance et de la solidité, comme bêches, couteaux, etc. S'il en échange la peau, la viande ou la graisse contre des comestibles ou des effets fragiles (1), sujets à dépérir, il est pour lors obligé de donner ces mêmes effets en aumône.

Le sacrifice du mouton ou de la bête d'autrui, immolée à son insu, et celui que feroient deux hommes qui, par méprise, immoleroient le mouton l'un de l'autre, sont des actes censés opérés par voie de procuration, et dès-lors bons et valides. Enfin le sacrifice que le Musulman feroit d'un mouton qu'il auroit ouvertement enlevé, est également valide : mais il n'en est pas de même, s'il immole la

_____

(1) *Musstehhlek'ul-âinn.*

bête qui lui auroit été confiée à titre de dépôt.

C. C'est que dans le premier cas, la propriété du mouton est censée acquise au moment même de l'enlèvement qu'en fait le ravisseur, moyennant l'indemnité à laquelle il est tenu; tandis que dans le second cas, le vol est censé opéré par l'acte même de l'immolation.

OBSERVATIONS.

Les offrandes de d'aumône et du sacrifice paschals ont également pour objet le culte de Dieu, et la charité envers le prochain. Toutes les classes de la nation observent religieusement l'un et l'autre précepte. A l'époque des deux *Beyrams*, on distribue aux pauvres l'aumône paschale; et dans celui des sacrifices, on ne manque jamais d'immoler une victime. Les Grands, les personnes aisées en immolent plusieurs : ce sont ordinairement des agneaux, des moutons ou des boucs, que l'on décore de différentes manières, comme on l'a vu plus haut dans la planche 21.

Cette

Cette cérémonie se fait ordinairement après l'office solennel du jour. Chaque père de famille , en revenant de la mosquée , immole sa victime au milieu de la cour de sa maison; ensuite il en 'coupe un morceau , le fait rôtir, en goûte avec sa famille , et distribue le reste aux pauvres. Quelquefois les Grands et les personnes d'un certain âge , se font remplacer par leurs enfans ou les intendans de leur maison.

Le Sultan remplit ce devoir en personne , toujours dans l'intérieur de son Sérail , et avec le plus pompeux appareil. Dès son retour de la mosquée il se couvre d'un tablier de soie, prend en main le glaive du sacrifice , et immole ainsi lui-même un ou deux agneaux , au milieu des vœux et des prières de tous les grands officiers du palais. Il goûte également d'une partie de ces victimes , et fait donner le reste aux pauvres avec de grandes aumônes.

Indépendamment de ces sacrifices prescrits par la loi pour la fête *Courbann-Beyram* , la nation suit encore aujourd'hui l'ancien usage des Arabes, d'immoler des victimes à différentes

époques et dans divers événemens de la vie ,
tels que la naissance d'un enfant , la cérémonie de sa circoncision, le rétablissement d'un
malade , la mort même d'un parent , le succès
d'un voyage ou d'une entreprise intéressante,
le premier et le dernier jour de la construction
d'un hôtel , d'un édifice , d'une mosquée, d'un
bâtiment quelconque : toutes les personnes
opulentes sont attentives à satisfaire à cette pratique , qui est d'ailleurs consacrée par l'exemple du Prophète. A la naissance d'*Ibrahim* son
fils, il s'empressa d'immoler un certain nombre
de victimes ; il fit même présent d'un esclave à
la sage-femme , et distribua aux pauvres de
grandes aumônes , et de l'or pur , du poids des
cheveux de l'enfant , qui avoient été coupés ,
dit *Admed Efendy* , et cachés soigneusement
dans la terre. Cet acte superstitieux , respecté
sans doute de son temps, n'est plus en usage
chez les Musulmans de nos jours.

Le gouvernement lui-même observe aussi
cet acte important de l'Islamisme dans les événemens publics , tels qu'une victoire rem-
portée sur les ennemis , le commencement

d'un siége, la prise d'une ville, la cessation d'une calamité, etc. Anciennement, lorsque les Sultans marchoient en personne à la guerre, on faisoit également des sacrifices ,. et le jour de leur départ, et celui de leur retour à la capitale. Dans ces occasions, les habitans de toutes les grandes villes se faisoient aussi un devoir d'immoler des victimes au milieu. des rues, des chemins publics, et pour ainsi dire, aux pieds du Monarque. En général ,tous ces sacrifices sont.accompagnés de libéralités immenses.

L'Arabie païenne, qui n'offroit jamais à ses idoles que des holocaustes de chameaux, vit toujours avec horreur l'usage barbare des Egyptiens, qui immoloient à leurs dieux des victimes humaines. L'Islamisme abolit cet usage lors de la conquête de cette contrée par le célèbre *Amr ibn'ul-Ass.* Ce Général, informé que les Egyptiens jetoient tous les ans dans le Nil une jeune esclave, et l'offroient en sacrifice aux dieux, pour les rendre propices au débordement du fleuve, ordonna d'abord de différer cette cérémonie; mais bientôt, inquiet des clameurs de l'Egypte entière, il instruisit *Omer* , et lui demanda ses ordres.[1] Le Khaliphe lui répondit que l'Islamisme devoit détruire tout ce qui étoit contraire aux maximes du *Cour'ann* , et lui ordonna en même temps de faire jeter dans le Nil , au lieu d'une victime humaïne , une feuille volante, avec ces paroles singulières : *Au nom de Dieu très-clément et très-miséricordieux , de moi* Omer *fils de* Khatab, *serviteur de Dieu , à toi , Nil d'Egypte ! si le cours de tes eaux est un effet de ta propre nature , mes ordres sont inutiles , je n'ai aucune influence sur toi ; mais s'il est l'effet de la volonté divine , que ton mouvement , que ton action s'exécute au nom du Très-Haut !* Le Général *Amr*, ajoute l'historien Mahométan , s'acquitta avec le plus grand appareil de l'ordre du Khaliphe ; et le débordement du Nil , plus abondant encore cette année que les précédentes , contribua à faire revenir les Egyptiens d'une coutume aussi barbare et aussi révoltante.

CHAPITRE IV.

Des Donations ou Fondations pieuses, Wakfs.

LES *Wakfs* ou fondations pieuses, sont des biens dont le fidèle donateur ou fondateur, *Wakif,* est censé s'être volontairement dépouillé pour en céder la propriété absolue à Dieu, et l'usufruit ou la jouissance aux hommes (1). Ainsi lorsque le donateur a une fois disposé de ces biens, ni lui, ni sa postérité ne conservent plus aucun droit sur eux ; et la donation devient à jamais irrévocable.

V. Cette loi est fondée sur l'opinion des *Imameïnns :* elle a prévalu sur celle de l'Imam *Azam,* qui ne croit pas qu'on puisse regarder généralement ces dispositions comme absolues, à moins que les fondateurs

_____

(1) *Wakf habs'ul-äïn âla mulk'ullah'u âla wedjhi yeoudé nef'âh'u il 'el-ibad.*

de ces biens n'aient rendu eux-mêmes leurs donations
perpétuelles et à jamais inaliénables, par un acte
formel et juridique.

La volonté seule et l'acte d'abandon
du propriétaire suffisent pour constituer une donation. Celle même que
l'on fait de son droit ou de sa portion
dans une propriété commune , est
également valide et légale.

C. Les *Wakfs* sont des fondations consacrées à la subsistance des pauvres ou à l'utilité
publique. Ce sont des hôtelleries, des cimetières, des fontaines, des puits, des terres labourables, enfin des biens meubles et immeubles, de
toute espèce et de tout genre ; car, d'après
l'opinion de l'Imam *Zufer,* les *Wakfs* peuvent
également être faits en deniers ou en espèces.

Le donateur est absolument le maître de disposer à son gré de l'usufruit
de ses biens ; et ses dispositions une
fois constatées par un acte juridique et

solennel , *Wakfiyé* , ne peuvent plus être révoquées.

Toute donation exige l'établissement d'un administrateur *Mutéwelly* ; et c'est entre ses mains que le donateur doit remettre les objets ou les actes de sa libéralité.

V. L'Imam *Ebu-Youssouph* ne croit pas que la nomination d'un administrateur soit nécessaire.

Il peut encore se constituer lui-même le *Mutéwelly* de sa fondation : mais en cas de négligence ou d'infidélité de sa part , le *Cady* , le magistrat du lieu , est en droit de le destituer pour toujours, et de nommer à sa place un autre administrateur.

On peut, au besoin , échanger un immeuble contre un autre , pourvu qu'il soit de la même valeur et du même revenu ; et dès-lors le *Wakf* de la fondation primitive rentre dans le commerce, et reprend sa qualité de bien libre ou de propriété absolue, *Mulk*.

Les frais de réparations d'un *Wakf* consistant en biens immeubles, doivent toujours être pris sur les revenus de ces fonds, qui doivent y être employés par préférence à tout, même aux pauvres auxquels ils seroient destinés.

Celui qui a la jouissance ou l'usufruit d'un *Wakf*, est également tenu aux réparations nécessaires : s'il ne les fait pas, soit par mauvaise volonté, soit par défaut de moyens, le magistrat est en droit de donner l'immeuble à bail. Mais après avoir assuré par cette voie l'état des réparations, il est obligé de remettre l'immeuble entre les mains de l'usufruitier.

On doit toujours y employer les vieux matériaux ; s'ils sont hors d'état de servir, il faut les vendre, et en affecter le produit aux réparations de l'édifice, jamais au profit de l'usufruitier ; parce qu'on ne doit pas perdre de vue la différence qu'il y a entre l'usufruit de la donation , qui peut appartenir aux hommes, et la donation elle-même, le *Wakf*, qui appartient à Dieu.

Cependant si un *Khann* (hôtellerie) est presque abandonné, il est permis alors d'employer ses revenus à l'entretien d'un autre plus fréquenté , et cela pour remplir l'objet de sa fondation , qui est l'utilité publique.

Toute donation pieuse, faite par un malade , n'est valide et exécutoire que pour le tiers.

C. C'est que toute disposition faite par un malade, est envisagée comme un testament; et que tout testament fait par un malade, ne peut jamais avoir d'action et d'effet que pour le tiers de l'objet dont il dispose.

A moins d'une clause expresse dans les dispositions du donateur, le *Muté-welly* ne doit jamais donner le *Wakf* à bail perpétuel, mais pour un temps limité; les terres labourables pour trois ans, et tout autre bien meuble ou immeuble pour un an. Tout bail portant sur un plus long terme, ne seroit ni légal, ni valide. En général, les baux de tous les biens consacrés par la dévotion et la charité des fidèles, doivent être faits d'après une juste estimation; et alors ils ne peuvent être résiliés pour quelque cause que ce soit, avant l'expiration du terme convenu. La disposition de ces objets doit toujours être pleine et entière entre les mains de l'administrateur, sans qu'il soit tenu de prendre ou de suivre l'avis de personne, pas même celui de l'usufruitier du *Wakf*; enfin aucun *Wakf*, soit meuble, soit immeuble, ne peut jamais être hypothéqué ni mis en gage : dans tous les cas l'acte en seroit illégal, et par conséquent nul.

CHAPITRE V.

Des Temples, Messdjids.

LA construction d'un *Messdjid* n'emporte avec soi ni le caractère d'un *Wakf*, ni l'obligation de le consacrer à perpétuité au culte public, à moins 1°. que le fondateur ne l'ait fait élever hors de l'enclos de sa maison, sur un terrain séparé par la grande route ; 2°. qu'il n'ait permis au public d'y faire la prière *Namaz ;* et 3°. que cette prière n'ait été réellement faite en corps d'assemblée, sur-tout si c'est le *Namaz* solennel des vendredis. Dans ces cas seuls on peut regarder le *Messdjid* comme un monument public élevé à la gloire de l'Eternel, et dont le fondateur ne peut plus changer la destination. Cependant il est le maître de s'y réserver un lieu souterrain, d'élever même au dessus du temple une maison ou un édifice quelconque, et d'en disposer à son gré.

Mais si le *Messdjid* est bâti dans l'enceinte de la maison, il ne peut jamais être regardé comme un *Wákf*, quand même le fondateur auroit permis au public d'y faire la prière *Namaz*. Toujours maître absolu de cet édifice, il peut le céder, le vendre, le transmettre à ses héritiers, sans avoir à craindre aucune opposition légale.

Si un *Messdjid* dévoué aux fidèles est trop petit, on peut l'agrandir aux dépens du chemin public, comme il est permis, en cas de nécessité, d'élargir le chemin aux dépens même du temple.

Tout *Messdjid* peut être décoré et embelli même avec de la dorure.

C. Les Khaliphes *Omer* et *Osman* ont été les premiers à en donner l'exemple. L'embellissement des temples ne doit cependant pas se faire aux dépens de leurs *Wakfs*, à moins qu'une partie de ces rentes fondées ne soit expressement affectée à leur décoration. Au défaut de ces moyens, si l'administrateur *Mutéwelly* y emploie arbitrairement les rëvenus des *Wakfs* qui lui sont confiés, c'est sur lui que retombe alors tout le poids des dépenses qu'il auroit faites en décorations.

Les *Messdjids* publics étant des lieux consacrés à l'adoration de l'Être suprême, doivent par cette raison être toujours ouverts.

C. On ne doit en refuser l'entrée à personne, ni en fermer les portes pendant le jour, à moins que ce ne soit par une crainte bien fondée d'exposer au vol les ornemens du temple.

Si un non-Mahométan, un sujet tribu-
taire, *Zimmy*, entre dans un *Messdjid*,
la chose en soi est indifférente pour la
religion.

C. Le Prophète nous en a donné l'exemple,
en y admettant le député de *Sakif*, qu'il fit
même placer sous une tente dressée au milieu
du *Messdjid*.

V. L'Imam *Schafiy* ne le permet pas : il s'appuie
sur un passage de la loi où il est dit que *Tout infidèle
est la souillure même* (1).

Enfin les *Messdjids*, les temples du
Seigneur doivent être respectés. Personne ne doit jamais s'y permettre rien
contre la piété et la religion.

C. On doit respecter jusqu'au toit de ces
saints édifices, sur lesquels il est de la décence de s'interdire même les actes les plus
licites et les plus innocens.

_____

(1) *Innem 'el muschrikiouné nedjess.*

Observations.

Ces deux Chapitres nous conduisent à l'ex-
position de tout ce .qui concerne les *Wakfs*
et les temples du Mahométisme. Ainsi nous
parlerons 1°. de ces édifices ; 2°. des divers
bâtimens qui les entourent, et qui ont pour
objet l'instruction de la jeunesse et le bien
général de l'humanité ; et 3°. des *Wakfs,*
biens consacrés au service des. mosquées et
à d'autres fondations d'utilité.publique.

§. Ier.

Des Temples.

Anciennement tous les temples Musulmans portoient la dénomination générale de
Messdjid, qui signifie, édifice voué à l'adoration. C'est sans doute de ce mot que dérivent
ceux de *Meschita,* et de *Mosquée* dans les
langues Européennes. On a depuis appelé les
plus considérables de ces temples, *Djéami'y-
Messdjid,* ou simplement *Djéamy,* lieu
de congrégation ou d'assemblée. Enfin on a
spécifié ceux qui sont de la fondation des

Monarques, des princes et princesses de leur sang, sous le nom de *Djëwami-y-Sélatinn*, qui répond à celui de basiliques ou de mosquées Impériales : *Djëwamy* est le pluriel de *Djéamy*, et *Sélatinn* celui de *Sultan*.

Ces temples, distingués déjà entre eux par leur nom, le sont encore par leur structure, leur étendue et les différentes prérogatives qui y sont attachées, dans l'ordre religieux, civil, et politique : ils forment donc trois classes distinctes et séparées ; les mosquées Impériales, les mosquées ordinaires, et les simples *Messdjids*.

I. Les mosquées Impériales ne se trouvent que dans les grandes villes de la monarchie, telles que *Brousse*, *Andrinople*, le *Caire*, *Damas*, *Constantinople*, etc. Cette capitale en compte aujourd'hui quatorze, qui, par leur prééminence respective, sont placées dans l'ordre suivant :

1°. *Sainte Sophie*, à qui les Mahométans ont conservé le nom grec d'*Aïa-Sofia*. On sait que *Mohammed II* convertit cette superbe église en mosquée, le jour même qu'il

arbora

arbora ses drapeaux sur les murs de l'ancienne capitale de l'Empire d'Orient. Elle fait depuis cette époque la mosquée cathédrale ou la première chaire de l'Empire Othoman.

2°. *Sultan-Ahmed*, du nom d'*Ahmed I*, son fondateur. On l'appelle encore *Alty-Minarély*, ou mosquée à six minarets ; à cause des six flèches qui la décorent extérieurement.

3°. *Sultan-Suleyman* ou *Suleymaniyé*, qui a pour fondateur *Suleyman I*.

4°. *Sultan-Bayézid*, élevée par *Bayézid II*.

5°. *Sultan-Mohammed*, de la fondation de *Mohammed II*.

6°. *Nour-Osmany*, qui veut dire, la lumière Othomane : elle fut commencée par *Mahmoud I*, et achevée par *Osman III*.

7°. *Sultan-Selim :* elle est de la fondation de *Selim I*, quoiqu'elle n'ait été achevée que sous *Suleyman I*, son fils et son successeur.

8°. *Eyub*, élevée par *Mohammed II*.

9°. *Lalély*, qui est aussi le nom du faubourg où *Moustapha III* la fit construire.

10°. *Validé-Sultane*, appelée encore *Yéni-Djéamy*, mosquée neuve : elle est de la fondation de la *Validé Terkhann-Sultane*, mère de *Mohammed IV*.

11°. *Schahzadé-Djéamissy*, ou mosquée du prince royal. *Suleyman I* la fit construire en l'honneur du prince *Mohammed* son fils.

12°. *Validé-Djéamissy*, de la fondation de *Rabiâ-Gulnousch-Sultane*, mère de *Moustapha II* et d'*Ahmed III*.

13°. *Aïazma-Djéamissy*, qui a pour fondateur *Moustapha III*.

14°. *Istavroz-Djéamissy*, du nom du faubourg où elle a été élévée par le Sultan régnant, *Abd'ul-Hamid I*. On l'appelle encore *Zeïl*, nom commun à toute mosquée Impériale qui se trouve la dernière en rang.

Ces édifices sont de la plus grande magnificence : comme ils s'élèvent presque tous au milieu d'un vaste parvis, il se déploient dans toute leur étendue aux yeux du spectateur. Assis d'ailleurs sur les parties les plus élevées de *Constantinople*, ils ajoutent beaucoup à ce que cette ville immense offre d'imposant par sa seule situation. Les dômes et les toits en sont couverts de plomb, comme le Sérail

et tous les édifices publics. 'Nous ne répéte-
rons pas ici ce que divers écrivains ont déja
exposé sur l'architecture de ces basiliques ;
le lecteur peut recourir à leurs ouvrages.

- Toutes ces mosquées ont également droit
de célébrer l'office solennel des vendredis et
des deux fêtes de *Beyram ;* et les ministres
attachés à leur service, sont distingués par
certaines prérogatives. Les Sultans y ont leur
tribune, et tour-à-tour ils se rendent les vendredis à chacune de ces mosquées : mais en
hiver ils donnent souvent la préférence à
Sainte Sophie, comme étant plus près du
Sérail. On a vu plus haut que dans les deux
fêtes de *Beyram* et dans la solennité du *Mewloud,* ils ne vont jamais qu'à la mosquée
Sultan-Ahmed, à cause de la commodité
qu'offre à leur cortège la place de l'hippodrome qui règne devant cette mosquée, l'une
des plus grandes et des plus magnifiques de
la capitale. Voyez les planches 28, 29 et 30.

II. Les mosquées ordinaires sont des temples construits par la pure libéralité des
Vézirs, des *Paschas,* des *Béys,* des seigneurs

de la cour, ou de riches particuliers. Quelques-uns même sont de la fondation des *Validé-Sultanes*. Les plus considérables sont les mosquées de *Khasséky-Djéamy*, d'*Iki-Minarély*, et de *Tschinily-Djéamy*, élevées, la première par la *Validé Khourrem-Sultane*, mère de *Selim I*; la seconde par la *Validé Nour Banou-Sultane*, mère de *Mourad III*; et la troisième par la *Validé Mahh-Péiker-Keuschem-Sultane*, mère de *Mourad IV* et d'*Ibrahim I*. Ces temples, quoique fondés par des reines-mères, ne sont pas dans la classe des mosquées Impériales, parce qu'ils n'ont pas été élevés pendant le règne de leurs fils.

On compte plus de deux cents de ces mosquées du second ordre dans *Constantinople*. La plus ancienne est celle d'*Areb-Djéamissy* au faubourg de *Ghalata*. Elle fut construite par le prince *Messlémé*, frère du Khaliphe *Suleyman I*, lorsqu'il assiégea *Constantinople*, l'an 98 de l'Hégire (716). On y conserve encore aujourd'hui un vase d'ébène, qui passe pour être celui dont se servoit ce général

Mahométan dans ses expéditions militaires. Ce vase est en quelque sorte consacré par la superstition : les ministres du temple font accroire au vulgaire que l'eau qu'on y boit·a le goût du lait, et la vertu de procurer aux femmes enceintes une heureuse délivrance.

La plupart de ces temples ont aussi le droit de célébrer l'office public des vendredis et des deux *Beyrams* ; et deux ou trois fois dans l'année, les Sultans vont faire le *Namaz* solennel de la semaine dans quelques-unes de ces mosquées.

Celles qui ne jouissent pas de la même prérogative, peuvent l'acquérir par l'établissement d'un *Imam-Khatib,* par l'érection d'une chaire pour le prône *Khouthbé,* et par la construction d'une tribune pour Sa Hautesse. Il est même permis à tout Mahométan de pourvoir à ces fondations, et d'assurer au ministre *Khatib* un entretien perpétuel. Par-là, et au moyen des diplomes du Souverain, la mosquée rentre dans la classe des premières, ce qui arrive assez souvent à *Constantinople* et dans les autres villes de la monarchie.

Ff iij

III. Les *Messdjids* sont les temples les moins considérables de l'Empire. On peut les regarder comme des chapelles publiques : il n'en existe point d'autres dans les bourgs, les villages et les campagnes; les villes principales en ont même plusieurs. On en compte environ trois cents dans les faubourgs de *Constantinople*. On n'y célèbre jamais l'office public des vendredis et des deux fêtes de *Beyram*. Ces temples peuvent cependant acquérir à perpétuité, comme les simples mosquées, un *Khatib* et sa chaire. Des ames pieuses se chargent quelquefois de cet établissement, et alors le *Messdjid* qui a eu cet avantage, se convertit en *Djéamy*, et passe dans le rang des mosquées ordinaires.

On ne doit pas confondre ici le temple de la *Mecque* ni celui de *Médine*, consacrés l'un et l'autre sous le nom de *Messdjid-Schérif*, temple saint; temple sacré : leur construction est absolument différente de celle des autres mosquées, et leurs prérogatives sont supérieures à celles de tous les temples Musulmans, comme on le verra dans l'article du Pèlerinage.

· 'Tels sont les caractères principaux qui distinguent entre eux tous les édifices sacré de l'Islamisme. On peut y ajouter encore le nombre des minarets qui les décorent. Les *Messdjids* n'en ont jamais qu'un, tandis que les mosquées Impériales et les principales de celles du second ordre, ont deux, quatre, et quelques-unes même jusqu'à six de ces flèches, dont la plupart se terminent par un croissant de cuivre ou de bronze doré.

·Tout ce que prescrit la loi·; faite dans les premiers siècles du Mahométisme, relativement aux droits des fondateurs sur les *Messdjids* qui seroient dans l'enceinte de leur maison, n'est pas applicable à l'état actuel de ces édifices. Ils sont tous élevés sur des terrains indépendans, et consacrés à perpétuité au culte public. Il n'existe plus aujourd'hui aucun *Messdjid*, pas même de chapelle privée; ni dans les hôtels des Grands, ni dans les maisons des particuliers. Lorsqu'on fait la prière chez soi, sur-tout en commun, on s'en acquitte, comme nous l'avons déja ·dit, dans des sallons ou des antichambres, qui ne

sont distinguées du reste de l'habitation que
par une niche creusée, ou simplement dessinée
sur le mur qui regarde le *Keabé* de la *Mecque.*
On doit cependant excepter de cette loi générale le palais du Grand-Seigneur, où il y a
six grandes chapelles à l'usage particulier de Sa
Hautesse et des officiers de sa maison : les
principales sont l'*Agha-djéamissy*, le *Sofa-
djéamissy* et le *Bostandjiler-djéamissy*, qui
est de la fondation de *Moustapha III.*

L'Islamisme ne prescrit aucune cérémonie
pour la consécration de ses temples. Le premier
Namaz que l'on y fait en corps d'assemblée
suffit pour le vouer au culte de l'Eternel ;
et ordinairement on observe que ce soit le
Namaz solennel des vendredis. Si c'est une
mosquée Impériale, le Monarque s'y rend alors
avec toute sa cour et avec presque tout le
corps des *Oulémas.* Il est aussi d'un usage
assez général que tout Sultan qui ordonne la
construction d'une mosquée, y pose de sa main
la première pierre ; cette cérémonie est toujours accompagnée de sacrifices, d'aumônes,
et même de libéralités envers tous les *Oulémas*

qui se joignent à son cortège. Aucun temple d'ailleurs n'est jamais sous l'invocation des Saints. Ils portent tous le nom de leur fondateur, ou bien celui du faubourg ou du quartier dans lequel ils sont élevés.

Rien n'égale le respect des Musulmans pour ces édifices sacrés. Ce sentiment les engage à ne pas y faire légèrement des réparations. Ils ne les ordonnent que lorsqu'elles sont absolument nécessaires. Il faut qu'un temple menace évidemment ruine pour qu'on ait la liberté de l'abattre et de le réédifier. Lorsqu'il s'agit de l'agrandir, on ne le permet jamais qu'autant qu'il est le seul du village ou du faubourg, et trop étroit pour recevoir dans son enceinte tous les habitans du lieu : supposé que le terrain voisin fût nécessaire à l'agrandissement de ce temple, alors, et dans ce cas seulement, la loi autorise la force et la contrainte contre le propriétaire de l'immeuble qui s'obstineroit à en refuser la vente à un prix raisonnable. On trouve ces détails explicatifs de la loi dans la collection des *Fethwas du Mouphty Behdjé-Abd'ullah-Efendy.*

En général tous ces temples sont ouverts pendant le jour. Quoique la loi n'en défende pas l'entrée aux non-Mahométans, personne néanmoins n'ose y pénétrer que sous l'escorte des *Caïms*, qui en ont la garde, et qui exigent des étrennes proportionnées à la condition de ceux qui s'y présentent. Les régnicoles tributaires ne témoignent presque jamais cette curiosité; elle est émoussée chez eux par la crainte ou par la prudence; sentimens que dicte impérieusement l'état de sujétion perpétuelle et absolue à laquelle ils sont réduits devant la nation dominante. Les Européens, comme étrangers, y pénètrent plus aisément, mais jamais pendant l'office. Ils sont même obligés, ainsi que les Musulmans, de laisser leurs souliers à la porte, ou de prendre de doubles chaussures, pour ne pas souiller les tapis de la mosquée. *Sainte Sophie*, *Suleymaniyé* et *Eyub* sont de tous les temples ceux pour lesquels on éprouve le plus de difficulté, sur-tout si le *Caïm-Baschy*, premier custode, suit le rit de l'*Iman Schafiy*, qui regarde la présence du non-Mahométan dans la mosquée

comme une profanation : les ministres étrangers : sollicitent ordinairement un *Fermann*
de la *Porte* , au moyen duquel ils voient et
visitent avec plus de liberté les mosquées principales.

Nous avons décrit plus haut tout ce qui
concerne l'intérieur de ces temples : quant
aux ministres qui les desservent , nous en
donnerons le tableau à la suite des *Oulémas ,*
dans le discours général qui termine ce premier
Code.

§. I I.

Des Edifices qui entourent les mosquées.

Les temples que l'Islamisme consacre au
culte public , et principalement les mosquées
Impériales , sont ordinairement environnés
de divers édifices dont la fondation a pour
objet l'instruction de la jeunesse , le soulagement des pauvres , et en général l'utilité publique. Ce sont des *Imareths* ou hôtelleries;
des hôpitaux pour les malades; des hôpitaux
pour les fous ; des écoles ; des colléges; des
bibliothéques , et des chapelles sépulcrales

où reposent les cendres des Empereurs, des *Validé-Sultanes* et de tous les princes et princesses du sang.

1°. *Des Imareths.*

Ce sont des hôtelleries où les enfans des écoles et les étudians des colléges vont prendre leur nourriture. On y distribue aussi des vivres à un certain nombre de malheureux. On leur donne du pain, et deux plats chauds en viande de mouton et en légumes. On joint encore à ces alimens une libéralité de trois, quatre, cinq et même jusqu'à dix aspres (1) par tête chaque jour. Presque tous les Khaliphes et autres princes Mahométans ont consacré des sommes considérables à la fondation comme à l'entretien de ces *Imareths* dans les principales villes de leur monarchie.

Le premier de l'Empire Othoman fut érigé à *Nicée*, sous le règne d'*Orkhan I*, qui consacra cet édifice au soulagement de l'humanité;

_____

(1) Cent vingt aspres font une piastre, qui équivaut à quarante-cinq sous.

avec les plus grandes cérémonies. Ce jour-là
il fit de sa main la distribution des mets aux
pauvres, et alluma le premier les lampes et
les bougies de son *Imareth*. *Mourad II*, fondateur de la fameuse mosquée *Mouradiyé* à
Andrinople, en fit de même à la suite d'un
festin qu'il donna à tous les *Oulémas* de sa cour
dans l'*Imareth* même. Les Sultans et les princes
de cette maison ont donné dans presque tous
les temps des marques édifiantes de leur humanité et de leur charité envers les classes
les plus indigentes de la nation. Enfin les
Imareths seuls de *Constantinople* nourrissent
tous les jours plus de trente mille ames.

2°. *Des Hôpitaux pour les malades.*

On les appelle *Tab'y-khané*. La plupart des
mosquées Impériales en ont ; mais les plus considérables sont ceux de *Sultan-Bayézid*, *Sultan-Selim* et *Sultan-Suleyman*. A l'égard des
autres temples, *Khasséky-Djéamy*, *Tschinily-Djéamy*, *Mihhrmah-Sultane-Djéa-
missy*, et *Kilidjh-Aly-Pascha-Djéamissy*, sont
les seuls où se voient de pareils établissemens.

Les hôpitaux ordinaires reçoivent environ cent cinquante malades ; les autres jusqu'à trois cents : dans quelques-uns on admet indistinctement les Mahométans et les Chrétiens.

On ne doit cependant pas s'imaginer que ces hospices soient entretenus sur le pied de ceux des grandes villes de l'Europe. Si leur établissement fait l'éloge du cœur et des sentimens de la nation entière, le régime qui s'y observe ne fait guère honneur à sa civilisation bien éloignée encore de celle des Européens. Ces hôpitaux ne sont que des asyles très-imparfaits pour les personnes qui gémissent sous le poids de la misère et des infirmités. De larges *sofas*, qui garnissent le pourtour des chambres et des salles, leur servent de lits. La nourriture est la partie la mieux soignée. De nombreux domestiques servent ces malheureux. Mais on y néglige les secours de la médecine. C'est là que s'exercent plus qu'ailleurs les funestes préjugés qui résultent du dogme de la prédestination. L'indolence du gouvernement à surveiller la régie des administrateurs, ne contribue pas peu aux abus qui règnent dans ces hôpitaux, sur-tout dans ceux où des *Mutéwellys* peu scrupuleux sacrifient à la cupidité les devoirs les plus sacrés de leur religion et de leur état.

Dans les hospices où l'on reçoit aussi les femmes, elles sont absolument séparées des hommes, et toujours soignées par des personnes de leur sexe.

3°. *Des Hôpitaux pour les fous.*

Ces bâtimens portent le nom de *Dar'usch-schifa* ou *Bimar-khané*, vulgairement dit *Timar-khané*. A *Constantinople*, ceux des hommes sont à côté des mosquées *Sultan-Mohammed*, *Sultan-Suleyman* et *Sultan-Ahmed*. Les hôpitaux des mosquées *Tschinily-Djéamy* et *Khasséky-Djéamy* ne reçoivent que des femmes. Le dernier de ces hospices étoit, dans l'origine de sa fondation, pour l'un et l'autre sexe. Mais sous *Ahmed III*, le *Grand-Vézir Ibrahim Pascha* l'affecta à l'usage des femmes, et fit transférer les hommes dans les autres hôpitaux. L'humanité de ce ministre augmenta même considérablement les revenus de cet hospice , auquel il voua à perpétuité une partie de sa fortune.

Tous ces hôpitaux sont réservés aux Mahométans : on n'y reçoit même personne sans un *Fermann* de la *Porte ,* toujours émané d'après un acte juridique, *Ilam ,* qui constate formellement l'état de démence du malheureux pour lequel on réclame les secours de ces tristes asyles.

4°. *Des Ecoles publiques ,* Mekteb.

Elles sont ouvertes à tous les enfans des familles indigentes. On leur apprend à lire et à écrire ; on leur enseigne aussi la religion et les premiers élémens de la langue Turque. Chaque école a un certain nombre d'étudians, qui sont nourris et logés aux dépens de la mosquée. Les recteurs, *Kodjea ,* n'exigent jamais rien des païens, dont les marques de reconnoissance sont toujours volontaires.

5°. *Des Colléges ,* Médressés.

Dès l'origine du Musulmanisme, les fondateurs des mosquées se faisoient encore un

devoir

devoir d'élever à côté de leurs temples, un collége, uniquement destiné à l'étude du droit et de la théologie. Aussi n'y recevoit-on que les personnes vouées à la carrière des *Oulémas*, qui, partagés en deux classes, formoient, comme ils forment encore aujourd'hui, la magistrature et l'état sacerdotal.,

Les progrès des Arabes dans les lettres et les beaux-arts ayant suivi ceux de leurs armes et de leur domination dans les trois parties de l'ancien continent, on vit bientôt ces colléges cultiver avec le plus grand succès toutes les sciences qui ont tant contribué à la gloire des Grecs et des Romains. On y étudioit la géographie, l'histoire, la médecine, la physique, la métaphysique, l'astronomie, les ma-thématiques, etc. On voit dans les annales de l'Orient l'énumération des superbes *Médressés* que les Khaliphes, les anti-Khaliphes et les autres Potentats Mahométans élevèrent à la *Mecque*, à *Médine*, à *Kiuffé*, à *Baghdad*, à *Damas*, en *Perse*, en *Afrique*, en *Espagne*, etc. La décadence de la monarchie Khaliphale, et celle des dynasties, qui, s'élevant sur ses

ruines , se renversèrent successivement les
unes sur les autres , influèrent sur le sort des
lettres. Elles languirent par-tout , et les
Médressés finirent par être restreints de nouveau à l'étude du droit et de la théologie ,
seuls objets de leur institution primitive.

Tel étoit le tableau qu'offroient tous les colléges Mahométans en *Asie* et en *Afrique ,*
vers la fin du treizième siècle , lorsqu'*Osman I*
jeta à *Seugutdjik* les fondemens d'un nouvel
Empire. Plus occupé de sa fortune et du succès de ses armes que du progrès des sciences
dans sa monarchie naissante , il se contenta
de maintenir les anciens *Médressés* sur le pied
où ils étoient alors. *Orkhan I* son fils et son
successeur, ayant, en 731 (1330), élevé à *Nicée*
une mosquée Impériale , y érigea aussi un
Médressé , qui pendant plus d'un siècle fut
regardé comme le premier de tous les *Médressés Othomans*. Il l'appela de son nom ,
Médressé-y-Orkhaniyé , et en confia la direction au *Scheykh Davoud Caïssary ,* sous le
titre de *Muderriss ,* à l'instar de tous les
Médressés du Mahométisme. Mais ce collége ,

comme ceux qu'établirent dans la suite les

n'ont eu également pour objet que les connoissances nécessaires aux ministres de la. religion et de la loi.

Il est vrai que *Mourad I*, *Mourad II*,
Mohammed II, *Selim I* et *Suleyman I*, tous
protecteurs zélés des sciences, voulurent faire
renaître dans la nation les beaux jours de la
littérature Arabe. Ils ne négligèrent rien pour
donner ce même lustre aux principaux *Médressés* de leur empire, sur-tout à ceux qui
étoient de leur fondation; mais leurs vues
n'ont été que foiblement secondées par leurs
successeurs, sur-tout depuis la fatale époque
de l'emprisonnement des princes du sang.
Ainsi les études de tous les *Médressés* de
l'Empire ne roulent plus aujourd'hui que sur
deux objets, le droit et la théologie.

Ces études se font cependant avec beaucoup
d'ordre et de méthode: elles se partagent en dix
classes, sous la dénomination commune d'*Ilm*,
qui veut dire, science; savoir, 1°. la gram-
maire, *Ilm-Sarf*; 2°. la syntaxe, *Ilm-Nahhw*;

3°. la logique , *Ilm-Manntik ;* 4°. la morale, *Ilm-Adab ;* 5°. la science des allégories , *Ilm-Meâny ,* qui tient aussi lieu de rhétorique ; 6°. la théologie , *Ilm-Kelam* ou *Ilm-Illahhy ;* 7°. la philosophie , *Ilm-Hikmeth ;* 8°. la jurisprudence , *Ilm-Fikihh ;* 9°. le *Cour'ann* et ses commentaires , *Ilm-Tefsir ;* et 10°. les lois orales du Prophète , *Ilm-Hadiss* (1).

Ce sont là les sciences principales que l'on enseigne dans ces *Médressés ,* seuls colléges qui existent dans l'empire. Le nombre en est cependant considérable, puisque dans toutes les grandes villes , les mosquées principales ont chacune leur *Médressé ;* plusieurs en ont

_____

(1) On étudie la syntaxe dans l'*Awamil-djedid ,* *Awamil-àtik , Cawaid-irab , Imtihhan'ul-ezkiya , Izhhar , Kéafiyé , Missbahh , Mufassal , Molla-djeamy , Elfiyé , Moughni-y'ul-lebib ,* etc. La logique, dans *Issaghoudjy , Hussam - keaty , Meuhhy'ed - dinn , Mollâ - fenary , Schemssiyé , Tehhzib , Tawaly , Tessawurath , Tassdcath ,* etc. La morale, dans *Welédiyé , Husseïniyé ,* etc. La science des allégories, dans *Telkhiss , Mouktassar , Miftahh* et *Muttawwel.* La théologie, dans *Akaid-Omer-Nesséfy , Bahhr'ul - kélam , Schairh - âkaid , Khaïaly ,*

deux, trois et même quatre, sur-tout les mosquées Impériales : celle de *Sultan-Suleyman*
en a cinq, dont l'un est spécialement consacré
à l'étude de la médecine. La mosquée *Sultan-
Mohammed* est la seule qui en ait huit. Ce
sont tous des édifices bâtis en pierre, où l'on
voit depuis douze jusqu'à trente chambres ou
cellules que l'on appelle *Heudjreth*, et qui
sont occupées par un ou plusieurs étudians,
en raison de leur nombre dans chaque collège.

Ces élèves portent le nom de *Softa*, mot
corrompu de *Soukhté*, qui signifie un être
brûlé, et dans le sens figuré, un patient, un
souffrant. On les appelle encore *Muid* ou
Murid, c'est-à-dire, disciples; et *Danischmend*,

Djélab, *etc.* La philosophie, dans *Caʒmir*, *Hikmeth-
ul-aïnn*, *Moukhtassar*, *Munntehha*, *etc.* La jurisprudence, dans *Multéka*, *Durér*, *Tewʒihh*, *Telwihh*, *Mir-
kath*, *Mir'âth*, *etc.* Les commentaires du *Cour'ann*,
dans *Caʒi'y-Beïʒawy*. Et les lois orales du prophète,
dans *Boukhary*, qui, après le *Cour'ann*, est respecté comme le premier de tous les livres canoniques.
Nous parlerons ailleurs de l'esprit, de la méthode et
des principes de ces livres classiques.

dont la véritable et seule acception est celle d'étudiant. Des recteurs, sous le titre de *Khodjea*, dirigent leurs études en la place des professeurs, *Muderriss*, qui, dérogeant aux règles primitives de leur institution, se dispensent le plus souvent de ce devoir, et se bornent à des actes d'apparition une ou deux fois le mois. Anciennement les *Mouphtys* se rendoient de temps à autre dans les *Médressés* de *Sultan-Bayézid*, et donnoient eux-mêmes des leçons publiques aux *Softas* les plus avancés, se faisant un devoir, dit *Ahmed-Efendy*, d'éclairer ces colléges du flambeau de leur science et de leur doctrine.

Toutes les études relatives aux lois canoniques, ne se font que dans les ouvrages des *Imams-Hanéfys*, excepté à la *Mecque*, à *Médine*, au *Caire*, à *Alep*, à *Damas*, et à *Jérusalem*. Comme dans ces contrées le nombre des partisans des trois autres rits, également réputés orthodoxes, a toujours été considérable, les anciens Khaliphes y avoient permis l'étude des opinions particulières de leurs fondateurs. Ils avoient établi dans

quelques-uns des *Médressés* de ces villes
principales, des professeurs, *Muderriss*, de
ces quatre différentes sectes, qui même à la
Mecque et au *Caire* avoient chacune un collége
particulier. Les souverains Othomans respectèrent ces anciens établissemens. *Suleyman I*
fit élever encore à la *Mecque* quatre nouveaux
Médressés, chacun destiné séparément aux
sectateurs de ces quatre rits. Nous avons déja
observé que la liberté de les suivre indifférem-
ment, est restreinte à la seule partie du culte
privé, c'est-à-dire, aux pratiques religieuses
qui sont imposées individuellement à chaque
Mahométan ; mais que sur tous les points relatifs au culte public et à la jurisprudence, on
s'en tient dans toute l'étendue de l'Empire, aux
opinions et aux lois des seuls *Imams Hanéfys*.

Dans quelques-uns de ces colléges, les *Softas*
étudient en commun ; dans les autres, chacun
fait ses études en son particulier. La vaste
étendue de la langue Arabe, la complication
de quelques-uns de ses principes, et la multiplicité des auteurs classiques rendent toutes
ces études longues et pénibles.

Gg iv

On sait que le Turc, le Persan et l'Arabe sont les seules langues connues des Othomans. Le Turc primitif, peu riche et peu harmonieux, est l'idiome du peuple. Le Persan, dont la prononciation est très-douce, n'est cultivé que par ceux qui ont du goût pour la poésie. Rien n'approche de la richesse et de la majesté de la langue Arabe, malgré les sons âpres qui résultent des lettres gutturales *âin, ghaïn, ha, khy, etc.*, assez dures dans la bouche des Arabes, mais non dans celle des Othomans. Cette langue demande une application suivie de plusieurs années, pour la posséder à fond. L'étude en est indispensable, parce que le *Cour'ann* et tous les anciens ouvrages sur la théologie, la philosophie et le droit, sont écrits en Arabe, dans l'idiome *Couréysch*, qui a peu d'affinité avec cette multitude de dialectes qui règnent dans les différens cantons de l'Arabie, de l'Egypte, de la Syrie et de l'Afrique. Aussi exige-t-elle une étude particulière, sur-tout à *Constantinople* et dans les provinces circonvoisines, où l'Arabe est pour ainsi dire une langue morte, et où communément on ne parle que le Turc.

Cette dernière langue , très-cultivée sous les premiers Sultans Othomans , mais particulièrement sous *Suleyman I ,* emprunta les richesses du Persan et de l'Arabe , de sorte que ce nouvel idiome , qu'il faut distinguer de l'ancien Turc , abandonné au commun de la nation, fait , pour ainsi dire , une quatrième langue consacrée à l'usage de la cour et de tous ceux qui ont une certaine éducation. C'est dans cet idiome , aussi noble qu'harmonieux, que s'écrivent tous les livres historiques, tous les ouvrages scientifiques , les édits du Souverain , les ordonnances des ministres ,, les décrets des tribunaux , enfin tout ce qui émane de la chancellerie Impériale , et des divers bureaux ou départemens des affaires publiques.

Ces différentes langues ont les mêmes caractères, un même alphabet ; et quoique dans cet alphabet il n'y ait proprement que trois voyelles, une application de quatre mois est suffisante pour apprendre à lire et à écrire ; l'orthographe étant infiniment plus simple

et plus conforme à la prononciation, que ne
le sont pour un étranger le François , l'An-
glois, etc. Les divers caractères que présente
l'alphabet Arabe , commun au Turc et au Persan , ne diffèrent entre eux que par la termi-
naison dés lettres , par leur enchaînement et
leur ponctuation ; ce qui n'ajoute pas beaucoup aux premières leçons nécessaires, soit à
l'indigène , soit à l'étranger.

Ces caractères se diversifient en dix manières. Chacun a sa dénomination et son emploi particulier. Le plus simple, et par-là
même le plus ordinaire, est le *Nesskh* ou
Nesskhy : on s'en sert exclusivement pour les
livres, manuscrits ou imprimés. Le *Diwany*
est employé pour les lettres missives , les
affaires en général , plus particulièrement
pour les ordonnances , *Fermanns ,* et pour
tout ce qui est du ressort des bureaux publics.
Le *Siyacath* est réservé au seul département
des finances. Le *Rik'â* est pour les requêtes,
les mémoires, les placets, etc. Le *Tâlik* et le
Diwany-Nesskhissy sont spécialement consacrés aux poèmes, aux chronogrammes, aux

pièces fugitives , etc. Le *Suluss*, le *Suluss-djérissy*, et le *Nesskh-djérissy* , ne sont que pour les devises , les épigraphes, les légendes; et le *Djéry* pour les brevets , les diplomes , comme pour les inscriptions des mosquées , des mausolées, ou autres édifices publics. On se sert quelquefois aussi du *Kiufy* pour les inscriptions des temples. ⁻ Le *Nesskhy* et le *Diwany* sont les caractères les plus usités dans toutes les classes de la nation. Il n'y a que les commis, *Kealibs*, qui s'appliquent aux autres caractères. Presque tous les tracent si bien , qu'on les prendroit pour des lettres gravées. Voyez la planche *C*.

Les élèves des *Médressés* ne s'occupent guère de cette diversité de lettres Arabes : mais ils ajoutent à leurs exercices , à la science du *Cour'ann* et de ses commentaires , celle de la prononciation consacrée pour toutes les paroles de ce livre réputé céleste. Les accens, les inflexions, les pauses dans la simple lecture, et dans la psalmodie des prières publiques , exigent d'eux une étude particulière.

Plusieurs s'appliquent encore à la poésie
Persanne, dont les ouvrages les plus estimés
sont le *Pend-attar*, le *Gulusstann*, *Bosstann*,
Schewketh, *Hafiz*, *Saïb-œurfy*, etc. Ce sont
encore autant de livres classiques, qui ne
contiennent que des maximes de morale et
de philosophie. On trouve également dans les
trois langues, des poèmes épiques, des vers
érotiques, beaucoup d'autres ouvrages de
poésie, et des recueils considérables de pro-
verbes, d'adages, d'apophthegmes très-judi-
cieux. Ceux qui ont du goût pour les sciences,
s'adonnent aussi à la médecine, à la physique,
à l'astronomie et aux mathématiques. Mais
comme ces études sont, pour ainsi dire, acces-
soires, qu'elles n'ont d'autre objet que la satisfaction particulière des sujets qui s'y livrent,
et que ces sujets sont dévoués à une carrière qui
les mène ou à la magistrature ou au ministère
des temples, l'on sent que leurs progrès dans
ces sciences abstraites et étrangères à leur
profession, ne peuvent guère être brillans.

Tel est l'état actuel de tous les *Médressés*
de l'Empire, que l'on peut regarder comme

les pépinières qui fournissent , d'un côté, les *Scheykhs* , les *Imams* , les *Muezzinns* de tous les temples du Musulmanisme, et de l'autre , les *Muderriss* , les *Cadys* , les *Naïbs* , etc. qui remplissent les grades subalternes de la judicature. Rarement parviennent-ils aux premières charges : depuis plusieurs siècles, elles sont réservées aux familles les plus distinguées parmi les *Oulémas* , dont les enfans , comme ceux du reste des citoyens, ne reçoivent d'instruction que dans la maison paternelle.

Ces études particulières sont réglées sur le même plan que l'on suit dans les *Médressés*. Celles que font la jeune noblesse et toutes les personnes qui se vouent à l'état politique, sont moins étendues. L'histoire orientale et les ouvrages philosophiques sont les objets auxquels ils s'appliquent le plus particulièrement. Il en est peu qui étudient la métaphysique, la géographie , les mathématiques, la politique et les principes du gouvernement. Ces sciences languissent chez eux , parce que l'Etat ne s'en occupe pas d'une manière sérieuse, et

que sur ces objets importans, il y a une insou-
ciance presque universelle dans la nation.

Anciennement l'instruction étoit plus
générale chez les Othomans, parce que les
Sultans eux-mêmes étoient instruits, et qu'ils
encourageoient les lettres et les sciences,
autant par leur exemple que par la sagesse
de leurs lois. Si tous les Monarques de cette
maison, depuis *Osman I* jusqu'à *Ahmed I,*
quoique formés dans les armées et dans le
conseil de leurs aieux, comme dans le gouvernement des provinces, n'ont pas également
brillé sur le trône par leurs vertus et leurs
qualités guerrières, presque tous se sont
cependant distingués par leur érudition et
leur amour pour les lettres. Ils n'avoient dans
leur cour et auprès de leurs personnes que
des hommes instruits : ils soutenoient des
thèses avec les plus doctes des *Oulémas ,*
et leur faisoient des questions savantes qui
les embarrassoient souvent. Ils composoient
en vers et en prose avec beaucoup de goût
et d'éloquence.

On trouve dans les annales de la monarchie,

de superbes morceaux de leurs ouvrages, et des traits frappans de leur génie, de leur caractère, de leurs sentimens. *Osman I*, au lit de mort, adressa à *Orkhann* ces paroles remarquables : » Mon fils (1), essuyez vos larmes ; ne » vous affligez pas en vain sur mon triste état. » Nous devons tous une résignation parfaite » aux décrets du ciel. Telle est la destinée » des hommes. Les zéphyrs de la mort souf- » flent également sur les jeunes comme sur » les vieux, sur les Rois comme sur les » sujets. Je finis ma carrière avec joie, je » ferme les yeux avec alégresse, puisque je » considère en vous l'héritier de ma fortune » et le successeur de ma puissance. Prêtez » cependant l'oreille à ma voix : écoutez mes » conseils, et respectez mes volontés suprê- » mes, comme un testament que vous devez » exécuter avec un amour filial et une fidé- » lité religieuse. Possédez mon sceptre, mais » avec magnanimité ; régnez sur mon empire, » mais avec équité. Que les rayons de la

_____

(1) *Sad 'eá-dinn Efendy.*

» justice brillent autour de votre trône, et
» se répandent sur l'horizon entier. Bannissez
» loin de vous l'injustice et la tyrannie :
» soyez le défenseur du *Cour'ann*, le soutien
» de la foi, *le protecteur des sciences*, le
» bienfaiteur des *Oulémas*. Recherchez et
» honorez par-tout les hommes recomman-
» dables par leur piété et leur doctrine.
» Marchez constamment et toujours de pied
» ferme dans le sentier de la gloire, de la
» valeur, de l'héroïsme. Suivez en tout mes
» traces; observez en tout mes maximes : ne
» tirez jamais vanité de vos forces, de vos
» richesses, de votre puissance, de vos ar-
» mées, quelque nombreuses, quelque in-
» vincibles qu'elles soient. Regardez toujours
» notre sainte religion comme le levain de
» la grandeur et de la majesté, et nos lois
» sacrées comme la base de l'autorité et
» de la puissance suprême. Ne perdez jamais
» de vue les voies mystérieuses de l'Eternel,
» qui a béni nos armes, non pour nous pro-
» curer des grandeurs mondaines et périssa-
» bles, mais pour soutenir l'édifice d'un culte

« céleste

» céleste, et protéger ses fidèles adorateurs.
» Consacrez donc tous vos soins, toutes vos
» sollicitudes , tous vos efforts , à cet objet
» auguste , comme au bonheur de vos peu-
» ples, dépôt sacré que le Très-Haut vous
» confie et remet dans vos mains. Sachez
» enfin que vous ne régnez, que vous n'êtes
» Sultan , que pour protéger l'Islamisme ,
» défendre vos domaines, chérir vos sujets,
» et faire sentir à l'univers entier les doux
» effets de la justice, de la générosité et de
» la clémence royales, seuls moyens de pros-
» pérer et d'attirer sur votre personne les
» bénédictions de Dieu et de son Prophète. «

Mohammed I, quelques jours avant sa
mort, écrivit à *Mourad* son fils, alors, gouverneur d'*Amassie*, de se rendre en diligence
auprès de sa personne, et traça au bas de sa
lettre ce distique Persan : » Si notre nuit
» s'écoule, elle sera suivie d'un jour brillant:
» si notre rose se fane, elle sera remplacée
» par un rosier délicieux (1). «

_____

(1) *Zima guer scheb'y refth rouzi ressed : Gul'y reth
Gulschen'y furouzi ressed.*

Bayezid II, alarmé d'apprendre que le prince *Djem* son frère, si fameux en Europe sous le nom de *Zizim*, à son retour de l'Egypte et du pélerinage de la *Mecque*, armoit de nouveau dans l'*Anatolie* pour lui disputer encore le trône, lui adressa ces vers : » Puisque tu peux aujourd'hui te glorifier » d'avoir rempli le devoir sacré du péleri- » nage, pourquoi, mon Prince, brûles-tu de » tant d'ardeur pour un royaume terrestre ? » Puisque l'Empire m'est échu par un effet » des décrets éternels, pourquoi ne te rési- » gnes-tu pas aux volontés adorables de la » Providence ? « *Djem* lui répondit par ce distique : » Tandis qu'étendu sur un lit de » repos, tu vis dans les ris et les plaisirs, » pourquoi *Djem*, privé de toute douceur, » doit-il poser sa tête sur un oreiller d'épines ? «

Selim I, l'un des Sultans les plus instruits, excelloit aussi dans le Persan et l'Arabe. La lettre qu'il écrivit de sa main au *Schah-Ismail*, et que nous avons rapportée plus haut dans nos observations sur le septième article de Foi, montre assez son génie et son érudition., Mais du moment que les princes héritiers du trône ont été frappés de l'arrêt fatal qui les condamne à un étroitemprisonnement, où s'énervent tous les ressorts de l'esprit et du cœur , on ne voit plus le génie des *Osmans* , des *Mohammeds* , des *Sélims* , etc. briller sur le trône.

L'influence de cet usage , ou plutôt de cette loi arbitraire du Sérail , principe de tous les malheurs dont ce vaste Empire est affligé , frappe de stérilité tous les esprits , et suspend, chez les souverains comme chez les sujets , tout progrès dans les arts et dans les sciences. De cette première cause dérive une infinité d'autres , qui concourent aux mêmes effets : les préjugés populaires , ou , pour mieux dire , le respect superstitieux de la nation pour ses anciens usages , le défaut de communication intime avec les Européens , les progrès lents de l'Imprimerie; la prévention contre les langues étrangères , la négligence à faire traduire les bons ouvrages de l'Europe chrétienne, la répugnance à voyager hors de l'Empire , le système de ne jamais entretenir des ministres

publics chez les Puissances étrangères , enfin
la foible sensation que font naturellement
sur les esprits des objets dont l'importance
échappe à ceux qui n'en ont que des notions
imparfaites.

A ces causes générales´, ajoutons les con-
séquences toujours renaissantes des vices de
l'administration : le plus grand de tous , est
l'instabilité des charges. Le ministre , l'officier
public qui s'est élevé par la faveur ou par l'intrigue, et qui tremble à tout moment qu'une
autre intrigue ne le renverse à son tour, s'en
tient strictement aux devoirs de son état ; et
sacrifiant son zèle à sa sureté , il ne s'occupe
que foiblement des objets qui lui paroissent
étrangers à son office. Les gens même les
plus instruits , ceux qui approfondissent le
mieux les choses , qui connoissent tout ce
qui manque à la nation , qui sentent parfaite-
ment la nécessité des réformes, se contentent
de gémir dans le silence et l'inaction. Personne n'a le courage de faire le premier pas,
de mettre en avant un projet , de parler d'une
réforme , de proposer un établissement ; mais

si quelqu'un leur fait des représentations, ils écoutent volontiers, ils font des objections judicieuses, ils paroissent même empressés à y concourir, de manière cependant à ne s'exposer ni aux traits de l'envie et de la cabale, ni aux censures du public. Lorsqu'un officier se laisse entraîner par son zèle, lorsque son habileté amène à son avis les ministres, les premiers personnages de l'Etat, sur-tout le *Grand-Vézir* et le *Mouphty*, rien n'arrête l'exécution des plans qui sembleroient heurter le plus les préjugés de la nation. Alors l'aménité qui leur est propre, plus encore que le sentiment impérieux du besoin, les porte à se laisser conduire, même par une main étrangère.

Vers la fin du dernier règne, on leur parla d'une nouvelle école de Mathématiques : elle fut aussitôt établie. On leur exposa les avantages de la baïonnette, d'une machine à mâter, d'une nouvelle fonderie de canons, d'un nouveau corps d'artilleurs, etc. ils s'y prêtèrent avec empressement. On leur insinua la nécessité d'élever de nouveaux forts à

l'embouchure de la mer Noire : ils y sacrifiè-
rent aussitôt des sommes considérables. Si
tous ces établissemens n'ont pas eu un égal
succès , s'ils n'ont pas été suivis de beaucoup
d'autres également avantageux , on doit principalement l'attribuer à des causes particulières, qu'il ne nous appartient pas de dévoiler ;
mais ils n'en prouvent pas moins l'aptitude
de la nation et les dispositions du ministère
à s'instruire , à prêter l'oreille aux conseils
de l'amitié , à adopter de nouveaux systêmes ,
et à s'élever , suivant les circonstances , au
dessus des préventions nationales.

Quelques jeunes Musulmans de familles
distinguées , qui s'instruiroient dans les principales villes de l'Europe, opéreroient , à leur
retour à *Constantinople ,* une révolution sen-
sible dans les lettres , comme dans l'administration publique. Si même des étrangers instruits dans la langue et dans les mœurs du
pays , vêtus à l'Orientale , très-attentifs à ménager, et la dignité des Grands, et l'amour-propre
des officiers qu'ils auroient pour coopérateurs ,
se faisoient recommander par leur savoir , leur

habileté , mais sur-tout par une conduite sage et modeste , il n'est pas douteux que se conciliant la confiance des ministres , ils ne parvinssent sans peine à leur faire adopter des maximes nouvelles , et à diriger , par eux-mêmes , sous main , sans éclat , une foule d'établissemens utiles et avantageux.

6°. *Des Bibliothéques publiques.*

L'histoire nous apprend que tous ceux des Khaliphes , des Monarques Mahométans et des hommes d'Etat qui se sont distingués par leur amour pour les lettres , et par l'érection des monumens utiles à la nation , ont eu également soin d'établir de riches bibliothéques à côté des *Médressés* ou colléges publics. Sous les Khaliphes *Abassides ,* l'une des plus remarquables bibliothéques de l'Orient fut celle du célèbre *Vézir Erdschir :* elle contenoit dix mille quatre cents volumes manuscrits , qui , en 451 (1059) , furent brûlés dans un incendie où presque toute la ville de *Baghdad* fut réduite en cendres.

Les princes Othomans , jaloux d'imiter les

Hh iv

plus célèbres potentats du Mahométisme, ont pareillement donné toute leur attention à ce moyen de favoriser la culture des lettres dans leurs Etats. Aussi la plupart des mosquées Impériales, et les principales même de celles que des particuliers ont élevées dans les grandes villes de l'Empire, ont des bibliothéques publiques que l'on appelle *Kitab-Khanès*. Il en existe aujourd'hui trente-cinq dans la seule ville de *Constantinople*. Les plus considérables de ces *Kitab-Khanès* des mosquées Impériales, sont ceux de *Sainte-Sophie*, de *Sultan-Bayézid*, de *Nour-Osmany*, de *Sultan-Selim*, de *Sultan-Suleyman*, de *Sultan-Mohammed*, d'*Eyub*, et de *Schahzadé-Djéamissy*. Il en est aussi de séparés des mosquées, et élevés dans les différens quartiers de la ville, tels que celui d'*Abd'ul-Hamid I*, aujourd'hui régnant, et ceux du *Grand-Vézir Kupruly Ahmed Pascha*, du *Grand-Vézir Raghib Pascha*, d'*Atif Efendy*, et d'*Ismaïl Efendy*, qui tiennent le premier rang entre les bibliothéques consacrées par des seigneurs à l'usage du public.

Ces édifices sont bâtis avec autant de goût que d'élégance. Les moins considérables contiennent mille ou deux mille cinq cents volumes, et les autres jusqu'à cinq mille, tous manuscrits de différents formats, et proprement reliés en maroquin rouge, vert ou noir. Les Mahométans ont une manière qui leur est particulière, de coter, de ranger et de conserver les livres. Chaque volume est renfermé dans un étui, aussi de maroquin, qui le garantit de la poussière et des vers. Le titre est tracé en grosses lettres sur la tranche du livre et sur celle de son étui. On les range les uns sur les autres dans des espèces d'armoires garnies de glaces ou de treillage, et placées le long du mur, ou dans les quatre coins du bâtiment. Dans quelques-unes de ces bibliothéques on voit aussi, au milieu de la pièce, une grande cage formée de tringles de bronze doré, et artistement travaillée, dans l'intérieur de laquelle on range les livres. Voyez les Planches 32 et 33, qui représentent les bibliothéques d'*Abd'ul-Hamid I*, et de *Raghib Pascha*, ainsi que la Planche 39, qui donne une idée de la forme et de la reliûre de ces volumes.

Excepté les mardis et les vendredis, ces bibliothéques restent ouvertes dans toutes les saisons de l'année. Elles sont confiées cha-cune à la garde et aux soins de trois ou quatre bibliothécaires, *Hafiz-Kutub*, qui y passent la journée, et qui reçoivent avec la plus grande honnêteté tous ceux qui s'y présentent. Cha-cun est le maître de parcourir l'ouvrage qu'il veut, d'en faire des extraits, même de le trans-crire en entier, mais en travaillant toujours dans la bibliothéque, les règlemens de ces fondations ne permettant jamais de prêter aucun livre.

On sent que la plus grande partie de ces ouvrages ne peuvent être qu'analogues aux études et aux connoissances actuelles de la na-tion. Il n'y est donc question que du *Cour'ann*, de ses commentaires, des lois orales du Pro-phète, de la jurisprudence, de la philosophie, de la métaphysique, de la médecine, de la mo-rale et de l'histoire. Chaque bibliothéque a un catalogue exact; et tous les livres orientaux, tous les ouvrages connus dans les trois langues du pays, sont recueillis dans un état général, où l'on trouve le titre et le sujet de chaque ouvrage. Ce précis, aussi curieux qu'intéressant, porte le nom d'*Essami'y - Kutub*, et forme un volume in-folio. Nous désirons pouvoir le donner au public, après avoir rempli la tâche importante que nous nous sommes imposée sur la législation Mahométane et l'histoire de l'Empire Othoman.

Répétons ici que la doctrine, le droit, les maximes de la morale et de la philosophie; ont été traités par une foule d'auteurs, soit en Persan, soit en Arabe. Les livres historiques sont encore en plus grand nombre. Indépendamment de l'ancienne histoire Orientále, la vie de *Mohammed*, de ses disciples et de tous les *Khaliphes* ses successeurs, l'histoire de toutes les dynasties Mahométanes, les vies mêmes des princes les plus illustres, et des plus grands hommes de l'Orient, sont écrites séparément par une multitude d'auteurs contemporains. Les ouvrages les plus estimés dans les différens genres de littérature, sont ordinairément en plusieurs exemplaires, mais principalement le *Cour'ann* et les livres canoniques. Ils sont écrits avec le plus grand soin, sur le plus beau vélin; les lignes de chaque page avec un entourage d'or, et tous les chapitres, toutes les sections en grosses lettres également en or. Ce luxe ajoute beaucoup à la valeur de ces manuscrits, dont le prix est en raison de la beauté du caractère.

Les épargnes de ces fondations, jointes aux libéralités continuelles des particuliers, augmentent chaque jour la masse des volumes dans les différentes bibliothéques. Le commis qui a une belle main se fait ordinairement un devoir de transcrire le *Cour'ann* et de le donner pendant sa vie, ou à sa mort, à l'un de ces *Kitab-Khanès*. L'homme de loi, l'homme d'Etat, l'homme de lettres qui possède une collection de livres, la lègue en entier ou en partie à une bibliothéque publique, pour attirer sur son tombeau les vœux et les bénédictions de tous les Musulmans qui en feront usage. Nonobstant la cherté de ces livres, tout citoyen, pour peu qu'il soit aisé, a soin d'en acquérir un certain nombre. Il est toujours dirigé dans son choix, ou par la religion, ou par son goût personnel, rarement par un esprit d'ostentation, pour en faire une vaine parade aux yeux de ses amis, vu les mœurs et le genre de vie de la nation.

La collection des livres manuscrits à l'usage particulier des Sultans, forme aujourd'hui deux bibliothéques assez considérables dans l'intérieur du Sérail. L'une est de la fondation d'*Ahmed III*, qui l'établit au milieu des quatre *Odas*, ou chambrées des pages et des gentilshommes de la chambre. Il réunit encore aux anciennes collections de ses aïeux une infinité d'autres manuscrits. L'autre est de *Moustapha III*, qui l'éleva à côté de la mosquée *Bostandjiler-Djéamissy*, dont il est également le fondateur. Il composa cette nouvelle bibliothéque de tous les ouvrages qu'avoient recueillis *Mahmoud I* et *Osman III*, et de tous ceux qu'il avoit acquis lui-même pendant son règne. Ces deux bibliothéques, qui renferment plus de quinze mille volumes, grossissent. tous les jours , soit par de nouvelles acquisitions, soit par les présens de ce genre que font au Monarque les Grands de l'Etat , soit par les confiscations que l'on exerce sur les biens des officiers publics , dans le mobilier desquels on trouve toujours un certain nombre de livres.

Le commerce de ces manuscrits fait subsister une infinité de commis, sans cesse occupés à les transcrire , et un grand nombre de libraires, *Sahhaf*, qui en trafiquent dans toutes les villes de l'Empire. Indépendamment des magasins considérables établis dans *Constantinople*, des colporteurs parcourent continuellement les hôtels publics , et les différens quartiers de la ville , où ils débitent chaque jour des ouvrages en tout genre. C'est la multiplicité de ces manuscrits , et la crainte de réduire à la mendicité une foule de copistes , qui ont le plus contribué à retarder chez les Othomans l'établissement de l'imprimerie.

L'usage de la presse n'a été introduit à *Constantinople* , que sous le règne d'*Ahmed III*, par les soins éclairés du *Grand-Vézir Ibrahim Pascha* et du *Mouphty Abd'ullah Efendy.* Le fameux renégat *Basmadjy-Ibrahim* (1) fut le premier qui en donna le projet, dans un mémoire où il exposoit fort au long tous les avantages de l'imprimerie. Cet officier, alors *Mutéférica* de la cour, eut même l'habileté d'associer à son entreprise *Saïd Efendy,* l'un des premiers commis du bureau du *Mektoubdjy-Efendy.* Le *Grand-Vézir* et le *Mouphty,* connoissant l'empire des préjugés, ne négligèrent aucune des formalités légales pour faire réussir cette innovation, prévenir les murmures du peuple, et rendre cet établissement aussi solide qu'avantageux. Cependant ils se virent obligés de respecter l'opinion des *Oulémas,* qui jugèrent contraire à la religion et à la dignité du Musulmanisme, de permettre l'impression du *Cour'ann,* ou d'aucun livre qui traitât de la doctrine et de la loi du Prophète : ces ouvrages, objectoient-ils, leur ayant été transmis en manuscrits,

-----

(1) *Basmadjy* veut dire imprimeur.

devoient également être transmis à la postérité sous les mêmes caractères.

D'après cet arrêté, le *Mouphty* délivra un
Fethwa, pour constater d'une manière authentique la légitimité et les avantages de l'imprimerie. Comme les sentences que prononce ce
chef de la loi et de la magistrature Mahométane ne se délivrent jamais que sur des
questions formelles qu'on lui adresse toujours
sous des noms simulés, nous rapporterons ici la
question et la réponse qui ont formé le *Fethwa*
relatif à cet objet. QUESTION. *Si Zeid s'en-*
gage à imiter les caractères des livres ma-
nuscrits, tels que les dictionnaires, les traités
de logique, de philosophie, d'astronomie, et
autres ouvrages scientifiques, pour fondre
des lettres, faire des types, et imprimer des
livres absolument conformes aux modèles
manuscrits, peut-on l'autoriser légalement à
faire cette entreprise? RÉPONSE. *Dès qu'une*
personne entendue dans l'art de la presse a
le talent de fondre des lettres et de faire des
types pour imprimer des manuscrits exacts
et corrects; dès que son opération offre de
grands

grands avantages, tels que la célérité du tra-
vail, la facilité de tirer un grand nombre
d'exemplaires, et le bas prix auquel chacun
peut s'en pourvoir; si l'on prépose quelques
personnes très-instruites dans la littérature
pour corriger les épreuves, on ne peut alors
que favoriser l'imprimeur dans son entreprise,
qui est des plus belles et des plus louables.

Indépendamment de cette décision légale
du *Mouphty*, le ministère engagea encore les
principaux *Oulémas* à donner leur avis; et
six des *Ex-Cazi-Askers* de Roumilie et d'Anatolie, *Damad-zadé Efendy*, *Mirza-zadé*
Efendy, *Abd'ullah Efendy*, *Féyz'ullah*
Efendy, *Salih Efendy* et *Durry Efendy*;
les deux *Cazi-Askers* en exercice, *Es-Seyyid-*
Mohammed Efendy et *Moustapha Efendy*;
cinq des *Ex-Istambol-Cadissys*, *Selim*
Efendy, *Isshak Efendy*, *Abd'ur-Rahmann*
Efendy, *Scheykh-zadé Mohammed Efendy*
et *Isshak-zadé Efendy*; l'*Istambol-Cadissy*
en exercice, *Zulaly Efendy*; et le *Nakib'ul-*
Eschraf, ou chef des *Emirs*, *Zeïn'el-Abidinn*
Efendy, donnèrent leur approbation par écrit.

Ce fut d'après ces pièces solennelles qu'*Ahmed III* accorda un *Khatt'y - Schérif* pour l'établissement de l'imprimerie. Le préambule de cet édit remarquable parle d'abord des avantages inappréciables de l'écriture : que c'est par son moyen, y est-il dit, que l'on conserve d'un côté les principes de la loi et de la doctrine , ainsi que les règlemens de l'Etat et de la nation ; et que, de l'autre , l'on instruit les peuples , l'on propage et l'on perpétue les lettres et les sciences , en les transmettant d'une génération à l'autre : on y lit ensuite , qu'outre les productions des anciens philosophes, l'Orient , à compter de l'heureuse époque de la naissance du soleil de l'Islamisme , abondoit en toutes sortes d'ouvrages d'érudition et de littérature , mais principalement en ceux qui concernent la parole de Dieu , les lois orales du Prophète, et la législation religieuse ; que tous ces ouvrages, auxquels tant d'*Oulémas* et de gens de lettres avoient consacré leurs veilles et leurs sueurs , étoient propres à procurer à l'homme des mérites éternels et des prospérités temporelles; que par une suite de la révolution des temps et des vicissitudes humaines, cette multitude immense de manuscrits avoit subi la destinée commune à toutes les choses du monde ; qu'ils avoient péri dans les ravages des incendies, dans les calamités des guerres, dans les dévastations des villes, mais sur-tout dans les temps désastreux de *Djinguiz-khan*, le fléau de l'Orient ; de *Hélakeou*, le destructeur de *Baghdad*, et des princes Chrétiens, y est-il dit, qui ont expulsé les Mahométans des divers royaumes de l'Espagne : qu'après la perte irréparable de tant de bibliothéques publiques et particulières, une infinité d'ouvrages, sur-tout les plus volumineux, n'existoient dans les Etats Musulmans qu'en très-petit nombre d'exemplaires ; que peu de sujets avoient la patience de les transcrire, et très-peu le talent de les copier exactement ; de sorte que la rareté et le haut prix des manuscrits corrects et parfaits, faisoient le plus grand tort à la propagation des lettres et des sciences : que pour remédier à ce mal, S. H. ayant pris en considération le mémoire des entrepreneurs

Saïd et *Ibrahim*, où l'on détailloit tous les avantages de l'imprimerie, les autorisoit, en vertu du *Fethwa* du *Mouphty* (qui est cité tout au long dans l'édit même), à établir une imprimerie, et à donner au public tous les ouvrages qui traitent de la philosophie, de la médecine, de l'astronomie, de la géographie, de l'histoire, ou de toute autre science quelconque, excepté les livres canoniques, c'est-à-dire, le *Cour'ann*, le *Hadiss* (lois orales du Prophète), leurs commentaires., *Tefsir*, et les livres de jurisprudence ; qu'enfin S. H. se félicitoit de ce qu'un établissement de cette nature avoit été réservé par la Providence à son règne glorieux, et qu'elle ne doutoit pas d'accumuler sur son auguste personne les bénédictions de ses sujets et de tous les Musulmans des siècles à venir. Le *Khatt'y-Schérif* finit par exhorter les deux imprimeurs à consacrer à cette entreprise leurs soins réunis, et à donner la plus grande attention à la correction des feuilles, objet pour lequel le Monarque préposoit, à titre, pour ainsi dire, de censeurs, les magistrats, *Isshak Efendy*

Ex-Cady de Constantinople, Sahhib Efendy Ex-Cady de Salonique, Ess'ad Efendy Ex-Cady de Galata, et *Moussa Efendy Scheykh* de l'ordre des *Mewlewys*, et supérieur de la maison du même ordre dans le faubourg de *Cassim-Pascha*. Cet édit est daté du 15 *Zil-cadé* 1139, ce qui revient au 5 juillet 1727.

Pour donner toute la publicité requise à ces titres légitimes, sur lesquels portoit le nouvel établissement, on ordonna aux imprimeurs de placer le *Khatt'y-Schérif* du Sultan; le *Fethwa* du *Mouphty*, et les *Takrizs* ou approbations des principaux *Oulémas*, à la tête de *Wann-Couly*, le premier livre qui fut mis sous la presse. Nonobstant toute l'activité de *Basmadjy Ibrahim*, et le zèle du ministère, cette imprimerie ne mit au jour que quinze ouvrages, dont on tira, à la vérité, un très-grand nombre d'exemplaires. Les voici:

1°. Deux volumes de *Wann-Couly*, dictionnaire Arabe.

2°. Deux volumes de *Ferhhenk-Schouôury*, dictionnaire Persan.

3°. Deux volumes de *Naïma*, qui traitent, de l'histoire de la maison Othomane, depuis, l'an 1591 jusqu'à l'an 1659.

4°. Deux volumes de *Raschid*, continuateur de la même histoire, qu'il conduit jusqu'à l'an 1728.

5°. Un volume de *Djihhann-Nouma*, qui veut dire, le belvédère du monde. C'est une description géographique, avec un précis historique de presque tout l'Orient. Cet ouvrage, qui contient aussi des cartes géographiques, et un discours sur les mathématiques et sur les élémens d'Euclide, a pour auteur le célèbre *Kéatib Tschéléby*.

6°. Un volume *Takwim - Tewarikh*, ou tableau chronologique de tous les Monarques. et de tous les grands Hommes de l'Orient, depuis la création jusqu'à l'an 1732, par le même *Kéatib-Tschéléby*.

7°. Un volume *Tœuhhfeth'ul-Kubar :* c'est une description de la mer Blanche, avec l'histoire de toutes les expéditions maritimes des Othomans jusqu'à l'année 1655. Ce livre, qui traite aussi des principes de la navigation et des règlemens nécessaires à l'Amirauté , est encore de *Kéalib-Tschéléby.*

8°. Un volume *Gulschen'y-Khouléfa.* C'est un précis historique des. Khaliphes et des différentes dynasties Mahométanes , depuis l'an 744 jusqu'à l'an 1643, par *Nazmizadé.*

9°. Un volume *Tarikh - Timour ,* ou histoire de *Timour ,* par le même auteur.

10°. Un volume *Tarikh-Missr ,* ou histoire de l'Egypte : elle ne parle que de la conquête de ce royaume par *Selim I.* Cet ouvrage est de *Suhhéïly.*

11°. Un volume *Tarikh-Aghwaniyann ,* ou histoire des *Aghwanns ,* avec un précis historique de la maison *Saféwy ,* ou *Sophis* de Perse.

12°. Un volume *Tarikh-Bosna ,* ou histoire de Bosnie : elle ne parle que des guerres de 1736 à 1739.

13°. Un volume *Tarikh-ul-Hind-ul Gharby ,* ou précis historique des Indes Occidentales.

14°. Un volume *Feyouzath - Miknatissiyé.* Cet ouvrage parle des propriétés de l'aimant , et de l'utilité de la boussole.

15°. Un volume *Oussoul'ul-Hikem*, ou principes philosophiques. C'est un petit traité qui expose les différentes formes de gouvernement, les maximes principales d'une bonne administration, et l'art militaire, suivant la tactique des Européens. Nous en donnerons l'esprit dans nos observations à la suite du Code Militaire.

Ces cinq derniers ouvrages sont de l'imprimeur *Basmadjy Ibrahim*, qui avoit de l'érudition, et dont le zèle ne négligeoit rien pour répandre les connoissances des Européens parmi les Mahométans. Il imprima aussi deux grandes cartes; l'une de la mer Noire, l'autre de la mer Caspienne. Outre les bénéfices ordinaires de son entreprise, il jouissoit encore de diverses libéralités de l'Etat. Il avoit un fief militaire, *Timar*, et un traitement de quatre-vingt-dix-neuf aspres par jour.

L'imprimerie travailla ainsi pendant dix-huit ans : mais la mort de son auteur, en 1746, six ans après celle de son associé, fit oublier et abandonner cet établissement. *Mahmoud I* et le *Grand-Vézir Teryaky El' Hadjh Mohammed Pascha* eurent bien le projet de le maintenir ; mais la difficulté de trouver un homme aussi entendu et aussi zélé que *Basmadjy Ibrahim ,* fit suspendre alors les ordres nécessaires de la part du Gouvernement ; et l'objet une fois perdu de vue , les successeurs de ce *Vézir* y portèrent la même négligence ; de sorte que l'imprimerie resta dans une entière inaction jusqu'au présent règne.

Tous les livres imprimés se trouvent dans les bibliothéques publiques ; mais depuis quelques années ils sont rares chez les libraires , et se vendent presque au double de leur ancien prix, qui étoit de cent vingt piastres, ou environ deux cent soixante-dix livres la collection entière. Ce n'est pas sans peine que j'ai pu les recueillir pour les joindre aux manuscrits qui forment les annales de l'Empire, etc. On a déja vu que ce fut la lecture de ces ouvrages qui me fit concevoir, en 1764, la première idée de celui que je donne actuellement au public, et que j'ai entrepris d'après les encouragemens de M. *Gustaf de Celsing*, alors Envoyé Extraordinaire, de *Suède* à *Constantinople*, et aujourd'hui Président du Conseil Royal de Commerce à *Stokholm*. Il m'est doux, en rendant ici hommage à son amour pour les lettres, à ses talens, à ses vertus, de lui payer le juste tribut de ma reconnoissance.

On sait que sous *Osman III* le ministère accorda le privilége de l'imprimerie à *Kutschuk - Ibrahim*, élève de *Basmadjy Ibrahim*. Mais ce nouveau directeur ne s'occupa que d'une seconde édition de, *Wann-Couly*, qu'il donna au public en 1757. Comme il s'étoit voué à la judicature, et qu'il eut le moyen de s'avancer dans l'ordre des *Cadys*, il s'en tint à cette carrière, comme infiniment plus honorable et plus lucrative, et abandonna l'imprimerie.

Abd'ul-Hamid I eut la sagesse de la rétablir par un nouveau *Khatt'y-Schérif*, en date du 18 *Rebi'ul-akhir* 1198 (12 mars 1784). Ce nouvel édit expose, comme le premier, les avantages de l'imprimerie, parle de son établissement sous *Ahmed III*, déplore les circonstances qui l'ont fait négliger, soit après la mort de *Basmadjy-Ibrahim*, soit après la démission de *Kutschuk-Ibrahim*, et excuse en quelque sorte les Monarques précédens de cette inattention, nommément *Moustapha III*, à cause des événemens orageux de son règne : il nomme pour directeurs de la même imprimerie le *Beylikdjy*, ou vice-grand chancelier *Mohammed Raschid Efendy*, et *Ahmed Wassif Efendy*, historiographe de l'Empire; il les autorise à acquérir de la veuve du dernier imprimeur les types avec tous les instrumens qui appartiennent à la presse, et leur enjoint de veiller avec une attention suivie à l'impression de tout ouvrage qui traite de l'histoire, des sciences, des belles-lettres, etc., sans jamais toucher aux livres canoniques, conformément à l'esprit et aux règles primitives de cette institution.

Cet édit accorde aussi aux deux *Efendys* directeurs un privilége exclusif; leur donne une liberté entière d'employer à l'imprimerie telles personnes que bon leur semblera; leur impose un droit d'un aspre par cahier de dix feuilles, à payer à la caisse du *Wakf* Impérial, pour tous les exemplaires qui seroient imprimés, soit en Turc, soit en Persan, soit en Arabe, et leur défend enfin de vendre aucun livre qui ne porteroit pas le sceau de l'officier chargé de la perception de ce droit public. Ces conditions ont été offertes par les directeurs eux-mêmes, qui, loin d'exiger les avantages que l'Etat avoit accordés aux deux premiers imprimeurs, se sont soumis de plein gré à ce droit modique, en faveur des *Wakfs* domaniaux, dans la seule vue d'intéresser davantage au maintien de cet établissement le Sultan lui-même et ses successeurs.

Ainsi, depuis trois ans, l'imprimerie se trouve rétablie à *Constantinople,* et travaille à mettre au jour la suite de l'histoire Othomane. La nation est redevable de ce bienfait au zèle et aux lumières du *Grand-Vézir Hamid-Khalil Pascha,* qui deux ans après eut le sort le plus déplorable. Ce ministre doué de qualités éminentes, ne s'étoit élevé à la première dignité de l'Empire que par son mérite et ses talens. Dépouillé de presque tous les préjugés de sa nation , il sentoit mieux que personne la nécessité d'une réforme générale, et s'en occupoit sérieusement. La confiance dont il m'honoroit, à la suite de quatorze années de liaisons particulières, et la connoissance parfaite que j'ai eue de son zèle, de son habileté et de ses vastes desseins, me font présumer que s'il eût été secondé par la fortune, ou s'il n'eût pas précipité l'exécution de son plan...., il eût donné au moins le premier mouvement aux réformes qu'il méditoit profondément lorsqu'il n'étoit encore que dans les grades subalternes du ministère.

7°. Des Chapelles sépulcrales où reposent les cendres des Sultans, etc.

Ces chapelles , que l'on appelle *Turbés*, sont des édifices superbes élevés à côté des mosquées Impériales. Ordinairement chaque Sultan en fait construire une pour lui et pour ses enfans. Celui qui a négligé cette précaution pendant son règne , choisit à sa mort

l'un des *Turbés* de ses aïeux ; mais ses dispositions sont toujours soumises à la volonté du
Monarque qui lui succède, et qui souvent le
fait inhumer dans une autre chapelle. Les
Validé-Sultanes ou reines-mères ont aussi le
droit de faire construire des *Turbés*, qui servent également à la sépulture des Sultans
ainsi que des princes et princesses de leur
sang. Les corps y sont inhumés, et au dessus
de la fosse, simplement couverte de terre,
s'élève une espèce de catafalque ou de balda-
quin, *Sanndouca*, de simple bois, couvert
d'une riche étoffe brodée en or, avec des versets du *Cour'ann*, et ordinairement garni, du
côté de là tête, d'une large bande des anciens
voiles du *Kéabé* de la *Mecque*, ou du sépulcre du Prophète à *Médine*. La plupart de ces
monumens sont entourés d'une espèce de
grillage enrichi de nacre de perle ; ceux des
Monarques et de tous les princes du sang,
sont distingués par un turban en mousseline
du côté de la tête.

On compte aujourd'hui à *Constantinople*
dix-sept de ces *Turbés* Impériaux ce sont :

1°. Celui de *Mohammed II*, le conquérant de *Constantinople*. Voyez la Planche 34.

2°. Celui de la *Validé-Sultane Alimé-Khanim*, mère de *Mohammed II*.

3°. Celui de la *Validé-Sultane Gul-Bahhar-Khatunn*, mère de *Bayézid II*. A ses côtés sont les deux Sultanes ses filles, qu'elle eut de *Mohammed II*. Voyez la Planche 35. Des historiens nationaux donnent cette *Validé-Sultane* pour une princesse de France. Ils prétendent qu'elle fut prise par un armateur Othoman dans l'Archipel, à bord d'un navire destiné pour les côtes de *Jérusalem*; que conduite à *Constantinople*, elle subit les lois de la captivité, et fut rangée dans la classe des premières dames du Sérail; qu'elle eut le bonheur d'être admise au lit de *Mohammed II*, et de lui donner, entre autres enfans, *Bayézid II* son successeur. C'est cette opinion sur la naissance de *Gul-Bahhar-Khatunn*, bien plus que l'alliance entre *François I* et *Suleyman I* contre *Charles-Quint*, qui encore aujourd'hui fait regarder à la nation entière la maison de Bourbon comme alliée de la maison Othomane.

4°. Celui de *Bayézid II*, dit *Wély* ou le Saint.

5°. Celui de *Selim I*. On voit à côté de son mausolée celui de la *Validé-Sultane Hafza-Khatunn*, mère de *Suleyman I*, et ceux de divers princes et princesses du sang.

6°. Celui de *Suleyman I*. Dans le, même *Turbé* reposent les cendres de *Suleyman II*, d'*Ahmed II*, de *Khourrem-Sultane*, mère de *Selim II*, de *Dil-Aschub-Sultane*, mère de *Suleyman II*, et de divers princes et princesses du sang.

7°. Celui de *Selim II*, près duquel est le *Sanndouca* de *Nour-Banou-Sultane*, mère de *Mourad III*, et célèbre sous le nom d'*Altika-Validé*, qui signifie, l'ancienne ou la mère.

8°. Celui de *Mourad III*, où repose aussi le corps de *Safiyé-Sultane*, mère de *Mohammed III*.

9°. Celui de *Mohammed III*. On y voit aussi le monument de *Khanndann-Sultane*, mère d'*Ahmed I*.

10°. Le *Turbé* connu sous le nom de

Schahzadé-

Schahzadé-Turbessy, où sont inhumés tous les enfans de *Mourad III*.

11°. Celui de *Moustapha I*. Dans la même chapelle reposent les cendres de la *Validé-Sultane* sa mère, d'*Ibrahim I*, et de plusieurs princes et princesses du sang. Ces cinq derniers *Turbés*, de n° 7 à n° 11, sont dans l'enceinte extérieure de *Sainte-Sophie*.

12°. Celui d'*Ahmed I* : on voit autour de son mausolée ceux d'*Osman II*, de *Mourad IV* et de *Mah-Peïker-Keussem Sultane*, mère de *Mourad IV* et d'*Ibrahim I* ; cette princesse est connue sous l'épithète de *Validé-y-Maktoulé*, qui veut dire, la *Validé* massacrée, à cause de la fin déplorable qu'elle eut dans les troubles qui agitèrent *Constantinople*, l'an 1651.

13°. Celui de la *Validé-Terkhann-Sultane*, mère de *Mohammed IV*, et fondatrice de la mosquée *Yeny-djéamy*. Ce *Turbé*, le plus considérable de tous, renferme aussi les corps de *Mohammed IV*, de *Moustapha II*, d'*Ahmed III*, de *Mahmoud I*, d'*Osman III*, de *Salihha Sultane*, mère de *Mahmoud I*, et

TOME II.   K k

de plusieurs princes et princesses du sang. Voyez la Planche 36.

14°. Celui de la *Validé Rabiâ-Gulnousch Sultane*, mère de *Moustapha II* et d'*Ahmed III*, et fondatrice de la mosquée *Validédjéamissy*.

15°. Celui de la *Validé Schehsouwar-Sultane*, mère d'*Osman III*.

16°. Celui de *Moustapha III*. Ses enfans sont inhumés à ses côtés. Voyez les Planches 31 et 37, dont l'une représente l'extérieur et l'autre l'intérieur de ce monument.

Et 17°. celui d'*Abd'ul-Hamid I*, où reposent les cendres de plusieurs enfans de ce Monarque aujourd'hui régnant.

Brousse, l'ancienne capitale de l'Empire, possède les corps des six premiers Sultans de cette maison. Ils sont dans trois *Turbés*; 1°. celui de *Gumusch-Coubbé*, où reposent *Osman I* et *Orkann I*; 2°. celui de *Djikirké*, où sont *Mourad I*, *Bayézid I* et *Mourad II*; et 3°. celui de *Yeschil-Imareth*, qui renferme le corps de *Mohammed I*. La plus grande simplicité règne dans ces anciens mausolées, sur.tout dans celui d'*Osman I*, comme on peut le voir dans la Planche 38.

Les murs de ceux de *Constantinople*, sont pour la plupart revêtus au dedans de carreaux de porcelaine, et tapissés d'inscriptions en gros caractères d'or : ordinairement ce sont des vers en l'honneur du Prophète, *Medh-Mohammed*, de la composition d'un Arabe aveugle, nommé *Burdé*, qui, par son génie poétique, se rendit célèbre dans tout l'Orient. On n'allume presque jamais les flambeaux qui sont aux deux extrémités de chaque monument; mais les lampes suspendues aux voûtes, en forme de lustres, brûlent toutes les nuits.

Chaque *Turbé* a quatre ou six gardiens sous le nom de *Turbédar*, et dix ou quinze vieillards, dont l'office est de réciter tous les matins le *Cour'ann* en entier, pour le repos de l'ame des personnes qui y sont inhumées. Comme chacun se charge de deux ou trois des trente cahiers, *Djuz'y*, de ce livre, on les appelle *Djuz'y-Khanann*, c'est-à-dire, récitateurs des cahiers sacrés.

Les Sultans qui ont eu la dévotion de

transcrire de leur main le *Cour'ann*, font toujours déposer leur exemplaire dans le *Turbé*
même où ils sont enterrés. Les *Turbédars* se
font un mérite de les faire voir à ceux qui
les demandent, sur-tout les exemplaires de
Mohammed II et d'*Ahmed III*, parce qu'ils
sont écrits en entier et signés de la main de
ces princes. Ils conservent d'ailleurs avec le
plus grand soin un certain nombre de livres
du *Cour'ann*, pour les mettre entre les mains
de tous les Musulmans qui vont visiter ces
Turbés, et prier pour l'ame des Monarques
défunts. Les uns s'y rendent par un reste
d'amour et de reconnoissance envers leurs anciens maîtres, sur-tout les officiers du Sérail
attachés au service personnel des Sultans,
des princes, des *Validés-Sultanes*, etc.; les
autres, par un pur mouvement de dévotion
et de respect pour la mémoire des Souverains,
considérés pendant leur règne comme Khaliphes et vicaires du Prophète.

Ainsi beaucoup de Mahométans rendent
souvent leurs pieux hommages à ces *Turbés*, notamment à ceux de *Bayézid II*, de

Mohammed II, de *Selim I* et de *Suley-man I* ; du premier, à cause de la réputation de sainteté que lui acquirent ses vertus ; des autres, comme ayant illustré leur règne par leur sagesse et leurs exploits militaires. Tous les jours on les visite, mais avec plus d'affluence dans les trente nuits du *Ramazann*, et principalement dans les sept nuits saintes dont nous avons déja parlé. La nation, surtout les Grands et les officiers de la cour, s'acquittent de ce devoir plus particulièrement encore dans les quarante premiers jours de la mort d'un Sultan. Le nouveau Monarque s'empresse toujours d'en donner l'exemple. *Mourad III* visitoit régulièrement deux fois par semaine, les lundis et les jeudis, le *Turbé* de *Selim II* son père. Tour-à-tour, et le plus souvent *incognitò*, les Sultans vont réciter le même jour des prières à deux ou trois de ces *Turbés*, font des largesses aux *Turbédars*, et répandent des aumônes : actes de dévotion plus éclatans encore à l'époque d'événemens fâcheux, de calamités publiques, d'entreprises importantes. Ces Souverains implorent alors publiquement l'intercession de leurs aïeux et des Saints du Musulmanisme , mais sur-tout d'*Eby-Eyub-Enssary.*

Nous avons dit plus haut que cet *Eyub ,* l'un des disciples du Prophète , mourut l'an 48 (668), sous les murs de *Constantinople ,* pendant la fameuse expédition du prince *Yezid* fils de *Muawiyé I ,* contre le Bas-Empire. La manière prétendue miraculeuse dont on découvrit son tombeau quelques semaines après la conquête de cette ville, sous *Mohammed II ,* releva infiniment l'opinion de sainteté où il étoit dans les esprits. *Ack-Schems' ud-dinn ,* l'un des *Scheykhs* favoris de ce Sultan, crut voir en songe un être céleste, qui lui indiquoit le lieu où reposoient les cendres de ce saint personnage , en l'assurant qu'on y trouveroit pour preuve de cette révélation, une source d'eau, et un marbre blanc avec une inscription hébraïque. A son réveil le *Scheykh* courut exposer sa vision au Monarque, qui sur le champ ordonna de fouiller la terre à l'endroit marqué , hors de la ville , à l'ouest de *Constantinople.* Le hasard sans doute ou l'imposture fit trouver au milieu des fouilles un marbre blanc et une source d'eau. Il n'en fallut pas davantage pour consacrer ce lieu comme étant celui de la sépulture d'*Eby-Eyub*. *Mohammed II* y fit élever un superbe *Turbé*, et à côté une grande mosquée du nom de ce Saint, ainsi que le faubourg même qui s'éleva bientôt aux environs de ces deux édifices.

Le *Turbé* achevé, le Sultan s'y rendit avec pompe, et après quelques prières, *Ack-Schemz'ud-dinn*, assisté des principaux *Oulémas*, ceignit *Mohammed II* d'un superbe sabre, comme, en 1342, le Khaliphe *Ahmed IX* l'avoit pratiqué à l'égard de *Melik-Mensour*, au moment de son élévation sur le trône d'Egypte. Depuis, tous les successeurs de *Mohammed II* observèrent cette cérémonie, qui leur tient lieu de sacre et de couronnement. Elle se fait le cinquième ou le sixième jour de leur avènement au trône, et toujours dans le même *Turbé*. Ces circonstances élèvent dans l'opinion publique la sainteté de cette chapelle sépulcrale au dessus

même de celle des *Turbés* Impériaux : aussi
l'affluence y est-elle prodigieuse ; la chapelle
est ouverte jour et nuit, et les deux flambeaux
placés aux deux extrémités de la tombe, brûlent continuellement. Les pieux hommages
que les Musulmans de l'un et de l'autre sexe
vont rendre aux cendres de ce Saint, sont presque toujours accompagnés d'offrandes en argent, en bois d'aloès, en ambre gris, mais
sur-tout en cire blanche. On se fait encore
une dévotion de boire de cette eau trouvée
aux pieds de la fosse, et dont on forma un
puits dans l'intérieur même du *Turbé*. Vers la
tête, on voit un étendard enveloppé d'un
drap vert, symbole de la condition du Saint,
qui fut l'un dès Enseignes du Prophète, et
ensuite du Khaliphe *Muawiyé I*. Voyez la
Planche 40.

Ce *Turbé* et la chapelle du Sérail où l'on
conserve les reliques du Législateur Arabe,
sont les seuls lieux de la capitale rigoureusement interdits par l'opinion, aux Chrétiens,
et à tous ceux qui ne professent pas l'Islamisme. Mes efforts pour y pénétrer ont été

inutiles ; et ceux des Grands qui avoient les moyens de m'en ouvrir l'entrée , ont été les premiers à me conseiller d'y renoncer , pour ne pas m'exposer aux insultes du fanatisme. Je suis cependant parvenu à engager des peintres Mahométans à en prendre les dessins , ce qu'ils ont exécuté à la dérobée, et à plusieurs reprises , pour vérifier chaque fois le travail secret qu'ils faisoient chez eux.

On a observé que les *Turbés* Impériaux ne renferment que les corps des Monarques, ceux de leurs enfans, et des *Validé-Sultanes* leurs mères. Les *Cadinns* et toutes les esclaves qui forment le *Harem* du Sérail , ont un cimetière particulier , presque au centre de la ville. Il est entouré d'un haut grillage de fer. A l'un des coins de ce cimetière , dans la partie qui regarde le chemin public , le Sultan régnant fit inhumer le *Grand-Vézir Silihdar Seyyid Mohammed Pascha* , qui à sa mort , en 1779, reçut, au grand étonnement du public, cette dernière marque de la bienveillance et de l'extrême affection de son maître.

Pour terminer notre discours sur les divers

édifices qui s'élèvent autour des mosquées, nous remarquerons encore que quelques-uns de ces temples entretiennent aussi des hôtels, sous le nom de *Mihman-khané* ou *Mussafir-khané*, destinés aux voyageurs indigens : d'autres ont des bains publics où les pauvres vont se baigner et faire leurs purifications, sans autre charge que celle de bénir la mémoire des instituteurs de ces pieux établissemens.

Indépendamment de toutes ces fondations primitives, chaque Musulman est maître de contribuer à leur entretien ou à leur amélioration par de nouvelles largesses, par de nouveaux fonds que l'on ajoute aux anciens. Toute personne aisée est réputée soumise à cette obligation, mais sur-tout les Monarques, qui ne peuvent cependant y employer que leurs épargnes ou une partie des avantages résultans des succès de la guerre. Il ne leur est pas permis de disposer, pour aucun de ces objets, des deniers publics que la loi consacre aux besoins de l'Etat. C'est pourquoi la plupart des mosquées Impériales et des établissemens voués au bien général de l'humanité, sont de la fondation des Sultans qui ont fait des conquêtes : circonstance qui ajoute à leur obligation de s'occuper sans cesse des choses relatives au culte public, à l'instruction de la jeunesse et au soulagement des pauvres.

§. I I I.

Des Wakfs ou Fondations.

Cet article important, qui intéresse à-la-fois la religion et la politique, demande à être développé avec quelque étendue.

Chez les Mahométans, tous les biens consacrés aux temples ou à des fondations pieuses, portent la dénomination générale de *Wakf*, vulgairement dit *Wakouf*. Ce mot, qui répond à ceux de cession, consignation, abandon, dépôt, emporte cependant dans son acception ordinaire l'idée d'une chose sacrée, d'un objet voué aux besoins de l'humanité et du culte public, par un sentiment de piété et d'amour envers Dieu. Ces *Wakfs* se partagent en trois classes : la première comprend ceux des mosquées qui forment, pour ainsi dire, les biens

ecclésiastiques de la nation ; la seconde , les ⁕
Wakfs publics ou fondations établies pour le·
soulagement des pauvres et le bien général
de l'humanité; la troisième , les *Wakfs* coutumiers qui relèvent des mosquées.

I. Les *Wakfs* des mosquées sont tous les
biens meubles et immeubles qui y sont consacrés , soit pour leur entretien perpétuel , soit
pour la subsistance des ministres qui les desservent. Tout fondateur est maître absolu de
ses dispositions : il les règle à son gré , et pourvoit en même temps à l'administration éco-
nomique de ces biens. Il défère cette administration , *Tewliyeth* , à un officier quelconque , ·
sous le nom de *Mutéwelly* ou *Well'y-Wakf,*
qui signifie directeur , régisseur , administrateur. Mais il soumet sa régie à l'inspection ,
Nazareth , d'un officier supérieur , sous le titre ·
de *Nazir*, et c'est à lui que le *Mutéwelly* est
obligé de rendre un compte exact de son administration tous les six mois ou une fois l'an.
Cette règle est générale pour tous les temples Mahométans.

Les mosquées Impériales sont sous l'inspection des premiers personnages de l'Empire. *Mohammed II*, *Selim I*, *Suleyman I*, établirent à perpétuité pour *Nazir* des mosquées de leur fondation, le *Grand-Vézir*, et pour *Mutéwelly*, le *Harém-Kéhayassy* de son hôtel. *Bayézid II* et *Ahmed I* constituèrent aussi *Nazir* de leurs mosquées, le *Mouphty*, et pour *Mutéwellys*, l'un le premier intendant, *Kéhaya*, de ce chef des *Oulémas*, et l'autre le grand douanier de *Constantinople*.

Tous les autres Souverains ont déféré l'inspection des mosquées et de leurs *Wakfs*, d'abord au *Capou-Aghassy*, ensuite au *Kizlar-Agassy*, dont le premier est le chef des eunuques blancs, et l'autre celui des eunuques noirs du Sérail. Anciennement le *Capou-Aghassy* étoit le grand-maître de la maison du Sultan, et le principal officier du palais. Attaché par état au service personnel de Sa Hautese, et fixé au Sérail à perpétuité, la plupart des Sultans ont préféré de lui confier la régie de leurs temples, plutôt qu'au *Grand-Vézir* et au *Mouphty*, dans la vue de surveiller eux - mêmes l'administration de cet

officier, et la garde des épargnes annuelles de
leurs *Wakfs* dans l'intérieur du Sérail. Mais
les déprédations que se permirent quelques-
uns de ces chefs des blancs et leurs substituts,
leur firent perdre sous *Mourad III* cet office
important. En 1591 ils furent remplacés par
le *Kizlar-Aghassy* ; ce qui ajoutant à la considération de cet officier , premier gardien du
Harem de Sa Hautesse et de tous les princes
du sang , lui donna insensiblement la prééminence sur le *Capou-Aghassy* lui-même.
Mourad III le chargea aussi de l'administration générale de tous les *Wakfs* fondés par
ses aïeux , soit pour l'entretien du *Kéabé* de la
Mecque et du sépulcre du Prophète à *Médine,*
soit pour la subsistance des pauvres de ces
deux cités. Depuis cette époque, les *Kizlar-
Aghassys* jouissent du titre éminent de *Ha-
remein'usch-schérifeïnn Naziry ,* c'est-à-dire,
inspecteurs des *Wakfs* des deux cités saintes.

Les fondateurs des mosquées ordinaires et
des simples *Messdjids* suivent absolument les
mêmes règles dans leurs dispositions. Les uns
nomment à perpétuité pour *Nazirs* de leurs

temples et de leurs *Wakfs*, ou le *Grand-Vézir*, ou le *Capou-Aghassy*, ou l'un des premiers officiers de l'Etat, soit dans l'ordre civil, soit dans l'ordre politique. Les autres y préposent les premiers personnages du corps des *Oulémas*, tels que le *Mouphty*, les deux *Caziaskers*, l'*Istambol-Efendissy*, etc. ou bien le magistrat ordinaire, *Molla*, *Cady*, *Naïb*, de la ville même où ils élèvent leurs temples. Mais la plupart de ces bienfaiteurs publics s'en tiennent, comme les Sultans, au *Kizlar-Aghassy* du Sérail. Ils sont censés par-là confier l'inspection générale de leurs *Wakfs* au Souverain lui-même, dans la personne du premier officier de son palais, de celui qui possède l'entière confiance de son maître, et qui surveille la régie de presque toutes les fondations pieuses de la maison souveraine.

Quand à l'administration, *Tewliyeth*, chaque fondateur est également le maître de la déférer à qui bon lui semble. Les uns en disposent en faveur des officiers subalternes; les autres les confient aux ministres mêmes des temples, *Scheykhs*, *Imàms*, etc.; d'autres enfin s'en rapportent au choix et à la volonté du *Nazir* lui-même.

Toutes ces dispositions en général, soit des princes, soit des sujets, se font par acte juridique, dans un des tribunaux de l'Empire, parce que les magistrats chez tous les peuples Mahométans, remplissent en même temps les fonctions de notaire. Après cette première formalité, la charte, *Wakfiyé*, s'enregistre par un ordre exprès du Gouvernement, dans les bureaux de la *Defterdarie*, *Defterdar-Capoussy*, qui est le département du ministre des finances. Des trente-trois bureaux qui le composent, trois sont uniquement destinés pour les *Wakfs*. Le premier, que l'on nomme *Haremeïnn - Mouhassebéssy - Calémy*, embrasse ceux de toutes les mosquées impériales, comme aussi de tous les temples de *Constantinople* et des provinces Européennes: le second, *Haremeïnn-Moucateâssy-Calémy*, est pour les *Wakfs* de toutes les provinces d'Asie et d'Afrique : le troisième, que l'on appelle *Kutschuk - Ewcaf - Mouhassébessy - Calémy*, a principalement pour objet les hôtelleries,

hôtelleries, *Imareth*, de tous les temples en général. Dans les deux premiers bureaux se conservent aussi les registres des *Wakfs* des deux cités de l'Arabie, et de la plupart des fondations particulières qui n'ont aucun rapport avec les mosquées.

Toutes ces formalités, indispensables pour la régie perpétuelle des *Wakfs* primordiaux, que les fondateurs eux-mêmes consacrent à l'entretien, soit des temples, soit de leurs ministres, s'observent également à l'égard des *Wakfs* subséquens qu'y ajoute sans cesse la piété des princes et des citoyens opulens. Mais ces nouvelles fondations ont cela de particulier, que chacun est le maître d'en confier la régie aux *Nazirs* et aux *Mutewel-lys* des mêmes temples, ou d'y préposer à son gré un administrateur particulier.

Quelques-uns se constituent les *Mutéwellys* de leurs *Wakfs* ; ils en ont le droit, comme on l'a pu remarquer dans le texte : ces pieuses libé-ralités s'appellent alors *Wakf-Meschrouta*, don conditionnel. Ils peuvent encore nommer *Mutéwellys* leurs enfans ou leurs prochés parens, et établir à leur gré l'ordre de succession dans lequel ils doivent hériter à perpétuité de la régie de ces biens : ce genre de donation s'appelle *Wakf-Meschrouta'y-ewladiyeth*, don conditionnel de filiation.

Le but ordinaire de ces dispositions est d'assurer une partie de sa fortune contre l'esprit dissipateur des héritiers légitimes, et contre la loi arbitraire des confiscations que les Sultans exercent sur les biens des Grands et des officiers publics. Mais l'abus qu'en font depuis quelque temps les personnes les plus opulentes et les plus exposées à cette loi en effet tyrannique du Souverain, trompe souvent leurs intentions, et détruit tout l'effet de leurs vues secrètes et en quelque sorte légitimes. Les avantages réservés aux enfans en qualité de *Mutéwellys*, consistent dans une portion des revenus de ces *Wakfs*, sur laquelle le fondateur ne s'explique pas, et qu'il laisse à la volonté du *Mutéwelly* lui-même, chargé en apparence de l'employer à des œuvres pies. Ces dispositions sont dans l'esprit des testamens ordinaires, par lesquels tout citoyen a le droit de laisser à qui bon lui semble une partie de ses biens; mais jusqu'à concurrence du tiers de son hérédité, toujours à titre d'exécuteur testamentaire, *Wassy*, et toujours à la charge d'en faire des œuvres pies. Moyennant cette forme, qui est indispensable, le légataire constate son droit par voie juridique, reçoit le legs et en dispose entièrement à son gré. Ainsi, à l'époque de la mort ou de la disgrace d'un officier public; si le Sultan ordonne la confiscation de ses biens, on examine la nature et la masse de ses *Wakfs*; et pour peu que les avantages réservés à la famille soient considérables, le Monarque les adjuge sans scrupule à son trésor, en respectant toujours la portion réellement dévouée aux temples ou a d'autres fondations pieuses.

Tous ces objets, quelle que soit la nature d'un *Wakf*, sont, comme on l'a déja observé, des biens meubles et immeubles de tout genre. Les Souverains y ajoutent encore les biens domaniaux, qui, une fois convertis en *Wakfs*, restent à perpétuité au profit des temples ou

des établissemens pieux auxquels ils sont
consacrés. Les revenus de ces *Wakfs* consistent dans les impôts et les charges publiques
auxquels sont soumis ces biens domaniaux,
qui embrassent une infinité de villes, bourgs,
bourgades, districts et terres, dans les différentes provinces de l'Empire.

La régie de cette classe de *Wakfs* est absolument la même que celle des autres biens
domaniaux et de tout ce qui forme les revenus ordinaires de l'Etat. Sous les six premiers
Sultans ces administrations fiscales se faisoient
par commission., *Émaneth. Sous Mohammed II.* on adopta le systême de les donner
à ferme, *Iltizam.* L'engagement n'étoit jamais qu'annuel ; c'est pourquoi on l'appeloit
Moucatéâ. Les seuls gouverneurs des provinces et les Grands de l'Etat s'en chargeoient
sous le nom de *Multézim,* mot qui répond à
ceux de fermier, tenancier, engagiste. Les
uns en disposoient par sous-ferme ; les autres
les faisoient régir pour leur compte, et se
livroient souvent à des excès d'avidité et de
concussion. Les habitans des domaines,

Wakfs, n'étoient pas plus épargnés que les autres sujets de l'Empire.

Ces horribles déprédations engagèrent enfin l'Etat, en 1695, sous le règne de *Moustapha II*, et sous le ministère du *Grand-Vézir Elmass Mohammed Pascha*, à convertir les fermes annuelles des biens, soit domaniaux, soit publics, en fermes viagères, sous le nom de *Malikiané*. Le bien des peuples et des provinces fut le motif principal de ce changement. On crut intéresser par-là les fermiers à mettre plus de zèle et de fidélité dans leur administration. Ce nouveau systême, également avantageux à l'Etat et aux tenanciers, obligeoit ceux-ci à payer d'avance le prix de leur acquisition, et à tenir compte au trésor public d'une redevance annuelle. La première somme, que l'on payoit une fois pour toujours, portoit le nom de *Mal'y-muâdjelé*, denier antérieur ou denier d'entrée; et le cens annuel, celui de *Mal'y-muedjelé*, ou *Mal'y-miry*, denier postérieur, ou denier royal. A la mort du fermier, son *Malikiané* étoit reversible à l'Etat; mais durant sa vie il en jouissoit avec tous ses avantages. Il lui étoit permis de le régir lui-même, ou de le faire régir pour son compte, et même de l'affermer tous les ans. Il avoit encore la liberté de le céder à ses enfans mâles, ou à d'autres, en faisant transférer le *Malikiané* sur leurs têtes avec les formalités requises. Mais dans ces cas, l'édit portant création de ces fermes viagères, ordonnoit que ce devoit toujours être en faveur de personnes opulentes, amies de l'humanité et de la justice , et d'une intégrité généralement reconnue. L'acte de cession , soumis à de nouveaux droits en faveur du trésor public, devoit toujours être revêtu de l'attache des deux *Cazi-askers* en exercice. A chaque mutation le *Grand-Vézir* et le ministre des finances avoient aussi des droits assez considérables sous le nom de *Calémiyé,* qui veut dire, droit de bureau : on en verra le détail dans les lois fiscales qui font partie du Code Politique : si nous en parlons ici , ce n'est que pour donner une idée de cette régie , qui dans la suite fut aussi adoptée pour une grande partie des *Wakfs* domaniaux.

Moustapha II avoit eu le projet d'étendre
ce régime des *Malikianés* sur tous les *Wakfs*
de ses aieux ; mais arrêté par différentes considérations politiques , il se contenta de
réprimer l'esprit de déprédation qui étoit
devenu presque général parmi les fermiers
annuels. *Ahmed III* , son frère et son successeur , marcha sur ses traces. Il confirma
les mêmes règlemens , et témoigna la plus
grande répugnance à convertir ces *Wakfs* en
fermes viagères. Il lança même des anathêmes
contre ceux qui formeroient ou exécuteroient
jamais ce projet. *Mahmoud I* et *Osman III*
respectèrent ses dispositions ; mais *Moustapha III* , né avec un génie supérieur , fit
moins attention aux anathêmes du Sultan
son père, qu'au bien des *Wakfs* domaniaux ,
et érigea en ferme viagère , sous le nom de
Malikiané'y-Harémėinn , la plus grande partie de ceux qui étoient sous l'inspection du
Kizlar-Aghassy. L'édit qui établissoit ce nouveau système , fut publié en 1759 , sous le
ministère du fameux *Raghib Mohammed
Pascha*. Ce *Grand-Vézir* eut même l'habileté

de remettre l'inspection de toute cette partie des *Wakfs* domaniaux entre les mains du ministre des finances, comme ayant plus de moyens que le chef des eunuques noirs de veiller à leur conservation, et de prévenir les exactions des fermiers viagers ou de leurs préposés.

Malgré la sagesse de ces dispositions, elles ne se maintinrent que pendant le règne de *Moustapha III*. Dès son avénement au trône, *Abd'ul-Hamid I*, cédant aux sollicitations des officiers du Sérail, rétablit le *Kizlar-Aghassy* dans ses droits primitifs, de sorte que cet officier réunit aux distinctions attachées à son administration générale, la jouissance des droits considérables qui lui reviennent tous les ans, sur-tout à la vacance ou à la mutation de ces *Wakfs* domaniaux érigés en fermes viagères.

Nul administrateur, soit *Nazir*, soit *Muté-welly*, ne peut rien s'approprier sur les *Wakfs* qui lui sont confiés. Son office est censé devoir être gratuit, pour répondre à l'esprit du fondateur, qui sacrifie une partie de sa fortune par piété , par amour pour Dieu , et par humanité pour le prochain. Ainsi le seul droit légitime d'un administrateur se borne à un mince émolument, que lui assignent quelques-uns des fondateurs, à titre de *Djizmé-behha* (1). Mais que ne peut l'avidité sur les objets même qui portent les caractères sacrés de la religion ? La plupart des *Nazirs* et des *Mutéwellys* regardent les *Wakfs* qui leur sont confiés comme autant de bénéfices attachés à leur état. Très-scrupuleux à remplir toutes les dispositions des fondateurs, ils ne manquent jamais à aucun des points relatifs à l'emploi des *Wakfs*, aux pensions , aux dépenses annuelles , etc. Mais comme les revenus sont toujours au dessus des dépenses ordinaires; comme l'excédant des recettes, que l'on appelle *Fazla* ou *Zewaid*, forme la caisse particulière de chaque mosquée; et que cette caisse , consacrée sous le nom de *Dolab*, reste sous la garde ou du *Nazir* ou du *Mutéwelly*, dépositaire

---

(1) Prix de bottes , ce qui répond à diamant , épingles , pot-de-vin , etc.

de ces épargnes destinées à pourvoir aux réparations , aux accidens , aux événemens fâcheux qui peuvent survenir aux *Wakfs ;* des administrateurs peu délicats, en disposent assez souvent au gré de leur cupidité et de leur intérêt personnel.

Il n'est point de mosquée Impériale qui n'ait quatre-vingt, cent ou cent vingt mille piastres de revenus annuels. Ceux de *Sultan-Ahmed* sont d'environ cent cinquante mille ; de *Sultan-Selim* deux cent mille ; de *Sultan Suleymann* deux cent cinquante mille ; de *Sultan-Bayézid* trois cent mille , et de *Sainte-Sophie* de plus d'un million de piastres. Les dépenses annuelles ne montent jamais qu'à la moitié, tout au plus aux deux tiers de ces sommes. Une bonne partie de l'excédant se partage entre le *Nazir* et le *Mutéwelly.* Ces déprédations se commettent ordinairement avec impunité , parce que l'Etat est censé l'ignorer , faute de réclamant légitime. Un nouvel administrateur a bien le droit de plainte et de poursuite contre son prédécesseur ou ses héritiers; mais s'il a envie de prévariquer à son tour, il garde le silence, et suit le même système.

Ces abus, qui règnent plus ou moins dans l'administration de tous les *Wakfs* de l'Empire, sont moins scandaleux dans ceux que contrôle le *Kizlar-Aghassy*, sur-tout lorsque le Monarque lui-même surveille sa conduite. Les profits légitimes de ce chef des noirs sont cependant considérables. Les uns lui sont adjugés par les fondateurs des mosquées ; les autres lui furent accordés par *Moustapha III*, à l'époque de l'érection des *Wakfs* domaniaux en fermes viagères. Comme cette partie des biens fut alors confiée au ministre des finances, *Moustapha III* accorda en indemnité du droit de *Calémiyé*, une pension de deux cent mille piastres au *Kizlar-Aghassy*, et une de cent mille au *Yazidjy-Efendy* son premier commis. Il adjugea aussi pour le même droit de *Calémiyé* une pension de cent mille piastres au *Grand-Vézir*, et une de cinquante mille au *Defterdar-Efendy* ; ce que le Monarque régnant supprima lorsqu'il remit les *Wakfs* domaniaux dans les mains du *Kizlar-Aghassy*.

Le travail de ce premier des officiers du Palais est immense, parce que son administration embrasse plus de cinq cents mosquées avec tous les *Wakfs* qui y sont annexés. Une multitude de *Mutéwellys* lui sont surbordonnés; et tous les mercredis il tient conseil chez lui dans l'intérieur du Sérail. Ce conseil, que l'on appelle *Haréméïnn-Diwany*, est composé de tous les *Mutéwellys* qui en dépendent, des premiers commis des trois bureaux de la *Defterdarie* relatifs à ces biens, et du *Haréméïnn-Mufettischy*, magistrat spécialement préposé à connoître et à juger en dernier ressort tous les procès qui regardent les *Wakfs* de ce département. Ce magistrat a des subdélégués, qui résident, pour le même objet et sous le nom aussi de *Mufettisch*, l'un à *Brousse*, l'autre à *Andrinople*. Il a d'ailleurs la liberté d'envoyer aussi des commissaires dans tous les provinces de l'Empire, lorsqu'il s'agit de connoître des différends qui concernent ces *Wakfs* du *Haréméïnn*.

Le *Grand-Vézir* et le *Mouphty* ont aussi chacun un *Mufettisch*, qui juge sans appel toutes les causes qui concernent les *Wakfs* soumis à leur inspection. Excepté ces *Wakfs*, toutes les contestations qui peuvent s'élever sur cette espèce de biens, ressortissent, dans toute l'étendue de l'Empire, aux magistrats ordinaires des lieux.

Les revenus de tous ces *Wakfs* font un objet très-considérable, dont les seules épargnes régies avec fidélité, eussent pu être d'un grand secours pour l'Etat, sans déroger aux intentions des fondateurs, et aux clauses essentielles de leurs chartes. La seule caisse, *Harémeinn-Dolaby*, du *Kizlar-Aghassy*, toujours déposée et gardée au Sérail, fait un objet de plusieurs millions. Dans des temps de détresse les Sultans en disposent pour subvenir aux besoins de l'Etat; mais c'est toujours à titre d'emprunt, et sous l'obligation formelle du ministre des finances, qui s'engage au nom de l'Etat à restitution, comme étant la dette la plus sacrée du Sultan et de l'Empire.

Tous ces *Wakfs* augmentent chaque année, soit par des économies, soit par de nouvelles fondations, soit par des donations faites aux anciens établissemens , soit enfin par les ressources que présentent les *Wakfs* coutumiers , dont nous parlerons plus bas.

II. Les *Wakfs* publics sont les fondations relatives au soulagement des pauvres et au bien général de la nation. On a vu dans le texte , que c'étoient des hôtelleries , des fontaines, des puits , des cimetières , etc. , auxquels il faut ajouter encore les hôpitaux , les écoles, les collèges, les bibliothéques publiques , les ponts , les oratoires élevés sur les grands chemins, les alimens fondés pour les pauvres , les rentes constituées au profit des différens ordres de *Derwischs* , les pensions distribuées aux ministres des mosquées où aux parens et amis des fondateurs , à la charge de prier et de réciter tous les jours tels ou tels chapitres du *Cour'ann* pour le repos de leurs ames. Il en est d'autres , affectés aux réparations des châteaux , des forteresses , des places frontières , etc. Les fondateurs de ces *Wakfs* , qui ont pour objet la défense de l'Etat, sont ordinairement des *Paschas* , des *Beys* , et autres officiers militaires.

La fondation et la régie de ces biens sont réglées par les mêmes principes que ceux des mosquées. Les uns forment ces établissemens ; les autres y ajoutent de nouveaux fonds, pour les augmenter, les entretenir, et empêcher leur dépérissement. Parmi ces bienfaiteurs, il en est qui font leur donation d'une manière absolue, en la laissant à la disposition arbitraire de l'administrateur fondé du même établissement. D'autres, au contraire, règlent par avance l'emploi de ces nouveaux biens, et y préposent quelquefois un *Mutéwelly* particulier, pour les régir d'après les conditions qu'ils ont prescrites eux-mêmes.

Comme tout fondateur est maître de disposer à son gré, et de la régie, et du produit de son *Wakf*, il a par conséquent le droit de réunir sur une même tête l'une et l'autre de ces prérogatives, l'administration du *Wakf* et la jouissance ou l'usufruit de sa fondation. Il a même la faculté, comme dans les *Wakfs* des mosquées, de se les réserver à lui seul ; ou d'en disposer en faveur de sa femme, de ses enfans de l'un et de l'autre sexe, de ses

proches, ou de ses amis. Mais à la mort
de ceux-ci, c'est-à-dire, en cas d'extinction
des branches désignées par le fondateur,
l'usufruit et les revenus dont ils jouissoient,
sont toujours adjugés aux pauvres, sans que le
magistrat du lieu, ni même les autres héritiers du donateur, aient jamais le droit d'en
disposer autrement. Il en est de même dans
tous les cas où les dispositions et les intentions du fondateur sur l'emploi des produits
de son *Wakf* ne seroient pas énoncées d'une
manière claire et positive. Dans les *Wakfs* constitués en termes généraux, au profit des pauvres, les enfans, les descendans, en un mot tous
les parens pauvres du donateur ont la préférence sur les autres, chacun en raison du degré
de consanguinité avec le fondateur du *Wakf*.

On appelle *Djihéth* ou *Vézaif* toute disposition faite, soit à titre de pension, soit à titre
d'aumône, en faveur de qui que ce soit; et
tous ceux qui en jouissent, portent la dénomination commune de *Murtézica*, qui signifie, participant aux bienfaits charitables.

Ces *Wakfs* exigent, comme les premiers,

la

la nomination d'un administrateur , et un acte judiciaire , passé pardevant un magistrat, et enregistré au greffe de son tribunal; comme aussi un énoncé clair et précis de l'emploi de leurs produits. Au défaut de ces formalités , l'acte verbal du citoyen propriétaire du *Wakf*, n'est censé légal et valide qu'autant qu'il le respecte lui-même. Il est toujours maître de le révoquer quand bon lui semble : mais s'il meurt sans cette rétractation, et que ses héritiers réclament l'objet comme une propriété libre, alors c'est au magistrat à prendre connoissance de l'affaire , à bien examiner toutes les clauses, à prononcer enfin sur la nature de l'objet contesté , en le déclarant, d'une manière positive , ou un bien libre, *Mulk* , ou un bien engagé, *Wakf*, sur-tout s'il s'appuie de l'opinion de l'Imam *Ebu-Youssouph*, qui n'admet pas l'absolue nécessité de la nomination d'un administrateur. Dans le premier cas , l'objet est pleinement dévolu aux héritiers ; dans le second , ils sont déchus de leur droit pour jamais. En ces circonstances, le magistrat nomme provisoirement un

Mutéwelly, autorisé par-là à faire des oppo-
sitions juridiques à la demande des héritiers.

Cependant une donation destituée des formalités requises , a toujours son effet, si le
fondateur déclare que son *Wakf* aura lieu
après sa mort, parce qu'alors elle est assimilée
à une disposition testamentaire : elle ne peut
cependant excéder le tiers de son hérédité,
la loi, comme on l'a vu plus haut, n'accor-
dant au citoyen la faculté de disposer de ses
biens par testament que jusqu'à concurrence
du tiers de sa succession. Mais si le *Wakf*
est constitué par une personne atteinte d'une
maladie mortelle , et qui décéderoit chargée
de dettes , alors l'acte n'est pas valide. Au défaut d'autres biens, les créanciers ont droit
d'exiger la nullité du *Wakf*, et de se l'approprier, en tout où en partie , au prorata de
leurs créances.

Tout *Wakf* exige d'ailleurs que ce qui en
fait l'objet , soit dans la possession absolue du
propriétaire, et par-là pleinement disponible.
S'il se trouve en main tierce , l'acte de donation n'est jamais légal ni valide. Il faut donc

que les dispositions du donateur soient, dans tous les cas; conformes à l'esprit et au prononcé de la loi : alors elles deviennent irrévocables , et sont toujours respectées par l'autorité publique.

Pour distinguer les administrateurs de ces fondations particulières , de ceux des mosquées, on appelle les premiers, *Wakf-Mutéwellissys* , administrateurs des *Wakfs*; et les autres , *Djéamy-Mutéwellissys* , administrateurs des temples. Au défaut d'un inspecteur, *Nazir*, tout *Mutéwelly* quelconque est comptable de son administration envers le *Molla* ou juge ordinaire du lieu; tous les magistrats de l'Empire étant censés représenter le Souverain , administrateur suprême des biens publics , des fondations pieuses et de tous les établissemens qui ont pour objet le culte de Dieu ou le bien général de la nation. La loi exige de tous les *Mutéwellys* en général la plus grande attention dans la régie de leurs *Wakfs*. Elle les oblige à se conformer scrupuleusement à la volonté des fondateurs; elle leur défend d'intervertir par des

changemens la destination qu'ils en ont faite ,
d'employer à un objet les revenus consacrés
à un autre , et d'appliquer à leur usage ou
à celui de leur famille aucun immeuble du
Wakf, même en s'obligeant de payer le cens
ou le loyer d'usage. Elle les rend même
responsables du mauvais emploi qu'ils auroient
fait des fonds appartenans aux *Wakfs* qui
leur sont confiés, et de toutes les dépenses
qui pourroient contrarier les intentions du
fondateur. En cas de malversation dans leur
régie, l'inspecteur, ou à son défaut le magistrat, a le droit de les destituer, et de les remplacer par d'autres plus fidèles et plus intègres.

Le magistrat peut aussi , dans tous les cas
où un *Wakf* seroit sans administrateur légitime, le régir lui-même, ou nommer provisoirement un *Mutéwelly* , jusqu'à ce que le
Cazi-asker de Roumilie en ait autrement disposé. Ce magistrat qui , après le *Mouphty* ,
est le premier personnage du corps des *Oulémas* , et qui occupe le premier tribunal de
l'Empire, a une inspection générale, *Nazaréth-
ámmé* , sur tous les *Wakfs* , de quelque nature

qu'ils soient , du moment qu'ils vaquent par la mort des *Mutéwellys* nommés et constitués par les fondateurs mêmes de ces pieux éta- blissemens. On n'en excepte que les *Wakfs* affectés aux deux cités de l'Arabie ¦ et dont l'administration est constamment dévolue , dans la vacance, au *Kizlar-Aghassy* du Sérail, qui, dans cette partie de son office, est censé représenter le *Schérif* de la *Mecque*.

Généralement tous les biens *Wakfs* sont inaliénables, parce que la propriété est censée, aux termes de la loi , transportée à Dieu même, et que les hommes n'en ont que l'usu- fruit ou la jouissance. La vente , la cession , l'aliénation d'un *Wakf* est par conséquent invalide et nulle. Les *Mutéwellys* n'ont que le droit de les échanger, en cas de besoin , con- tre d'autres immeubles , plus avantageux, ou pour le moins d'une valeur absolument égale. Ces échanges religieux , connus sous le nom d'*Isstibdal*, sont cependant soumis par la législation civile à l'inspection de l'Etat, qui s'est réservé, il y a environ un siècle, le droit d'en prendre connoissance , et de les autoriser par un *Ferman* ou ordonnance du Souverain, dans la vue de prévenir toute malversation de la part des *Mutéwellys* peu scrupuleux et peu fidèles.

Quoique toute hypothèque constituée sur un *Wakf* soit un acte invalide et nul, cependant si elle étoit antérieure à la fondation, le créancier hypothécaire n'en conserveroit pas moins ses droits sur cet immeuble ; et au cas que le fondateur n'eût aucun autre moyen de payer sa dette, la fondation s'évanouiroit, et l'immeuble, toujours envisagé comme un bien profane, comme une propriété libre, serviroit à acquitter sa dette, soit de son vivant, soit à sa mort, sans que ni ses héritiers, ni même le *Mutéwelly* qu'il auroit nommé, pussent jamais y faire la moindre opposition légale.

La loi qui proscrit l'usure et tout intérêt quelconque dans le commerce et dans l'ordre civil, se relâche cependant de sa rigueur en faveur de ces biens. Ainsi, lorsqu'un *Wakf* quelconque exige des réparations urgentes, qu'il ne se trouve pas dans les épargnes des deniers suffisans pour y pourvoir, ét qu'il n'est pas possible de s'en procurer à titre gratuit, alors le *Mutéwelly* est autorisé à emprunter à intérêt les fonds nécessaires, jusqu'à un et demi sur dix, c'est-à-dire, quinze pour cent. Mais dans tous les cas, il faut au préalable obtenir le consentement formel du magistrat. Il est également permis aux *Mutéwellys* de placer à intérêt les économies des *Wakfs* confiés à leur administration; et cet intérêt, *Dwer-scher'y*, est toujours de dix à quinze pour cent, jamais au-delà. Ils peuvent les employer encore en acquisitions d'immeubles, qui prennent également le nom de *Wakf*.

Mais dans ces cas, les premiers sont distingués sous le nom de *Wakf-âssl*, qui signifie *Wakfs* principaux; et les biens acquis de leurs revenus, sous celui dê *Wakf-fer'y*, c'est-à-dire, *Wakfs* secondaires. Ceux-ci, dans un cas de besoin ou d'avantage réel et évident pour les premiers *Wakfs* constitués, peuvent être, sans aucun inconvénient, aliénés, convertis et vendus comme des biens absolument libres, attendu que la loi les envisage comme des fruits provenans des biens *Wakfs*, et non comme des propriétés constituées en *Wakfs*.

Toute fondation ou donation faite par un Chrétien ou par un sujet non-Mahométan, est également reçue et respectée dans l'Empire, excepté celle qui seroit en faveur d'une église : encore la loi n'en rend-elle les actes invalides et nuls qu'en cas de réclamation formelle de la part des héritiers légitimes.

Enfin tous les *Wakfs* de la première et seconde classes portent la dénomination de *Wakf-schéry*, *Wakf* légal, parce que leur fondation est dictée et sanctionnée par la législation religieuse même. On les distingue par-là de ceux de la troisième classe, que l'on appelle *Wakf-âdy*, *Wakfs* coutumiers, comme n'étant autorisés que par la législation civile, ou l'autorité privée du Souverain et des *Oulémas* modernes.

III. Les *Wakfs* coutumiers sont distingués par leur nature et par des caractères qui leur sont propres. Anciennement, lorsque les mosquées opulentes vouloient profiter de leurs épargnes, et grossir par dès acquisitions la masse de leurs *Wakfs*, elles payoient seulement la moitié du prix de l'immeuble qu'elles achetoient, et en laissoient au vendeur la jouissance, pour un temps limité, moyennant un cens ou un loyer annuel.

Les propriétaires se prêtoient à ces espèces de baux emphytéotiques, non-seulement par convenance, mais encore par un motif de dévotion : c'est que la vente, ou plutôt la cession de l'immeuble à la mosquée, se faisoit toujours comme une donation absolue, sous le nom sacré de *Wakf*. On en dressoit les contrats dans cet esprit ; et le propriétaire de l'immeuble n'étoit censé en jouir que comme simple locataire, sous le titre de *Mutessarif*, qui signifie occupant, possesseur, tenancier. On inséroit même dans les registres de la mosquée, que le propriétaire jouiroit un tel nombre d'années de l'immeuble déja réputé *Wakf*, moyennant une somme censée payée une fois pour toutes, sous le nom d'*Idjear-muâdjélé*, loyer antérieur, ou denier d'entrée , et une autre encore qu'il s'obligeoit d'acquitter en effet tous les ans , sous celui d'*Idjear-muedjélé ,* cens ou loyer postérieur, toujours évalué au dixième de la rente annuelle convenue entre les parties.

A l'expiration du terme , le possesseur perdoit tous ses droits sur l'immeuble , qui entroit alors absolument dans le domaine de la mosquée. Si avant le terme convenu , le possesseur venoit à mourir, la mosquée, toujours fidèle à ses engagemens , tenoit compte des années restantes aux héritiers légitimes du décédé, ou à leur défaut, aux fermiers publics, *Emin Beuh'ul-mals ,* qui sont autorisés à recueillir les successions des citoyens morts sans héritiers naturels.

, Comme en ce genre de *Wakfs* les réparations de l'immeuble étoient toujours à la charge de la mosquée , il naissoit de cette clause des disputes continuelles , sur-tout à l'époque où la mosquée prenoit possession de son nouveau *Wakf.* Les procès qu'entraînoient ces contestations, soit par le zèle peu éclairé des *Mutéwellys ,* soit par les mémoires peu fidèles

des propriétaires ou de leurs héritiers, de-
vinrent enfin si scandaleux dans le dernier
siècle, que le Gouvernement établit de nouvelles lois au sujet de ces *Wakfs*.

Il y est ordonné que les mosquées ac-
querront désormais ces immeubles à un
prix modique, que les réparations seront
toujours à la charge des tenanciers, et que
ceux-ci auront la jouissance de l'immeuble
à perpétuité; eux et leurs enfans de l'un et
l'autre sexe. D'après ces nouvelles dispositions, qui sont observées rigoureusement,
voici les règles que l'on suit aujourd'hui relativement aux *Wakfs* coutumiers.

Le propriétaire d'un immeuble quelconque en fait cession à une mosquée à titre de
Wakf, pour une somme qui ne monte
guère à plus de dix, douze ou quinze pour
cent. Par exemple, pour un fonds de la
valeur de cinquante mille livres, la mosquée
paie cinq, six ou sept mille livres, et le
propriétaire, qui continue à jouir de son
immeuble, comme d'un don qu'il est censé
tenir de la générosité de la mosquée, lui paie

annuellement une rente de soixante, quatre-
vingt ou cent livres. Ce cens est positivement
l'intérêt de la somme que paie la mosquée,
et se règle par conséquent dans la même proportion. Au reste, les conventions sont libres,
et absolument soumises à la volonté des parties. Il en résulte pour les fondateurs et les
mosquées des avantages d'autant plus précieux, qu'ils s'écartent des lois ordinaires sur
tous les objets relatifs à l'ordre civil.

D'un côté, le fondateur y trouve ceux,
1°. de rester maître de l'immeuble, et d'en
tirer parti à sa volonté, soit en l'occupant
lui-même, soit en le donnant à loyer; 2°. en
cas de dettes passives postérieurement contractées, d'être à l'abri des poursuites juridiques, parce que tout *Wakf* quelconque est
un bien sacré sur lequel nul créancier ne
peut former de prétentions; 3°. de le transmettre à ses enfans de l'un et de l'autre sexe,
qui partagent également ces hérédités; tandis que dans les propriétés libres, meubles
ou immeubles, la loi en adjuge une portion
aux femmes, et deux aux mâles; 4°. de dis-

poser librement du même *Wakf*, en le cédant, ou en transportant ses droits sur une
autre tête ; 5°. de le soustraire au retrait
vicinal, *Schéf'y*, qu'exerce tout propriétaire
sur l'immeuble contigu au sien, pour avoir,
en cas de vente, la préférence sur tout
autre acquéreur.

Ces *Wakfs* ne sont pas moins avantageux
aux mosquées, puisqu'ils leur assurent, 1°. la
constitution solide de leurs fonds, dont l'immeuble est garant ; 2°. la décharge des réparations nécessaires, qui restent au compte
du tenancier, intéressé d'ailleurs à maintenir
l'immeuble en bon état ; 3°. le bénéfice des
augmentations, décorations, embellissemens
éventuels de l'immeuble, tous au profit du
temple, sous le nom sacré de *Téberrû*, qui
veut dire, bénéfice gratuit ; 4°. les droits qui
reviennent à la mosquée, lorsque le propriétaire dispose de l'immeuble en faveur d'un
autre ; et 5°. celui d'hériter de ces immeubles,
qui sont pleinement dévolus à la mosquée,
si le propriétaire meurt sans enfans.

Ces deux derniers articles intéressent

essentiellement les mosquées. D'abord les *Wakfs* ne peuvent être aliénés qu'avec la participation et l'agrément formel du *Mutéwelly*. Lui seul est en droit de l'autoriser, soit par l'enregistrement de l'acte au greffe de la mosquée, soit en délivrant au nouvel acquéreur un écrit sous seing-privé, *Témessuk*, où l'aliénation est toujours indiquée sous le nom de cession, *Féraghath*, sans qu'on y parle de la somme convenue entre les parties contractantes. Les héritiers légitimes, et les acquéreurs, quels qu'ils soient, jouissent également de ce droit de cession.

Mille circonstances nécessitent souvent la vente de ces immeubles; et à chaque mutation la mosquée retire des bénéfices assez considérables, sous le nom de *Ressm-Feraghath*, qui répond à lods et ventes. Ces bénéfices se renouvellent même toutes les fois que le possesseur de l'immeuble l'engage par hypothèque, ce qui n'est permis que pour les seuls *Wakfs* coutumiers. Dans ces cas, l'engagement et la libération du *Wakf* se font par l'autorité du *Mutéwelly*, et sous le simple

nom de *Feraghath*, la manière de procéder des
administrateurs des mosquées étant uniforme
dans toutes les opérations relatives à ces
biens. Les seuls magistrats, *Muſettischs*, ou
à leur défaut les juges ordinaires, exami-
nent, en cas de litige, la nature de ces cessions, en distinguant celles qui sont absolues
de celles qui ne le sont pas. Ils caractérisent
les premières sous le nom de *Féragh-Cat'y*,
et les autres sous celui de *Feragh-b'il-Wéſa*.
D'après ce prononcé, les *Mutéwellys* renouvellent ou non l'acte de reconnoissance de
ces propriétés en faveur de celui dont le
droit est reconnu.

Quant à l'hérédité, les mosquées en retirent
un avantage plus considérable encore. Elles
héritent de tout immeuble dont le propriétaire, quel qu'il soit, ne laisse pas à sa mort
des enfans de la première génération. Le
Wakf est alors dévolu à la mosquée comme
un bien vaquant, *Mahhloul*, à l'exclusion de
tous les autres héritiers naturels, même des
petits-fils. La raison en est que le droit de succession de l'enfant qui décéderoit du vivant

de son père ou de sa mère, sur la tête desquels seroit le *Wakfs*, n'est pas transmissible à ses descendans. Si même un enfant meurt sans postérité, après le père ou la mère propriétaire de l'immeuble, sa portion échoit également à la mosquée, à l'exclusion de ses frères et sœurs, cohéritiers du même immeuble. Cette exclusion s'étend jusqu'aux enfans qui seroient en pays étranger, conformément à la loi canonique, qui prive du droit de succession, dans les propriétés libres, tout héritier qui se trouveroit hors de l'Empire.

La mosquée exerce également son droit d'hérédité sur tous les *Wakfs* dont le propriétaire qui n'a pas d'enfans auroit disposé en faveur d'un autre, pendant sa maladie. Cette donation ne peut être valide que dans le cas où le malade recouvreroit sa santé : s'il meurt, la mosquée seule hérite de ces biens. Une infinité de ces immeubles passent donc aux mosquées, soit par la négligence des propriétaires à les assurer, au défaut d'enfans, à leurs plus proches héritiers, au moyen des cessions formelles ; soit par les

ravages

ravages presque continuels de la peste dans
plusieurs provinces de l'Empire, mais sur-tout
à *Constantinople*, où assez souvent des familles entières sont enlevées dans l'espace de huit
ou quinze jours, par ce fléau destructeur, sans
qu'aucun des héritiers légitimes ait, dans ces
momens de désolation, le temps ou la présence
d'esprit de rien statuer sur les *Wakfs* de la
famille.

Nonobstant le préjudice qui résulte de la
nature de ces fondations pour les parens et
les héritiers éloignés, les propriétaires se
laissent éblouir par les avantages dont ils
jouissent personnellement dans ces aliéna-
tions. Comme la loi les accorde indistinctement
aux Musulmans et aux non-Musulmans, les
citoyens de toute nation et de toute religion
s'y laissent entraîner; de sorte qu'aujourd'hui
une grande partie des immeubles se trouvent
engagés envers les temples Mahométans. On
conçoit aisément combien cet article contribue à augmenter d'un côté les possessions et
les revenus des mosquées, de l'autre les for-
tunes particulières de leurs administrateurs,

par les droits qui leur sont attribués, sans parler des gains illicites qu'ils font quelquefois
dans l'exercice de leurs fonctions. Ordinairement la moitié de ces profits est réservée au
Mutéwelly. Le quart se partage entre tous
les commis, *Kiatibs*, de son bureau. On cède
un huitième au greffier, *Rouznamédjy*, et
le huitième restant aux *Djabys*, collecteurs
ordinaires de tous les revenus de la mosquée.
L'un des motifs qui engagent les citoyens à
aliéner leurs immeubles, est la crainte des
incendies, si fréquens dans un pays où toutes
les maisons sont bâties en bois. Dans ces
accidens , le propriétaire, outre la somme
qu'il a déja perçue lors de la conversion de
l'immeuble en *Wakf*, a encore le droit de
réduire le cens annuel auquel il étoit tenu
envers la mosquée. Cette réduction se règle sur
la valeur du terrain, qui , quoique incendié ,
ne perd jamais son caractère de *Wakf* : on
en fait une estimation ; et dès-lors il prend le
nom d'*Arsa-y-Moucatéâ*, terrain estimé ; ou
Moucatéâ-y-Wakf, *Wakf* évalué ; et la nouvelle redevance, celui de *Moucatéâ-y-Arsa*,

ou *Edjhr-Missl*, c'est-à-dire, cens du terrain, cens comparatif ou de réduction.

Le possesseur, toujours maître de disposer à son gré du terrain, n'a cependant pas la liberté d'y rebâtir sans l'agrément formel de la mosquée, et sans un écrit authentique du *Mutéwelly*. Manque-t-il à cette formalité, la mosquée a le droit de faire démolir l'édifice, ou de se l'approprier absolument, eût-il été élevé sous l'autorité et avec la permission expresse du magistrat du lieu. Elle ne seroit, en outre, obligée à aucune sorte d'indemnité, à moins que le propriétaire ne mourût insolvable : alors cette indemnité en faveur des créanciers est fixée, non sur la valeur de l'immeuble, mais sur l'estimation de ses matériaux, l'édifice supposé entièrement démoli.

La rigueur de ces lois oblige donc le possesseur du terrain à n'en jamais disposer sans l'ordre et la permission expresse de la mosquée. Ces formalités remplies, il est le maître de construire son bâtiment, ou à titre de *Wakf*, ou à titre de propriété libre, *Mulk*

(parce qu'il est bien permis d'élever un édifice de propriété libre sur un terrain *Wakf*, mais jamais un bâtiment *Wakf* sur un terrain libre). Dans le premier cas, il arrête ses conditions avec la mosquée, reçoit un retour en argent, se soumet à un cens annuel proportionné à la somme qu'il touche, et constitue ainsi le nouveau bâtiment sur le pied de l'ancien. Dans le second, l'édifice devient une propriété absolue et libre de tout engagement envers la mosquée : elle se transmet aux héritiers les plus éloignés du propriétaire, conformément à la loi de succession sur les biens libres ; elle se vend même sans la participation de la mosquée, sans *Témessuk* du *Mutéwelly*, mais par contrat, *Hœudjeth*, passé en présence du magistrat, comme cela se pratique dans l'Empire pour tous les biens libres. Le propriétaire, ainsi que l'héritier ou l'acquéreur, n'ont jamais d'autre charge envers la mosquée, que le cens annuel imposé sur le terrain, toujours réputé *Wakf*. Ce cens fait un droit tellement inaliénable, que dans le cas même où le possesseur de l'immeuble voudroit le convertir en *Wakf* légal ou coutumier, au profit d'une autre mosquée, celle-ci n'en seroit pas moins tenue au cens du terrain à l'égard de la première. Le paiement de cette redevance annuelle pour tout *Wakf* quelconque, exige même la plus grande exactitude de la part du tenancier : s'il le néglige trois ans de suite, sur-tout pour cause d'absence, la mosquée a le droit de s'approprier l'immeuble, et d'en disposer comme il lui plaît.

Ces lois relatives aux terrains des *Wakfs* incendiés, sont absolument les mêmes pour toutes les terres vaines et vagues que les Sultans ont concédées à différentes mosquées, sous le même nom d'*Arsa-y-Moucatéâ*. Ces mosquées ne jouissent aussi que d'un cens annuel, mais à cet avantage elles joignent les droits de culture, de construction, de transport, de cession, toutes les fois que les propriétaires veulent en tirer parti eux-mêmes, ou en disposer en faveur d'un autre. Autrefois le cens annuel de ces terres n'étoit que de quatre aspres pour quarante pics carrés ;

mesure que l'on appelle *Deunum*. Dans le dernier siècle on le porta à huit aspres pour les terres possédées par les Musulmans, et à dix pour celles qui appartenoient à des non-Musulmans. Le terrain du faubourg de *Pera* à *Constantinople* , qui présentoit un vaste vignoble, lorsque *Mohammed II* fit la conquête de cette capitale, fut cédé, à titre d'*Arsa-y Moucatéâ*, par *Bayézid II* , à la mosquée de sa fondation. Le cens qu'elle en retire, fait annuellement un objet de douze mille cinq cents piastres, ou environ vingt-huit mille livres tournois. Le sol sur lequel est bâti l'hôtel des ministres de Suède, et qui appartient en propriété à la couronne, fait partie de ce terrain, et paie tous les ans à la même mosquée un cens, *Moucatéâ-y-Arsa* , de cent quatre-vingts aspres, qui font environ trois livres dix sols.

Tels sont les caractères de toutes les fondations Musulmanes, et l'esprit qui les dirige. On trouve l'explication des lois qui les concernent dans les collections des *Fethwas* , sur-tout dans celle du *Mouphty. Behhdjé*

'Abd'ullah Efendy. Par cet exposé de leur état actuel et des règles de leur administra‑ tion, on voit qu'elles embrassent une grande partie des terres, des immeubles, des riches‑ ses de l'Empire ; qu'une infinité de citoyens en jouissent également ; que leur adminis‑ tration est entre les mains des officiers de tous les ordres de l'Etat ; et que les ministres des temples, rangés dans la classe des sim‑ ples pensionnés, forment le dernier grade des *Oulémas,* comme on l'indiquera dans le Discours général qui termine ce premier Code.

FIN DU SECOND VOLUME.

TABLE

DES CHAPITRES

CONTENUS DANS CE VOLUME.

PARTIE RITUELLE.

FIN DE LA TABLE DU SECOND VOLUME.

Lightning Source UK Ltd.
Milton Keynes UK
UKHW011308221118
332685UK00009B/1587/P